Deutschbuch

Sprach- und Lesebuch

5

Herausgegeben von
Heinrich Biermann und Bernd Schurf

unter Beratung von Karlheinz Fingerhut

Erarbeitet von Heinrich Biermann,
Gerd Brenner, Christel Ellerich,
Dietrich Erlach,
Karlheinz Fingerhut,
Margret Fingerhut,
Rolf Kauffeldt,
Markus Langner,
Monika Lenkaitis,
Norbert Pabelick,
Bernd Schurf
und
Guido Stein

Cornelsen

INHALTSVERZEICHNIS

1 Wir und unsere Schule

SPRECHEN UND SCHREIBEN

2 Miteinander sprechen

SPRECHEN UND SCHREIBEN

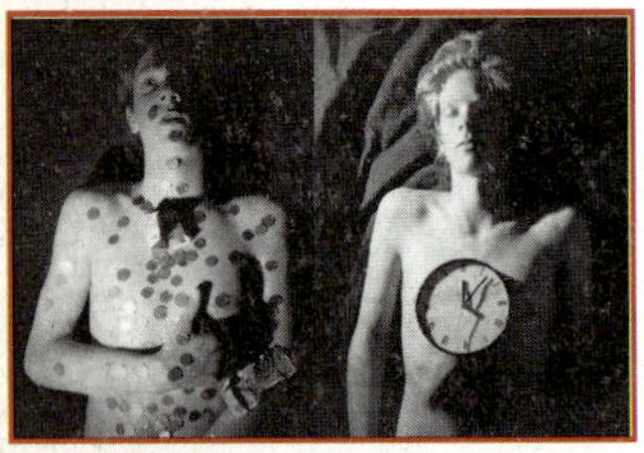

3 Träume und Erlebnisse erzählen

SPRECHEN UND SCHREIBEN

INHALTSVERZEICHNIS

4 Tiere beobachten

5 Wir erkunden unsere Bücherei

6 Allerlei Wörter

I N H A L T S V E R Z E I C H N I S

7 Mit Sätzen spielen

8 Sprache gezielt verwenden

9 Laute und Buchstaben

NACHDENKEN ÜBER SPRACHE

10 Unglaubliche Geschichten

11 Wir lesen ein Buch

12 Gedichte machen Spaß

UMGANG MIT TEXTEN

INHALTSVERZEICHNIS

13 Wir spielen Theater

UMGANG MIT TEXTEN

14 Helden aus früheren Zeiten

SPANNENDE LITERATURGESCHICHTE

15 Wir erfinden Spiele

PROJEKT

Bei den mit [R] gekennzeichneten Texten haben die Rechteinhaber einer Anpassung an die reformierte Rechtschreibung widersprochen.

Das „Deutschbuch“ auf einen Blick

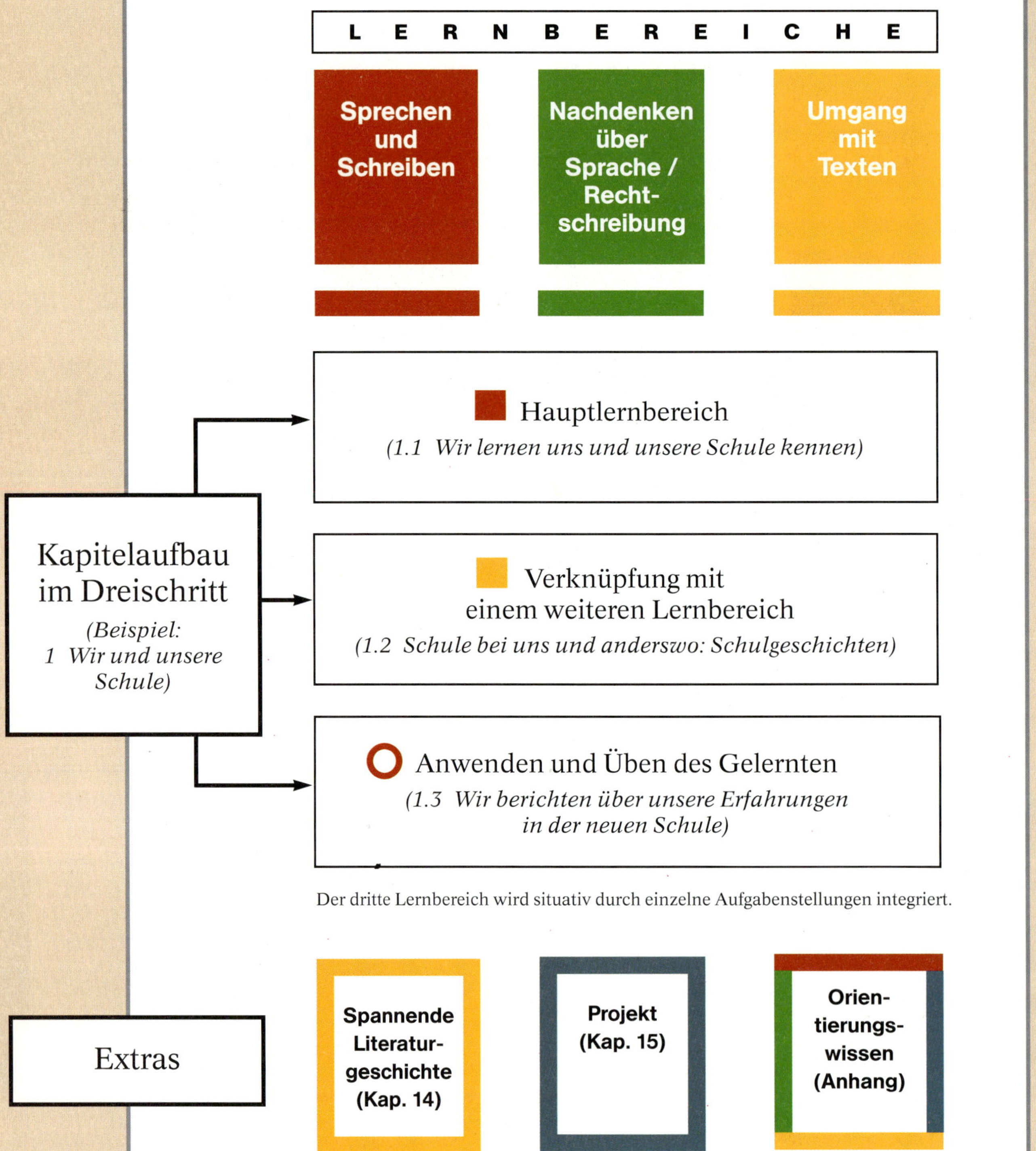

1 Wir und unsere Schule

1.1 Wir lernen uns und unsere Schule kennen

Wir machen uns miteinander bekannt

1 Sicher habt ihr eure neue Schule schon ein wenig kennen gelernt. Dabei hat jeder von euch andere Eindrücke gesammelt und Unterschiedliches erlebt oder empfunden. Sprecht darüber so, dass jeder mindestens einmal zu Wort kommt.

2 Um sich in einer Gruppe besser kennen zu lernen gibt es unterschiedliche Möglichkeiten. Welche kennt ihr? – Vielleicht gefällt euch einer der beiden folgenden Vorschläge:

Kennenlernspiel mit Wollknäuel

Euer Lehrer oder eure Lehrerin hat ein Wollknäuel in der Hand und erzählt zunächst etwas über sich.
Dann wird das Knäuel einem Schüler zugeworfen, wobei der Lehrer das Ende des Fadens in der Hand behält. Wer das Wollknäuel aufgefangen hat, stellt sich kurz vor und wirft es dann weiter. Zum Schluss ist die ganze Klasse „verknäult“ und alle kennen sich schon ein bisschen.

Vorstellung durch den Partner

Jeder befragt einen Mitschüler um ihn näher kennen zu lernen und macht sich dabei Notizen.
Anschließend tauscht ihr die Rollen.
Nach den gegenseitigen Interviews zeichnet jeder von seinem Partner ein Bild.
Nehmt dabei möglichst ein großes Blatt, damit die Klasse das Porträt erkennt, wenn ihr es abschließend vorstellt und erläutert.

Auch das ist zum Kennenlernen nützlich:

3 a) Jeder sagt, mit welchem Namen er angeredet werden möchte und wie der Name ausgesprochen werden muss, damit er sich wohl fühlt. Sprecht zur Probe einen Namen mit unterschiedlicher Betonung aus und beschreibt, was ihr empfindet.

b) Sprecht über die Bedeutung von Spitznamen. Wie fühlt man sich, wenn man einen Spitznamen gebraucht oder selbst mit einem Spitznamen angeredet wird? Wann können sie auch verletzend sein?

4 a) Entwerft einen **Steckbrief:** Welche Angaben sollten gemacht werden? Zur Ausgestaltung könnt ihr Fotos und Abbildungen von Gegenständen verwenden, die ihr besonders mögt.

b) Ladet auch eure Lehrerinnen und Lehrer ein sich durch einen Steckbrief vorzustellen. Dabei sollten sie nach Möglichkeit Fotos aus ihrer Kindheit verwenden, vielleicht sogar ein Bild von ihrer Einschulung in die 5. Klasse.

c) Heftet die Steckbriefe an der Klassenwand an. Zusätzlich können sie zu einem Heft zusammengestellt und für alle vervielfältigt werden, damit ihr jederzeit nachschlagen und euch auch später noch leichter an eure Klasse erinnern könnt.

Wir erkunden unsere neue Schule

1 Zeichnet einen ungefähren Grundriss eurer neuen Schule und tragt darin den Weg zur Klasse, zur Toilette und zum Sekretariat ein.
Die Schule in Neustadt hat z. B. folgenden Grundriss:

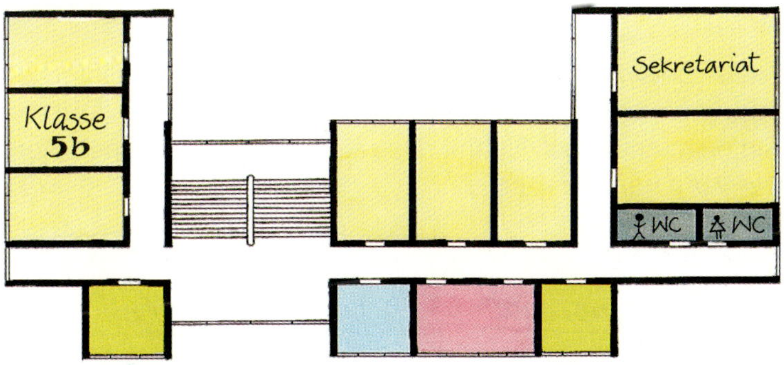

Wie sieht das bei euch aus?

2 a) Bestimmt habt ihr an eurer neuen Schule schon einige Personen kennen gelernt: Schulleiter/in, Sekretär/in, Hausmeister/in usw. Schreibt ihre Namen an die Tafel und tragt zusammen, was ihr schon über sie wisst.

b) Über wen wollt ihr euch genauer informieren?
Bereitet **Interviews** vor, die ihr zu zweit oder in kleinen Gruppen durchführt. Macht vorher einen schriftlichen Plan, wie ihr beim Interview vorgehen wollt.

- Wen müsst ihr befragen?
- Welche Fragen wollt ihr stellen?
- Wie könnt ihr die Antworten festhalten (Mitschrift, Tonband)?
- Wann sind die Personen, die ihr befragen wollt, erreichbar?

c) Probt vorher schwierige Situationen im Rollenspiel: Einer von euch spielt den Interviewpartner, ein anderer muss ihn befragen.

d) Stellt die Ergebnisse eurer Interviews der Klasse vor. Wenn ihr eine Mitschrift angefertigt habt, könnt ihr das Interview mit verteilten Rollen für die Klasse nachspielen.

3 Ihr könnt eure Schule noch besser kennen lernen, wenn ihr mit älteren Mitschülern sprecht. Ladet Mitglieder der SV (Schülervertretung) und der Stufe 6 zu euch ein. Bereitet die Gespräche so vor wie die Interviews.

4 Ordnet die wichtigsten Informationen, die ihr aus den Interviews und den Gesprächen ermittelt habt, in einem Schaubild übersichtlich an, das ihr auf dem nächsten Elternabend vorstellen und erläutern könnt. Nehmt dazu einen großen Bogen Papier (z. B. Packpapier), den man an die Wand hängen kann.

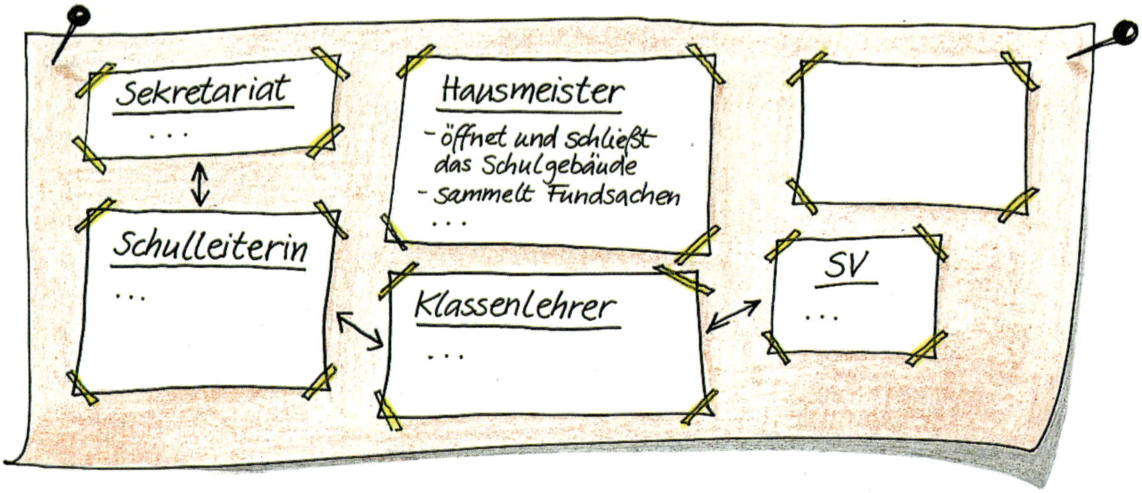

Unsere Traumschule: Wir schreiben Fantasiegeschichten

1 a) Schließe für einige Zeit deine Augen und stelle dir deine Traumschule vor: Wie sieht sie aus? Wie läuft dort der Unterricht ab?
b) Schreibe in Stichworten auf, was du „gesehen" hast.

2 Male ein Bild von einem Klassenzimmer in deiner Traumschule.

So stellen sich Jutta, Peter, Andrea und Markus ihre Traumschule vor:

In meiner Traumschule fängt der Unterricht erst um 9.00 Uhr an. Die Schüler sitzen in Sofas. Neben der Treppe ist eine Rutsche, damit wir schneller auf dem Pausenhof sind. Es gibt keine Klassenarbeiten mehr und auf dem Zeugnis stehen nur Einsen und Zweien. Die Lehrer sollen Schüler sein und die Schüler sollen Lehrer sein. Es gibt keine Hausaufgaben. Um 12.00 Uhr hört die Schule auf.

Meine Traumschule ist bunt bemalt und mit Witzen beschrieben. Die Lehrer machen Scherze und haben viel Verständnis für die Schüler. Jeden Tag gibt es Sport. Die Pausen sind länger, damit wir auf dem Schulhof Fußball und Tischtennis spielen können. In Kunst kann man sich selbst aussuchen, was man machen will. Zeugnisse gibt es nur für die Lehrer.

An jedem Fenster gibt es eine Rutschbahn, damit wir direkt in das Schwimmbecken auf dem Schulhof rutschen können. Auf dem Schulhof gibt es nur Wiesen, Büsche und Bäume, wo wir spielen können. Wer will, baut sich eine Bude oder ein Baumhaus. Der Unterricht findet dann statt, wenn alle Lust darauf haben. Die Schüler können selbst sagen, was sie lernen wollen.

Jedes Kind sitzt vor einem Computer mit Drucker, Farbbildschirm und Diskettenlaufwerk. Anstatt Türen und Treppen gibt es einen Aufzug, der in jedes Klassenzimmer führt, sodass die Schüler nicht mehr die Treppen hinauf- und hinunterlaufen müssen. Im Klassenraum steht ein großer Bildschirm, der als Tafel dient. Man braucht nur auf einen Knopf zu drücken, dann kommt ein Roboter und bringt Cola, Eis und Süßigkeiten.

3 a) Welche dieser Vorstellungen passen auch in deine Traumschule? Was findest du weniger wichtig?
b) Ergänze deine Stichwortliste aus Aufgabe 1. Schreibe dann eine ausführliche, zusammenhängende Geschichte zum Thema *„Meine Traumschule"*.
c) Lest die Geschichten der Klasse vor und sprecht über die Vorstellungen und Meinungen. Was lässt sich auch in eurer Schule verwirklichen?

1.2 Schule bei uns und anderswo: Schulgeschichten

Gabriele M. Göbel

Schtefanie oder S-tefanie

Sie stand vor ihrer Klassentür, las das Schildchen: „5 a, Frau Schwab“ zum dritten Mal und holte tief Luft. Gleich am ersten Tag zu spät, das würde ein Theater geben! Sie klopfte an, einmal leise, sah die Augen von dreißig Mädchen und Jungen auf sich gerichtet. Jemand, der am Fenster stand und aussah wie ein zu schnell gewachsenes Schulmädchen, sagte: „Nanu!“ Das musste die Lehrerin sein.

„Wenigstens keine alte Schrulle“, dachte Stefanie. „Ich bin für diese Klasse angemeldet“, sagte sie.

„Dann such dir einen freien Platz und setz dich hin“, sagte Frau Schwab.

Stefanie setzte sich auf den einzig freien Platz am letzten Tisch. Wo hatte sie das Mädchen, das neben ihr saß, bloß schon einmal gesehen? Gestern am Möbelwagen, beim ersten Einkauf im Supermarkt? Das Mädchen lächelte sie an, wie man eine alte Bekannte anlächelt, dann beugte es sich wieder über sein Heft und schrieb. Alle Kinder schrieben.

„Wir machen gerade eine Arbeit“, erklärte die Lehrerin. Stefanies Verspätung erwähnte sie mit keinem Wort. „Isch hab gar keine Tinte mehr“, meldete sich ein Junge, „'nen Kuli hab isch auch nischt bei mir.“

„Wer kann ihm helfen?“, fragte Frau Schwab.

„Isch!“, rief das Mädchen neben Stefanie und reichte dem Jungen einen roten Kugelschreiber.

Eine Sprache hatten die hier! Das hätten Ingrid und Meike hören sollen, schieflachen würden die sich! Stefanie sah aus dem Fenster und sie wünschte sich die neue Schule weg, wünschte, sie säße wieder in ihrer alten Hamburger Backsteinschule, in ihrer alten wackligen Bank, neben Ingrid und Meike... Jemand stieß sie an. Das fremde Mädchen an ihrer Seite. Mühsam tauchte sie aus ihrem Traum auf.

„Wie du heißt, möchten wir wissen?“, fragte die neue Lehrerin mit einer Stimme, die ungeduldig klang, weil sie zum dritten Mal fragte.

„S-tefanie Hoffmann“, sagte Stefanie. Ein Mädchen kicherte und noch eins, ein Junge rief: „S-tefanie S-toffmann!“

Alle kicherten. Das Mädchen neben ihr auch? Nein, die nicht. Stefanie sah mit rotem Kopf aus dem Fenster. Was die sich einbildeten, sollten sich mal reden hören: „Frollein, isch bin immer noch nischt fertisch.“ Lieber tot umfallen, als so sprechen wie die. Stefanie schob trotzig ihre Unterlippe vor. Die sollten ihren Unterricht alleine machen, ohne sie! In Hamburg waren sie sowieso viel weiter gewesen, das hatte sie längst gemerkt. Sie hörte nur noch mit einem Ohr zu, mit dem zweiten lauschte sie Geräuschen aus einer anderen Welt: Dem Bimmeln der alten Schulglocke – oder war's die Straßenbahn? Dem Tuten großer Dampfer, dem Möwengekreisch am Hafen. Man ließ sie auch in Ruhe, nur einmal wollte Frau Schwab wissen, ob sie in ihrer früheren Klasse schon die Satzzeichen durchgenommen hätten. Stefanie lächelte überlegen, doch bevor sie „längst“ antworten konnte, rief jemand: „Vorsicht, die s-puckt beim S-prechen!“

Diesmal lachten nur noch einige, der Witz war alt geworden. Stefanie zuckte die Achseln, in Hamburg sprachen alle so wie sie. Wieso wurde Selbstverständliches hier komisch? Ob ein Kind von hier in Hamburg wohl ... Ja, es würde auch ausgelacht werden, und wie! Gleichmütig legte sie sich gegen die harte Lehne ihres Stuhles. Sie hatte sich das alles schlimmer vorgestellt, hatte es anders erlebt, heute Nacht im Traum ...

Träume! Träume mit einem Klingelzeichen am Ende.
Stefanie packte ihr Bündel von Büchern, die sie hier nicht gebrauchen konnte. Sie trat auf die Straße.
Das Mädchen, das an ihrem Tisch gesessen hatte, ging neben ihr.
„Isch wusste, dass du kommen würdest", sagte sie in ihrer hässlichen Sprache, „isch hatte disch schon beim Einzug gesehen. Isch wohne zwei Häuser neben dir."
„Ach so", murmelte sie.
„Isch find's toll, dass du die Büscher ohne Schultasche trägst, rischtisch jut."
„Bei uns machen das alle so", sagte Stefanie.
„Aber jetzt bist du bei uns", stellte das Mädchen fest.
„Hm", sagte Stefanie und fragte dann: „Wie heißt du?"
„Annette", antwortete das Mädchen, „und du?"

„Weißt du doch."
„Isch hab's wieder vergessen."
„Schtefanie", sagte Stefanie und drehte sich um. Sie war zu Hause angekommen.

1 Versetze dich in die Lage Stefanies. Was empfindet sie wohl auf dem Weg zur neuen Schule?

2 Wie reagiert die Klasse auf ihre neue Mitschülerin?

3 Hat sich Stefanie in die neue Umgebung hineingefunden? Begründe deine Meinung mit einer Textstelle.

4 Stefanie und ihre Mutter unterhalten sich beim Mittagessen über die neue Schule. Spielt das Gespräch.

Walter Kempowski

Unser Herr Böckelmann

Unser Lehrer heißt Herr Böckelmann, das ist ein komischer Heiliger. Montags ist er immer schlechter Laune. „Kinder seid still", sagt er dann, „mir geht es heute gar nicht gut."
Wenn er sagt: „Hat einer einen Bonschen[1] für mich?", dann geht es ihm schon wieder besser.
Als wir Herrn Böckelmann zum ersten Mal gesehen haben, da haben wir einen Schreck gekriegt. „Das ist ja ein Menschenfresser", haben wir gedacht, so eine Art Vampir.
Er kam in die Klasse, das wissen wir noch genau, hat sich hingesetzt und leise vor sich hin gepfiffen. Und dann hat er eine Nagelfeile aus der Tasche geholt und hat am Daumennagel herumgefeilt.
Der Daumennagel wär deshalb so groß, weil er darauf als Kind immer gelutscht hat, hat er gesagt. Und ob wir mit dem kleinen Finger winke-winke machen können.

1 **Bonschen:** Bonbon, Süßigkeit

Dann ist er aufgestanden und hat die Tür zum Gruppenraum aufgemacht und hat gesagt: „Dies ist das Kindergefängnis. Da hab ich neulich mal ein Kind drin vergessen, das war schon völlig vertrocknet, als sie es dann gefunden haben."

Wenn die Kinder reden, dann sagt er: „Nun, meine Herren, soll ich Ihnen ein Skatblatt bringen und vielleicht ein Bier?" Zu den Mädchen sagt er: „Ich bring euch gleich 'ne Tasse Kaffee."

Herr Böckelmann mag nicht, wenn die Kinder reden. „Ihr mögt es ja auch viel lieber, wenn es still ist in der Klasse."

Kein Lehrer kann so gut erzählen wie Herr Böckelmann. Wir sitzen und mucksen uns nicht.

Wenn er uns was erzählen will, dann holt er zuerst seinen Kamm aus der Tasche und kämmt sich. Dann knöpft er sich die Jacke zu.

Neulich hat er erzählt, dass einer in eine Höhle hinabgestiegen ist und dort einen unterirdischen Gang entdeckt hat, und dass der nie wieder herausgefunden hat.

Dienstags ist unser Lehrer streng, da hat er einen grünen Schlips um. Wir müssen möglichst schon stehen, wenn er die Klasse betritt.

Statt „Guten Tag" sagt Herr Böckelmann dann meistens: „Hefte raus!", und dann wird ein Diktat geschrieben.

Beim Diktat ist Herr Böckelmann ein großer Künstler. In sechs Sätzen kommen bestimmt 20 Wörter mit pf vor. Und das Wort „vielleicht". Das hat er sich so ausgedacht.

„Dass ihr ‚vielleicht' immer noch falsch schreibt, das nehme ich euch übel."

Vielleicht, vielleicht, vielleicht auch nicht, vielleicht wird vielleicht in 100 Jahren mit f und nur mit einem l geschrieben. Das kann ja sein?

Abgucken ist erlaubt. „Das ist ja eure eigene Dummheit", sagt Herr Böckelmann.

Die Wörter „rückwärts" und „vorwärts" kommen auch öfter vor im Diktat.

Meistens sitzt er am Pult und guckt, ob wir alle schreiben. Er zieht seinen Ring ab und probiert, ob er auch auf den anderen Fingern passt. Manchmal zieht er sich die Schuhe aus. Er denkt, wir können das nicht sehen.

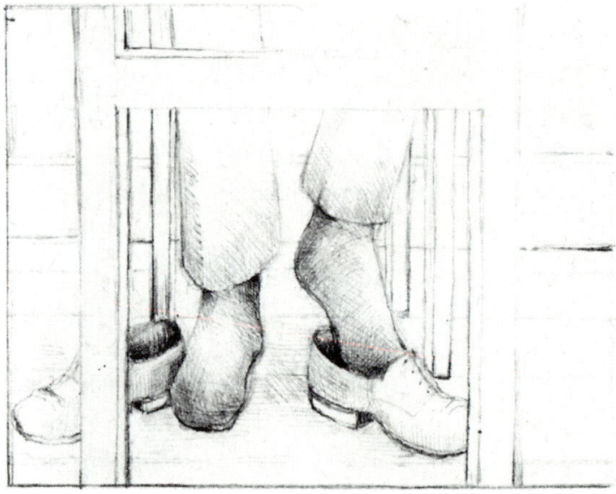

Manchmal sagt unser Lehrer: „Nun kommt mal alle her!" Dann müssen wir uns an ihn randrücken. „Ich bin der Kinder-Vater, stimmt's?"

Wir haben ihn auch schon mal angemalt, mit Kreide.

„Hoffentlich sieht das keiner", hat er gesagt.

Zu den Mädchen sagt unser Lehrer: „Ihr seid alle meine Freundinnen."

Und zu den Jungen sagt er: „Wollen wir mal boxen?"

Manchmal platzt ihm der Kragen, dann schlägt er den Zeigestock auf den Tisch. Wenn die Mädchen sich dann erschrecken, lacht er.

Sonnabends ist unser Lehrer guter Laune, dann sagt er: „Kinder, heute machen wir

uns einen schönen Tag. Wenn *ihr* mich nicht ärgert, dann ärger *ich* euch *auch* nicht.“
Sonnabends malen wir oder kleben wir, manchmal schneiden wir auch aus Katalogen was aus, Frauen in Unterröcken zum Beispiel oder in Höschen, und dazu dann Männerköpfe oder umgekehrt. Herr Böckelmann geht dann herum und lacht.
Das Flüstern ist sonnabends erlaubt. Aber wehe, es geht jemand nach vorn und sagt: „Was soll ich tun? Ich bin schon fertig.“ Dann fällt Herr Böckelmann vom Stuhl und die Jungen müssen kommen und ihn wieder aufheben.

Öfter als drei Mal dürfen wir das aber nicht machen.

1 a) Welche Stellen der Geschichte findet ihr besonders lustig?
b) Lest den Text laut. Macht durch eure Vortragsweise deutlich, dass Herr Böckelmann für seine Schüler ein „komischer Heiliger“ ist.

2 a) Wer erzählt die Geschichte?
b) Welche Meinungen haben die Schülerinnen und Schüler von ihrem Lehrer? Sucht die verschiedenen Äußerungen aus dem Text heraus und ordnet sie in eine Tabelle ein.
c) Was halten die Schüler von den Diktaten, die Herr Böckelmann schreiben lässt? Wie denkt ihr darüber?

3 a) Was erwartet ihr heute von einem Lehrer? Jeder von euch sollte drei Eigenschaften aufschreiben, die ihm besonders wichtig sind.
b) Tragt eure Notizen zusammen und vergleicht eure Vorstellungen von einem guten Lehrer mit Herrn Böckelmann.

Häuptling Büffelkind Langspeer

Indianerschule

Häuptling Büffelkind Langspeer gehörte zum Stamm der Schwarzfußindianer, die erst spät mit den Weißen in Berührung kamen. Er schrieb 1928 einen Bericht über seine Kindheit.

Während der langen Winter in den hohen nördlichen Breiten, wo die Tage nur wenige kurze Stunden dauerten, verwendeten unsere Mütter einen großen Teil jedes Tages dazu, uns Kinder in Sitte und Brauch des Indianers zu unterrichten. Wie der weiße Knabe erhielten auch wir unsere Schulung hauptsächlich im Winter. Die Mütter belehrten uns täglich etwa zwei Stunden lang im richtigen Gebrauch der Stammessprache. Dies – ein fehlerfreies und gewandtes Beherrschen der Sprache – ist ungemein wichtig für den Indianer, denn seine gesellschaftliche Stellung in späteren Jahren hängt davon ab. Ein Indianer, der ins Mannesalter wüchse ohne seine Sprache mit peinlicher Genauigkeit gelernt zu haben, würde sich zu einem Rechtlosen im Stamme erniedrigen; nie dürfte er öffentlich reden, denn seine Sprachfehler könnten an andere – besonders an Kinder – weitergegeben werden und so die Stammessprache verderben. Darum mussten, weil wir weder Bücher noch eine geschriebene Sprache besaßen, unsere Mütter uns stundenlang die alten Formeln und Regeln unserer Stammessprache einlernen; und das war gar nicht leicht – es gab neun Abwandlungen der Zeitwörter, vier Geschlechter und achtzig verschiedene Formen.

Die Väter überwachten unsere körperliche Ausbildung, die sehr streng war. Den Hauptzweck suchten sie darin, uns abzuhärten und uns die Fähigkeit zu geben jeden Schmerz zu ertragen. Der einzige Beruf des Indianers war der des Kriegers und Jägers. Darum galt, abgesehen von dem Unterricht in Sprache und Sitte, unsere ganze Ausbildung nur dem einen Ziel, uns zu guten und furchtlosen Kriegern zu machen.

Um unsere Körper zu stählen peitschten in jeder Familie die Väter ihre Knaben, sobald sie morgens aufwachten. Nachdem sie uns gehörig geschlagen hatten, gaben sie uns die Fichtenzweige und hießen uns an den Fluss gehen und im kalten Wasser schwimmen. Im Winter badeten wir im Schnee. Bei jedem Regen mussten wir uns ausziehen und zu einem Regenbad hinauslaufen. All dies galt der Abhärtung unseres Körpers. [...]

Wir Knaben erhielten täglich von zwölf der ältesten Männer des Stammes Ermahnungen über die richtige Lebensführung. Weil

sie selbst ein so hohes Alter erreicht hatten, nahm man an, dass sie besser zu leben verstanden als die anderen. Jeden Morgen vor Sonnenaufgang, während noch alles im Tipi[1] schlief, stand der Reihe nach einer dieser alten Männer auf und ging durch das Lager; er verkündete mit lauter Stimme, wie man leben sollte um alt zu werden, und was er sonst an guten Ratschlägen über Sitten, Tapferkeit und Angriffslust wusste. Seine Stimme weckte uns und wir lagen und lauschten jedem Worte, das er sagte. Zu jener Zeit des Morgens, da wir eben aus dem Nachtschlaf erwacht waren, schienen seine Worte besonders tief einzudringen. Wir merkten uns jedes Wort, den ganzen Tag hindurch fielen uns die Ermahnungen ein und wir suchten sie zu befolgen.

1 **Tipi**: Indianerzelt

1 Könntest du dir vorstellen wie Häuptling Büffelkind Langspeer aufzuwachsen?

2 Beschreibt, was die Indianerkinder lernen müssen, und erklärt, warum es für das Leben der Indianer wichtig ist.

3 Stellt in einer Tabelle die Unterschiede zwischen der Indianererziehung und eurer eigenen Erziehung gegenüber.

4 Es ist bekannt, dass die Schwarzfußindianer, die im Norden Amerikas in Reservaten leben, immer noch große Schwierigkeiten mit den Lebensgewohnheiten der Weißen haben. Könnt ihr das erklären?

5 Wer weiß mehr über das Leben der Indianer und kann darüber berichten? Wer kann Bücher über Indianer aus der Bibliothek besorgen?

Michael Ende

Momo geht nicht in die Schule

Eines Tages sprach es sich bei den Leuten herum, dass neuerdings jemand in der Ruine wohne. Es sei ein Kind, ein kleines Mädchen vermutlich. So genau könne man das allerdings nicht sagen, weil es ein bisschen merkwürdig angezogen sei. Es hieße Momo oder so ähnlich.

Momos äußere Erscheinung war in der Tat ein wenig seltsam und konnte auf Menschen, die großen Wert auf Sauberkeit und Ordnung legen, möglicherweise etwas erschreckend wirken.

Sie war klein und ziemlich mager, sodass man beim besten Willen nicht erkennen konnte, ob sie erst acht oder schon zwölf Jahre alt war. Sie hatte einen wilden, pechschwarzen Lockenkopf, der so aussah, als ob er noch nie mit einem Kamm oder einer Schere in Berührung gekommen wäre. Sie hatte sehr große, wunderschöne und ebenfalls pechschwarze Augen und Füße von der gleichen Farbe, denn sie lief fast immer barfuß. Nur im Winter trug sie manchmal Schuhe, aber es waren zwei verschiedene, die nicht zusammenpassten und ihr außerdem viel zu groß waren. Das kam daher, dass Momo eben nichts besaß, als was sie irgendwo fand oder geschenkt bekam. Ihr Rock war aus allerlei bunten Flicken zusammengenäht und reichte ihr bis auf die Fußknöchel. Darüber trug sie eine alte, viel zu weite Männerjacke, deren Ärmel an den Handgelenken umgekrempelt waren. Abschneiden wollte Momo sie nicht, weil sie vorsorglich daran dachte, dass sie ja noch wachsen würde. Und wer konnte wissen, ob sie jemals wieder eine so schöne und praktische Jacke mit so vielen Taschen finden würde.

Unter der grasbewachsenen Bühne der Theaterruine gab es ein paar halb eingestürzte Kammern, die man durch ein Loch in der Außenmauer betreten konnte. Hier hatte Momo sich häuslich eingerichtet. Eines Mittags kamen einige Männer und Frauen aus der näheren Umgebung zu ihr und versuchten sie auszufragen. Momo stand ihnen gegenüber und guckte sie ängstlich an, weil sie fürchtete, die Leute würden sie wegjagen. Aber sie merkte bald, dass es freundliche Leute waren. Sie waren selber arm und kannten das Leben.

„So", sagte einer der Männer, „hier gefällt es dir also?"

„Ja", antwortete Momo.

„Und du willst hier bleiben?"

„Ja, gern."

„Aber wirst du denn nirgendwo erwartet?"

„Nein."

„Ich meine, musst du denn nicht wieder nach Hause?"

„Ich bin hier zu Hause", versicherte Momo schnell.

„Wo kommst du denn her, Kind?"

Momo machte mit der Hand eine unbestimmte Bewegung, die irgendwohin in die Ferne deutete.

„Wer sind denn deine Eltern?", forschte der Mann weiter.

Das Kind schaute ihn und die anderen Leute ratlos an und hob ein wenig die Schultern. Die Leute tauschten Blicke und seufzten.

„Du brauchst keine Angst zu haben", fuhr der Mann fort, „wir wollen dich nicht vertreiben. Wir wollen dir helfen."

Momo nickte stumm, aber noch nicht ganz überzeugt.

„Du sagst, dass du Momo heißt, nicht wahr?"

„Ja."

„Das ist ein hübscher Name, aber ich hab ihn noch nie gehört. Wer hat dir denn den Namen gegeben?"

„Ich", sagte Momo.

„Du hast dich selbst so genannt?"

„Ja."

„Wann bist du denn geboren?"

Momo überlegte und sagte schließlich: „Soweit ich mich erinnern kann, war ich immer schon da."

„Hast du denn keine Tante, keinen Onkel, keine Großmutter, überhaupt keine Familie, wo du hin kannst?“
Momo schaute den Mann nur an und schwieg eine Weile. Dann murmelte sie: „Ich bin hier zu Hause.“
„Na ja“, meinte der Mann, „aber du bist doch ein Kind – wie alt bist du eigentlich?“
„Hundert“, sagte Momo zögernd.
Die Leute lachten, weil sie es für einen Spaß hielten.
„Also ernsthaft, wie alt bist du?“
„Hundertzwei“, antwortete Momo noch ein wenig unsicherer.
Es dauerte eine Weile, bis die Leute merkten, dass das Kind nur ein paar Zahlwörter kannte, die es aufgeschnappt hatte, sich aber nichts Bestimmtes darunter vorstellen konnte, weil niemand es Zählen gelehrt hatte.

„Hör mal“, sagte der Mann, nachdem er sich mit den anderen beraten hatte, „wäre es dir recht, wenn wir der Polizei sagen, dass du hier bist? Dann würdest du in ein Heim kommen, wo du zu essen kriegst und ein Bett hast und wo du rechnen und lesen und schreiben und noch viel mehr lernen kannst. Was hältst du davon, eh?“
Momo sah ihn erschrocken an.
„Nein“, murmelte sie, „da will ich nicht hin. Da war ich schon mal. Andere Kinder waren auch da. Da waren Gitter an den Fenstern. Jeden Tag gab’s Prügel – aber ganz ungerecht. Da bin ich nachts über die Mauer und weggelaufen. Da will ich nicht wieder hin.“
„Das kann ich verstehen“, sagte ein alter Mann und nickte. Und die anderen Leute konnten es auch verstehen und nickten.
„Also gut“, sagte eine Frau, „aber du bist doch noch klein. Irgendwer muss doch für dich sorgen.“
„Ich“, antwortete Momo erleichtert.
„Kannst du das denn?“, fragte die Frau.
Momo schwieg eine Weile und sagte dann leise: „Ich brauch nicht viel.“
Wieder wechselten die Leute Blicke, seufzten und nickten.
„Weißt du, Momo“, ergriff nun wieder der Mann das Wort, der zuerst gesprochen hatte, „wir meinen, du könntest vielleicht bei einem von uns unterkriechen. Wir haben zwar selber alle nur wenig Platz und die meisten haben schon einen Haufen Kinder, die gefüttert sein wollen, aber wir meinen, auf eines mehr kommt es dann auch schon nicht mehr an. Was hältst du davon, eh?“
„Danke“, sagte Momo und lächelte zum ersten Mal, „vielen Dank! Aber könntet ihr mich nicht einfach hier wohnen lassen?“
Die Leute berieten lange hin und her und zuletzt waren sie einverstanden. Denn hier, so meinten sie, könne das Kind schließlich genauso gut wohnen wie bei einem von ihnen, und sorgen wollten sie alle gemeinsam für Momo, weil es für alle zusammen sowieso einfacher wäre als für einen allein.

Sie fingen gleich an, indem sie zunächst einmal die halb eingestürzte steinerne Kammer, in der Momo hauste, aufräumten und instand setzten, so gut es ging. Einer von ihnen, der Maurer war, baute sogar einen kleinen steinernen Herd. Ein rostiges Ofenrohr wurde auch aufgetrieben. Ein alter Schreiner nagelte aus ein paar Kistenbrettern ein Tischchen und zwei Stühle zusammen.
Und schließlich brachten die Frauen noch ein ausgedientes, mit Schnörkeln verziertes Eisenbett, eine Matratze, die nur wenig zerrissen war, und zwei Decken. Aus dem steinernen Loch unter der Bühne der Ruine war ein behagliches kleines Zimmerchen geworden.
Der Maurer, der künstlerische Fähigkeiten besaß, malte zuletzt noch ein hübsches Blumenbild an die Wand. Sogar den Rahmen und den Nagel, an dem das Bild hing, malte er dazu.
Und dann kamen die Kinder der Leute und brachten, was man an Essen erübrigen konnte, das eine ein Stückchen Käse, das andere einen kleinen Brotwecken, das dritte etwas Obst und so fort. Und da es sehr viele Kinder waren, kam an diesem Abend eine solche Menge zusammen, dass sie alle miteinander im Amphitheater[1] ein richtiges kleines Fest zu Ehren von Momos Einzug feiern konnten. Es war ein so vergnügtes Fest, wie nur arme Leute es zu feiern verstehen.
So begann die Freundschaft zwischen der kleinen Momo und den Leuten der näheren Umgebung.

1 **Amphitheater**, hier: die alte Theaterruine (siehe auch S. 237)

1 Wie werden Momo und ihre Umgebung beschrieben? Fertigt eine Zeichnung an.

2 Im Gespräch lernen wir Momos Vorstellungen kennen. Vergleicht sie mit Antworten der Erwachsenen.

3 Welche Vorzüge und Nachteile hat ein Leben ohne Schule und Erwachsene?

4 Stelle dir einen Tag aus Momos Leben vor und erzähle davon. Sammle Hinweise im Text, die dir dabei helfen können.

1.3 Wir berichten über unsere Erfahrungen in der neuen Schule

Wir schreiben einen Brief

Ihr besucht nun schon seit einiger Zeit die neue Schule und wollt über eure Erfahrungen in einem Brief an Verwandte (z. B. Großeltern) oder Freunde berichten.
Ihr könnt auch an einen erfundenen Freund oder eine erfundene Freundin in einem anderen Land schreiben oder an eine ehemalige Lehrerin aus der Grundschule.

1 Schreibt einen ersten Entwurf des Briefes. Überlegt euch vorher, in welcher Reihenfolge ihr eure Erlebnisse erzählen wollt.

2 Tauscht die Briefe mit eurem Nachbarn oder eurer Nachbarin und verbessert gemeinsam die Rechtschreibung und den sprachlichen Ausdruck.
Nehmt dabei die folgende Checkliste zu Hilfe.

Briefkopf:

Achte auf das Komma zwischen Orts- und Zeitangabe und setze den Artikel richtig *(den)*.

Anrede:

Du kannst entweder ein Ausrufezeichen setzen und groß weiterschreiben oder ein Komma setzen und klein beginnen.

Anredepronomen:

Bei befreundeten oder vertrauten Personen („Liebe Ute, …“, „Liebe Großeltern, …“) verwendest du die Anredepronomen (Fürwörter) *du, dir, dich, dein* und *ihr, euch, euer* usw.
Diese Pronomen schreibt man klein.
Lediglich bei Personen, die du nicht duzt („Liebe Frau Finke, ...“), benutzt du die Pronomen *Sie, Ihnen* und *Ihr, Ihre* usw.
Diese Höflichkeitspronomen schreibt man groß.

Briefschluss:

Den Brief beendest du mit einer Grußformel, die auch in den Schlusssatz einbezogen werden kann. Die Grußformel und die Unterschrift stehen jeweils in einer eigenen Zeile. Am Ende setzt man weder Punkt noch Ausrufezeichen.

Berlin, den 2. September 1997

Liebe Oma,
jetzt bin ich schon zwei Wochen auf der neuen Schule.
...

Sicher willst du wissen, wie es mir geht. Deshalb berichte ich dir über meine ersten Eindrücke.
...

Mit lieben Grüßen
deine Barbara

Es grüßt dich herzlich
deine Barbara

3 Fertigt zum Schluss die endgültige Fassung eures Briefes an.

4 Wenn ihr euren Brief abschicken wollt, müsst ihr die richtige Form der Anschrift und des Absenders beachten:

Wir planen einen Elternabend

Eure Eltern haben von euch schon viele Einzelheiten über die neue Schule erfahren. Auf einem Elternabend wollt ihr sie umfassend und lebendig informieren. Die Vorbereitungen könnt ihr weitgehend selbstständig übernehmen.

1 Führt in der ersten Zeit an der neuen Schule ein Tage- oder Wochenbuch, in dem ihr Erfahrungen, Erlebnisse und Besonderheiten festhaltet. Wer gut zeichnen oder malen kann, sollte z. B. ein Bild von der neuen Schule anfertigen; auch Fotos können aufgenommen werden.

2 Sammelt zunächst alles, was sich für einen Elternabend eignen könnte (eigene Berichte, Fotos, Interviews, Lesestücke usw.).

3 a) Ordnet die Vorschläge und trefft eine Auswahl.
b) Legt dann einen sinnvollen Ablauf fest, den ihr zu einem vorläufigen Programm zusammenstellt.

Elternabend zum Kennenlernen

am 20. September um 19.00 Uhr
im Klassenraum der 5 c

1. Begrüßung durch die Klassensprecherin
2. Flötenspiel
3. Rollenspiel: Momo in unserer Schule

...

4 An der Gestaltung des Abends sollten alle Schülerinnen und Schüler der Klasse mitwirken. Es gibt viele Aufgaben zu verteilen.
Verabredet das Vorgehen im Einzelnen und legt in einem Ablaufplan genau fest, wer was bis wann machen soll. Berücksichtigt dabei besonders den zeitlichen Aufwand für die unterschiedlichen Vorhaben .

2 Miteinander sprechen

2.1 Regeln für das Klassengespräch

1 Versucht in einem Klassengespräch eine Hitliste der fünf besten und fünf schlechtesten Fernsehsendungen der Woche aufzustellen.

2 a) Wie ist euer Gespräch über die Tops und Flops im Fernsehen verlaufen? Sammelt eure Eindrücke an der Tafel.

b) Was könntet ihr ändern, damit die Störungen beseitigt werden? Notiert Vorschläge in einer dritten Spalte an der Tafel.

3 Stellt Regeln für das Klassengespräch auf.
Führt dazu eine **Kartenabfrage** durch. Das geht so:

a) Bildet Arbeitsgruppen von 4 – 6 Schülern und Schülerinnen und verteilt an jede Arbeitsgruppe 5 Karteikarten.
b) Schreibt auf jede Karteikarte eine Regel für das Klassengespräch, über die ihr euch in der Arbeitsgruppe verständigt habt.

c) Legt alle Karten aus allen Arbeitsgruppen nebeneinander. Legt dann die Karten zueinander, auf denen sinngemäß dieselbe Regel steht. Diese Regeln finden offensichtlich allgemeine Zustimmung und sind gültig.

4 Über die übrig gebliebenen Regelkarten muss nun diskutiert werden. Welche sollen zu euren endgültigen Regeln gehören, welche nicht?

a) Bestimmt einen **Diskussionsleiter,** der folgende Aufgaben hat:

Er erteilt in der Reihenfolge der Meldungen das Wort.

Er fasst die Beiträge zusammen, wenn alle Gründe für oder gegen eine Regelkarte genannt worden sind.

Falls keine Einigung erzielt wurde, lässt er abstimmen, ob und in welcher Form ein Regelvorschlag angenommen werden soll.

b) Wechselt euch in der Diskussionsleitung ab.

Begründungen, die für oder gegen die Einführung einer Regel angeführt werden, nennt man **Argumente.** Bemüht euch darum, Argumente zu finden, die die anderen überzeugen.

5 Notiert alle Regeln auf einem Blatt. Gestaltet (am besten mit dem Computer) ein Poster, auf dem alle eure Gesprächsregeln aufgelistet sind, und hängt es in der Klasse auf.

REGELN

für das Klassengespräch der 5 a

§ 1 Beleidigungen und tätliche Angriffe sind verboten.

...

6 a) Um das Klassengespräch mit euren Regeln zu üben könnt ihr einen der folgenden Gesprächsanlässe wählen:

Edit Lankor

Adam & Evchen

- Sollte jeder in der Familie einen eigenen Fernseher haben?
- Wie lange sollte ein Kind in eurem Alter pro Tag fernsehen dürfen?
- Was haltet ihr von den Werbespots?
- ...

b) Findet weitere Themen, über die ihr einmal sprechen möchtet.
Legt eine **Themenliste** an, in die jeder einen Themenwunsch eintragen kann.

7 Ändert bei euren Gesprächen die Sitzordnung in der Klasse. Führt zum Beispiel ein **Kreisgespräch**, bei dem ihr euch alle in einen großen Kreis setzt. Oder setzt eine Kleingruppe in einen Innenkreis und lasst diese ein Gespräch führen. Alle anderen bilden einen Außenkreis und beobachten das Gesprächsverhalten um anschließend darüber zu sprechen.

Das Echo-Spiel

Falls das Zuhören und Aufeinandereingehen in euren Gesprächen noch nicht so gut klappt, könnt ihr zur Übung das Echo-Spiel einsetzen: Jeder, der mit dem Sprechen an der Reihe ist, muss zunächst einmal möglichst genau das wiedergeben, was sein Vorredner gesagt hat. Dann erst darf er seinen eigenen Beitrag vorbringen.

2.2 Sich streiten und sich verständigen

Irina Korschunow

Ich bin so gemein gewesen

Ich heiße Anne. Ich sitze in der Schule neben Carola. Früher war sie meine Freundin. Wir haben uns fast jeden Nachmittag getroffen; bei ihr zu Hause oder bei mir. Am liebsten haben wir Theater gespielt. Wir hatten einen großen Karton mit Kram zum Verkleiden und manchmal waren unsere Mütter zum Zugucken da. Aber das ist jetzt alles vorbei, bloß wegen der blöden Brille. Und weil ich so gemein war.

Die Brille hat Carola vor zwei Wochen bekommen. Sie wollte sie nicht aufsetzen. Sie hat geweint und ich habe gesagt, dass sie sich nicht anstellen soll. „So viele Menschen tragen eine Brille“, habe ich gesagt. „Sogar der Rudi Carrell! Das ist doch wirklich nichts Besonderes.“

Aber als Carola mit der Brille in die Schule kam, hat Udo Hoffmann „Brillenschlange“ hinter ihr hergerufen.

Dieser eklige Kerl! Carola hat gleich wieder geheult und seitdem war sie in der Schule ganz anders als früher. Sie redete kaum noch. Sie hat sich auch nicht mehr gemeldet. Sie saß da und guckte auf den Tisch, sonst nichts. Nur nachmittags beim Theaterspielen war sie manchmal so lustig wie früher. Bis zum vorigen Dienstag. Am Dienstag wollten wir bei mir zu Hause „Die Prinzessin und der Schweinehirt“ spielen. Ich hatte ein altes Nachthemd von meiner Mutter bekommen, oben und an den Ärmeln mit Spitzen.

„Das ziehe ich als Prinzessin an“, sagte ich.

„Nein, ich“, sagte Carola. „Du warst schon so oft Prinzessin.“

„Nicht öfter als du“, sagte ich. Und plötzlich wurde Carola wütend. Das war noch nie passiert.

„Du willst immer Recht haben“, schrie sie mich an.

Da fing ich auch an zu schreien.

„Das Nachthemd gehört mir!“, schrie ich.

„Dann spiel doch allein mit deinem blöden Nachthemd. Du denkst wohl, mit mir kannst du alles machen!“, schrie Carola, und weil ich das so ungerecht fand und weil ich Carola eins auswischen wollte, schrie ich: „Hau doch ab, du Brillenschlange.“

Ich weiß noch, was für einen Schreck ich bekam, als mir das Wort herausrutschte. Am liebsten hätte ich es gleich zurückgeholt. Aber gesagt ist gesagt.

Carola starrte mich an. Sie war ganz still. Sie nahm ihre Sachen und ging. Und nun redet sie nicht mehr mit mir. Sie guckt an mir vorbei, als ob ich nicht da bin.

Ich möchte ihr gern etwas sagen. „Es tut mir Leid“, möchte ich sagen. „Ich war so gemein. Ich will es nie mehr tun. Vertrag dich wieder mit mir.“

Doch wenn ich mit Carola reden will, dreht sie sich um und geht.

1 Woran kann man erkennen, dass Anne und Carola gut befreundet waren?

2 Untersucht, wie sich der Streit der beiden Mädchen steigert. Legt dazu eine Übersicht an:

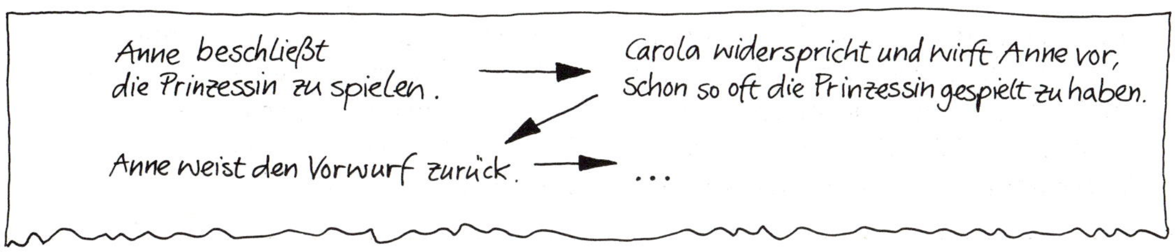

3 Warum scheint am Ende keine Versöhnung zwischen den beiden mehr möglich zu sein?

4 Spielt in einem Rollenspiel den Streit der beiden Mädchen. Versucht dabei aber den Streit zu einem anderen Ende kommen zu lassen.

Bei einem **Rollenspiel** sind folgende Schritte wichtig:

- Bevor ihr mit dem Spiel beginnt, müsst ihr die Situation und die Rollen – hier die beiden Mädchen – genau beschreiben.
- Spielt die Situation mehrmals und besetzt die Rollen immer wieder neu.
- Die übrigen Mitglieder der Klasse beobachten das Verhalten der Spieler genau und machen sich dabei Notizen:

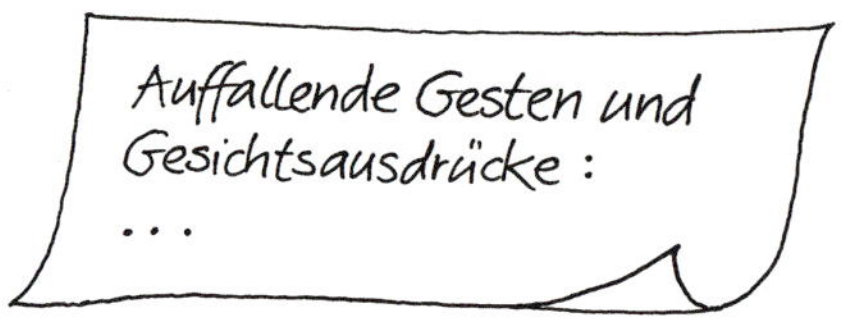

- Sprecht anschließend über eure Beobachtungen.

5 Ihr kennt doch sicher ähnliche Situationen wie die in der Geschichte von Anne und Carola. Auch dazu könnt ihr Rollenspiele entwickeln:

a) Setzt euch in Kleingruppen zusammen und einigt euch auf eine Streitsituation, die ihr dann auf einer Karteikarte oder einem Blatt beschreibt. Das ist eure **Situationskarte.**

b) Notiert dann auf anderen Karteikarten, wer die beteiligten Personen sind und welche Eigenschaften sie haben. Entwerft für jede Person eine Karte. Das sind eure **Rollenkarten.**

c) Spielt dann die Situationen, die euch am besten gefallen.

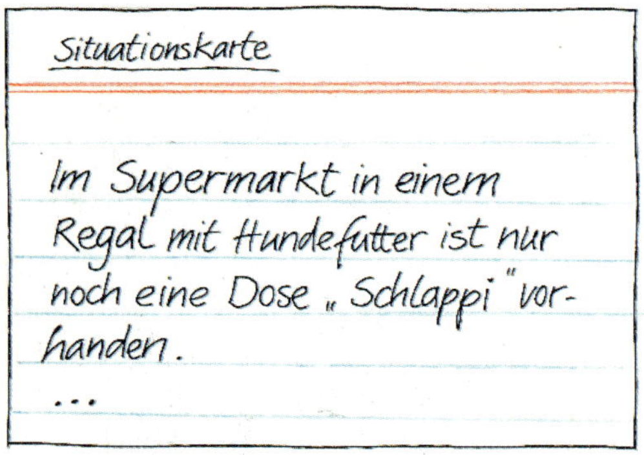

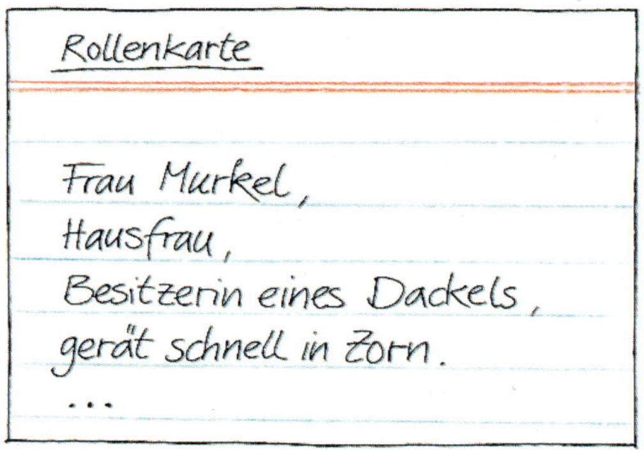

Gina Ruck-Pauquèt

Der Krebs

Als Dieter zum ersten Mal die Klasse betrat, fürchtete er sich einen Moment lang. Wie die ihn anstarrten! Lauter fremde Mädchen und Jungen. Saßen da und machten große Augen, waren erwartungsvoll.

Als ob sie glauben, dass ich gleich einen Rüssel ausfahre, dachte Dieter, Hörner kriege oder Kikiriki rufe!

Am liebsten hätte er ihnen die Zunge rausgestreckt. Seine Furcht war fort. In der Pause strichen ein paar um ihn rum, stießen sich an und kicherten. Das war wegen seiner Jacke. Das konnte er sich denken.

Dieter ging langsam auf die Gruppe zu, die sich unter der Kastanie gebildet hatte. Er wusste sofort, wer da die Hauptperson war. So was spürte er. Kurz darauf erfuhr er, dass der Junge Leo hieß. Er war klein und dünn und dunkelhaarig und er war wie eine aufgezogene Feder, in jedem Augenblick bereit loszuschnellen.

Gegen mich, dachte Dieter. Der hat was gegen mich.

„Guck mal, was der für 'ne Jacke hat!", sagte einer, ein Blonder, der Timo hieß.

Er packte Dieter bei den Schultern und drehte ihn mit dem Rücken zu Leo. „Toll, was?"

„Das ist 'n Krebs", sagte Inga, „'n weißer Krebs."

„Riesig", sagte Tobbi. „Wo hast'n die Jacke her?"

Dieter blickte Leo an, der mit zusammengekniffenen Augen zurückstarrte. Die Jeansjacke mit dem aufgenähten weißen Krebs.

„Die hat mein Vater aus dem Ausland mitgebracht", sagte Dieter zu Leo. Aber der guckte weg, nahm die Antwort nicht an. Er hatte ja auch nicht gefragt. Die anderen schwiegen, waren betreten. Nur Meike nicht.

„Gib mal", sagte sie.

Dieter schlüpfte aus der Jacke. Meike zog sie an, verschwand fast darin. Einer lachte. Leo stand mit einer harten Bewegung auf. Die anderen zögerten. Dann läutete die Glocke und nahm ihnen die Entscheidung ab.

So war das am ersten Tag. Dieter machte sich nicht allzu viel Gedanken darüber. Leo war hier der Macher, das war klar. Sollte er doch! Es gab genug andere Kinder, und Dieter war einer, der leicht Freunde fand. Meike hatte sich sowieso gleich an ihn angeschlossen. Und Tobbi und Friedel zeigten ihm das Schwimmbad und den Park.

„Der Leo mag dich nicht", sagte Meike.

Sie saßen nebeneinander auf der Bank am Omnibusbahnhof und Meike zupfte an den ausgefransten Beinen ihrer Jeans.

„Warum sagst du das so leise?", fragte Dieter.

Meike schwieg.

„Der ist zu allem fähig!", sagte Tobbi. „Der Leo ja. Ist 'n irrer Typ", setzte er hinzu. „Hast du seinen Gürtel gesehen? Hat er selbst aus Ziegenleder gemacht. Sind kleine Fotos draufgeklebt. Von 'nem Pferd, auf dem er geritten ist, und von 'nem echten Indianer, den er kennt. Er war nämlich mal in Amerika."

Friedel nickte. Er warf die Unterlippe auf und machte ein knallendes „Ppp!", das nach Anerkennung klang.

Ein paar Tage später redeten sie in der Klasse so einen Blödsinn: „Krebs – immer zwei Schritte vor und einen zurück."

„Von wem kommt das?", fragte Dieter.

Die anderen zuckten die Achseln. Das Gerede hielt sich nicht lange. Nur dass sie ihn den Krebs nannten, das blieb. Sie nannten ihn den Krebs und sie mochten ihn. Fast alle mochten ihn.

Es kam jetzt vor, dass Dieter Leo für Augenblicke allein dastehen sah – auf dem Schulhof oder sonst irgendwo. Und er begriff, dass Leos Feindseligkeit aus der Furcht entsprungen war in Dieter einen Rivalen zu finden, der ihm die Gunst der anderen nahm.

Im frühen Herbst kam das „Parkgerücht" auf. Dass es nicht mit rechten Dingen zugehe in den Nächten im Park. Genaues wusste allerdings keiner.

„Wache halten müsste man", sagte Hanna. „Auf 'nem Baum oder so."

„Ja", sagte Timo, „wenn meine Eltern nicht die dämliche Gewohnheit hätten mich abends ins Bett zu schicken..."

„Bist aber froh, was?", sagte Meike. „Würdest dir schön in die Hose machen vor Angst."

„Ich tu's!", sagte Leo da.

„Was?", fragte Friedel.

„Draußen bleiben", sagte Leo. „Auf dem Baum da sitz ich", sagte er und zeigte hin.

„Die ganze Nacht."

Sein Blick streifte Dieter.

„Da wird dir aber kalt", sagte Dieter.

Leo sah ihn noch einmal an. Es war, als ob etwas knistere.

„Der macht das", sagte Inga später. „Echt!"

„Glaub's schon", sagte Dieter.

Und Leo war wohl wirklich draußen geblieben in der Nacht. Er sah blass und müde aus, als sie am nächsten Morgen vor Schulbeginn im Klassenzimmer auf ihn einstürmten.

„Red schon!"

„Was war?"

„Sag!"

Aber was er dann faselte von einem Mann im dunklen Umhang und von einer klagenden Stimme, das klang wenig glaub-

würdig. Wahrscheinlich war gar nichts gewesen.

„Glaubst du ihm?", fragte Tobbi leise.

„Ne", sagte Dieter, „der spinnt!"

Hatte er es zu laut gesagt? Hatte Leo es gehört? Jedenfalls passierte es an dem Nachmittag. Und was passierte, sprengte den Rahmen aller Feindseligkeiten, die je zwischen den Kindern ausgetragen worden waren.

Sie hatten im Park Herbstblätter für den Zeichenunterricht gesammelt. Es war ein warmer Nachmittag und sie hatten ihre Jacken unter einen Strauch gelegt.

Als sie zurückkamen, lag Dieters Jacke oben. Dieters Jeansjacke mit dem weißen Krebs. Aber der Krebs war nicht mehr weiß. Er war überhaupt nicht mehr da, der Krebs.

Dieter hob die Jacke hoch. Wo der Krebs gewesen war, war ein Loch. Man konnte den Arm durchstecken. Meike heulte gleich los.

„Rausgebrannt", sagte Timo. „Regelrecht rausgebrannt."

„Das ist doch...", Hanna fehlten die Worte.

„Eine Sauerei ist das", sagte Tobbi. „Die größte Sauerei, die ich erlebt hab!"

Sie blickten sich nacheinander an. Leo fehlte.

„Der ist schon weg", sagte Friedel. „Er hat mir gesagt, dass er weg muss."

„Das hätte ich nicht gedacht", sagte Inga. „Dass er so was macht, nicht."

Dieter biss auf seiner Lippe rum. Er hielt die Jeansjacke mit zwei Händen, so, als sei sie ein verwundetes Lebewesen.

„Warte“, sagte er leise, „jetzt werd ich's dir zeigen, du!“

Timo legte ihm die Hand auf die Schulter. Dann gingen sie schweigend auseinander.

Abends pfiffen sie unter Dieters Fenster. Sie machten ihm Zeichen. Er sollte runterkommen. Sie hatten etwas für ihn.

Gewohnheitsmäßig griff Dieter nach seiner Jacke. Dann sah er es wieder. Er legte sie hin, zog den blauen Pullover über und rannte hinaus.

Sie machten auf geheimnisvoll. Hanna trug das Päckchen. Als sie bei der Bank vorm Omnibusbahnhof ankamen, blieben sie stehen und blickten sich nach allen Seiten um.

„Gib's ihm jetzt!“, sagte Timo.

Hanna gab es ihm. In dem Päckchen war Leos Gürtel aus Ziegenleder. Dieter hielt Leos Ziegenledergürtel in der Hand. Er starrte ihn an, die Nieten aus weißem Metall, das Foto von dem Indianer und das des Pferdes. Sie hatten Leo den Gürtel weggenommen!

Wahrscheinlich im Hallenbad, dachte Dieter. Bestimmt sogar.

„Na?“, sagte Timo.

„Mensch!“, sagte Dieter.

„Rache ist süß“, sagte Tobbi. „Ich schlage vor, du schneidest ihn in kleine Stücke und die legen wir ihm dann morgen hin.“

„Ne“, sagte Friedel, „ich würde ihn verbrennen.“

„Und ihm die Asche mit den Nieten in einer Urne servieren“, Inga lachte.

Dieter wog den Gürtel in der Hand.

„Ich weiß noch nicht“, sagte er.

„Mach, wie du meinst“, sagte Timo. „Es ist deine Rache. Ich muss heim.“

„Okay“, sagte Dieter. „Bis morgen dann. Und danke auch!“

In seinem Zimmer legte er den Gürtel über seine Jacke. Das eine Ende des Gürtels hing auf den Boden hinab. Dieter setzte einen Fuß darauf. Er würde es nicht mit der Schere machen. Und auch nicht mit dem Feuer. Mit seinen Händen und Füßen würde er es machen.

„Siehst du, Leo“, sagte Dieter, „zuerst die Jacke und dann der Gürtel.“ Und dann?, dachte er weiter. Und dann? Und dann?

Dann wäre Leo wieder am Zug. Er würde etwas noch Gemeineres tun. Dann wieder er, Dieter. Er würde etwas tun, was er sich jetzt überhaupt noch nicht vorstellen konnte.

Wieder Leo, blass, mit zusammengekniffenen Augen, Dieter, Leo, Dieter. Beide allein, gegeneinander. Und der Hass und die Rache wären ein Gefängnis, dem sie beide nicht mehr entkommen würden.

Dieter schleuderte den Gürtel in die Zimmerecke. Dann ging er vor den Spiegel und sah sich an.

Am anderen Morgen waren alle früher als gewöhnlich. Sie standen herum, rückten hier und da etwas zurecht und schwiegen.

Nur Leo saß auf seinem Platz. Er saß unbeweglich, die Ellenbogen aufgestützt, die Fäuste an den Schläfen.

Dann kam Dieter.

Er schloss die Tür hinter sich und blickte gleich Leo an. Die linke Hand hielt er hinter seinem Rücken versteckt. Und während die anderen, wie von einem bösen Zauber angerührt, versteinerten, ging Dieter zu Leo hin.

Er machte einen Schritt und noch einen, stand vor Leo, brachte seine Hand in einem

matten, niedrigen Bogen nach vorn und legte etwas auf Leos Schreibpult.
Es war Leos Gürtel – unversehrt. Weiße Nieten, das Foto von dem Indianer und das des Pferdes.
Sehr ruhig legte Dieter den Gürtel hin. Für eine Sekunde oder so ließ er seine Hand noch auf ihm ruhen.
Dann nahm er die Hand fort, und manche sagten später, er habe Leo zugelächelt.

1 Versetzt euch in Leos Rolle. Erzählt aus seiner Sicht über den Neuen in der Klasse. Das könnte zum Beispiel am Frühstückstisch gegenüber seiner Mutter geschehen.

2 Unterteilt den Text in Abschnitte und findet dabei den Wendepunkt heraus, also die Stelle, an der die Geschichte einen unerwarteten Verlauf bekommt.

3 Verhandelt Leos Vergehen in Form eines **Klassenparlaments.** Für eine faire Verhandlung braucht ihr einen Vorsitzenden, den „Chairman“, der dafür sorgt, dass beide Parteien gleichermaßen zu Wort kommen. Legt nun das weitere Vorgehen fest:

Wie soll die Reihenfolge der Sprecher sein?
Welche Anträge sollen gestellt werden?
Wie wollt ihr abstimmen?

Denkt auch daran, einen Schriftführer zu bestimmen, der die Anträge und Abstimmungsergebnisse festhält.

4 Schreibt eine Fortsetzung der Geschichte, in der Leo und Dieter ihren Streit endgültig beilegen. Gebt ihr Gespräch in wörtlicher Rede wieder. Denkt dabei an die richtige Zeichensetzung.

Die Zeichensetzung bei der wörtlichen Rede

Die wörtliche Rede wird in **Anführungszeichen** eingeschlossen.	„Red schon!“ „Was war?“ „Sag!“
Zwischen einem einleitenden Redebegleitsatz und der wörtlichen Rede steht ein **Doppelpunkt.**	Ein paar Tage später redeten sie in der Klasse so einen Blödsinn: „Krebs – immer zwei Schritte vor und einen zurück.“
Der nachgestellte Redebegleitsatz wird durch ein **Komma** von der wörtlichen Rede abgetrennt. Dabei entfällt der Schlusspunkt in der wörtlichen Rede.	„Der macht das“, sagte Inga später. „Glaub’s schon“, sagte Dieter.
Fragezeichen und Ausrufezeichen bleiben aber erhalten.	„Na?“, sagte Timo. „Mensch!“, sagte Dieter.

Mark Twain

Tom und der Neue

Die Sommerabende waren lang. Noch war es nicht dunkel. Auf einmal hörte Tom auf zu pfeifen. Vor ihm stand ein Fremder, ein Junge, der eine Spur größer war als er selbst. Für die armselige kleine Stadt St. Petersburg[1] war ein Neuankömmling jeden Alters und Geschlechts eine eindrucksvolle Kuriosität[2]. Dieser Junge war noch dazu gut gekleidet – an einem Wochentag gut gekleidet! Das war einfach erstaunlich. Seine Mütze war ein zierliches Ding, seine fest zugeknöpfte blaue Tuchjacke neu und schmuck, ebenso auch seine Hose. Er hatte Schuhe an und dabei war erst Freitag. Sogar eine Krawatte trug er, ein farbiges Stück Band. Es lag etwas Städtisches in seinem Aussehen, was Tom bis ins Innerste reizte. Je länger er das prächtige Wunder anstarrte, umso mehr rümpfte er die Nase über dessen Putz und umso schäbiger und schäbiger kam ihm seine eigene Kleidung vor. Keiner der beiden Jungen sprach. Sobald sich der eine bewegte, bewegte sich auch der andere – jedoch nur seitwärts, im Kreise herum. Sie hielten ohne Unterlass das Gesicht einander zugewendet und maßen sich mit Blicken.

Endlich sagte Tom: „Dich kann ich verdreschen!"

„Versuch's doch, das möchte ich sehn."

„Kann ich, ganz klar."

„Nein, das kannst du nicht."

„Doch, das kann ich schon."

„Nein, das kannst du nicht."

„Kann ich wohl."

„Kannst du nicht."

„Kann ich."

„Nicht."

Eine unbehagliche Pause. Dann sagte Tom:

„Wie heißt du?"

„Geht dich nichts an, du."

„Ich werd dir schon zeigen, dass es mich was angeht."

„Na, warum tust du's denn nicht?"

„Wenn du noch viel sagst, werd ich's."

„Viel – viel – viel! Bitte!"

„Hältst dich wohl für besonders schlau, was? Wenn ich wollte, könnt ich dich mit einer Hand runterkriegen."

„Warum machst du's denn nicht? Du sagst doch, du kannst's."

„Wenn du mich noch lange anödest, mach ich's."

„Mensch – da sind mir schon ganz andere untergekommen!"

„Kommst dir wer weiß wie vor, was? Und erst der Deckel, den du aufhast!"

„Wenn er dir nicht gefällt, musst du dich eben dran gewöhnen. Versuch's nur und schlag ihn runter; jeder, der das versucht, kann aber vorher seine Knochen nummerieren."

„Du Lügenmaul."

„Selber eins."

„Du bist ein Großmaul und feige!"

„Ach, Mensch, hau ab."

„Du, wenn du mir noch lange frech kommst, dann nehm ich einen Stein und knall ihn dir gegen die Birne!"

„Na, bestimmt tust du das!"

„Tu ich auch."

„Na, warum machst du's denn nicht, wozu erzählst du denn bloß, du willst's machen? Warum machst du's denn nicht? Bloß weil du Angst hast!"

„Hab keine Angst."

„Doch."

„Nein!"

„Doch!"

Wieder eine Pause, wieder gegenseitiges Anstarren und seitliches Umkreisen. Auf einmal standen sie Schulter an Schulter.

Tom sagte: „Weg hier!"

„Selber weg hier!"

„Denk gar nicht dran."

„Ich erst recht nicht."

Sie standen da, jeder als Stütze einen Fuß zur Seite gestemmt, beide aus Leibeskräf-

1 **St. Petersburg,** hier: amerikanisches Städtchen
2 **Kuriosität:** etwas Seltenes, Aufsehen Erregendes

ten schiebend und einander hasserfüllt anstarrend. Keiner vermochte jedoch die Oberhand zu gewinnen.
Nachdem sie gekämpft hatten, bis sie heiß und hochrot waren, ließen beide voll vorsichtiger Wachsamkeit in ihren Anstrengungen nach und Tom sagte: „Ein Feigling bist du und ein Fatzke. Ich sag's meinem großen Bruder, der kann dich um den kleinen Finger wickeln, und ich sag's ihm, dass er's auch machen soll."
„Auf deinen großen Bruder pfeif ich. Ich hab einen Bruder, der noch viel größer ist, der wirft ihn wie nichts über den Zaun da." (Beide Brüder existierten nur in der Einbildung.)
„Du lügst."
„Wenn du's sagst, noch lange nicht."
Tom zog mit dem großen Zeh einen Strich in den Staub und sagte: „Einen Schritt da drüber und ich verdresche dich, bis du nicht mehr stehen kannst. Wer's wagt, ist ein toter Mann."
Sofort trat der Neue über den Strich und sagte: „Du hast gesagt, du machst's, jetzt wolln wir mal sehn, wie du's machst."
„Komm mir nicht zu nahe, pass ja auf, du!"
„Du hast doch gesagt, du machst's, warum machst du's denn nicht?"
„Donnerwetter, für zwei Cent[3] mach ich's wirklich."
Der Neue nahm zwei große Kupfermünzen aus der Tasche und hielt sie ihm verächtlich hin.
Tom schlug sie ihm aus der Hand.

3 **Cent:** amerikanische Münze

Im nächsten Augenblick wälzten sich die beiden Jungen im Dreck, kollerten wie zwei Katzen ineinander verkrallt umher, rissen sich gegenseitig am Haar, zerrten sich an den Kleidern, zerbläuten und zerkratzten einander die Nase und bedeckten sich mit Schmutz und Ruhm. Nach einiger Zeit nahm der verschlungene Klumpen Form an, und durch den von der Schlacht aufgewirbelten Staub wurde Tom sichtbar, der rittlings auf dem Neuen saß und ihn mit den Fäusten bearbeitete.
„Sag: genug!", rief er.
Der Junge rang nur um sich zu befreien. Er weinte, hauptsächlich aus Wut.
„Sag: genug!" Toms Fäuste trommelten weiter. Endlich ließ der Fremde ein ersticktes „Genug" vernehmen; Tom erlaubte ihm aufzustehen und sagte: „Dir werd ich das schon lernen. Das nächste Mal pass lieber auf, wen du anödest."
Der Neue lief davon, klopfte sich schluchzend und schnüffelnd den Staub von der Kleidung, blickte sich gelegentlich um, schüttelte den Kopf und drohte, was er mit Tom tun wolle, wenn er ihn „das nächste Mal erwische". Darauf antwortete Tom mit Hohngelächter und machte sich prächtig gelaunt auf den Heimweg; kaum hatte er sich jedoch umgewandt, als der Neue einen Stein ergriff, ihn auf Tom schleuderte und diesen zwischen den Schulterblättern traf; dann gab er Fersengeld und rannte so schnell wie ein Wiesel davon. Tom setzte dem Verräter nach und verfolgte ihn bis zu dessen Haus, wodurch er erfuhr, wo der Bursche wohnte. Eine Zeit lang bezog er Posten vor dem Zaun und forderte den Feind heraus, nach draußen zu kommen; der aber schnitt ihm durch das Fenster Grimassen und lehnte die Einladung ab. Schließlich erschien die Mutter des Feindes, nannte Tom einen ungezogenen, bösartigen, ordinären Jungen und befahl ihm sich davonzuscheren. So trollte er sich von dannen, äußerte jedoch, diesen Bengel werde er sich schon noch vorknöpfen.

1 a) Erklärt, warum Tom den Streit anfängt.
b) Wie fängt Tom den Streit an? Unterscheidet, was er sagt und was er tut.
c) Durch welche Bemerkungen reizen sich die beiden Streithähne besonders? Notiert sie der Reihe nach.
d) An welchen Stellen entstehen Pausen im Streit? Gliedert den Text anhand dieser Pausen in Abschnitte.

2 Gebt der Geschichte in Rollenspielen von diesen Pausen an jeweils eine andere Wendung.

2.3 Überredungskünste

A. H. Chapman

Tauziehen

Der Vater sitzt vor einem Stapel von Büchern und Heften. Es ist sieben Uhr abends. Nebenan im Wohnzimmer, aber im Blickfeld des Vaters, hält sich die Mutter mit der sechsjährigen Tochter auf.

VATER: Bernhard! Bernhard! Wo steckt denn der Junge?
BERNHARD: Ich bin im Badezimmer.
VATER: Beeil dich. Es ist höchste Zeit für die Hausaufgaben.
BERNHARD: Ich komme ja schon!
(Der Vater wartet, immer nervöser werdend, drei Minuten. Ein Rauschen in der Toilette beruhigt ihn, als aber weitere zwei Minuten vergehen, beginnt er sich zu ärgern.)
VATER: Bernhard, wenn du nicht sofort erscheinst, hole ich dich da heraus!
BERNHARD: Ich bin ja schon da.
(Er geht durch das Wohnzimmer, wo seine Mutter und seine Schwester fernsehen, und bleibt vor dem Apparat stehen. Erst nachdem ihm der Vater noch einmal gedroht hat, kommt er endlich an den Tisch.)
VATER: Also was habt ihr in Geschichte auf? ... Betty, stell doch bitte den Apparat leiser!
BERNHARD: Ich weiß nicht ... Ich finde den Zettel nicht.
VATER: Deine verdammte Unordnung! Was, zum Kuckuck, habt ihr denn nun auf?
MUTTER: Verlier nicht die Nerven, Fred. Vom Fluchen wird's auch nicht besser.
VATER: Vielleicht möchtest *du* dich mit ihm beschäftigen?
(Die Mutter lehnt dankend ab. Sie hat schon eine Reihe solcher Sitzungen hinter sich und fühlt sich der Sache nicht mehr gewachsen.)
BERNHARD: Ich muss den Zettel in der Schule vergessen haben.
VATER: Dann ruf deinen Freund Peter an und frag ihn.
(Es dauert fünf Minuten, bis man Peters Telefonnummer und von ihm die Aufgabe bekommen hat. Die erste Runde „Tauziehen“ ist beendet und sie geht an Bernhard.)
VATER: Der Krieg gegen Mexiko also. Ihr sollt die Seiten 162 bis 165 lesen. Tu das.
(Bernhard liest.)
VATER: Und nun die Fragen: Warum wollte Präsident Polk einen Krieg gegen Mexiko?
BERNHARD: Um gegen die Mexikaner zu kämpfen.
VATER: Dummkopf! Was steht hier im Buch?

Der Krieg gegen Mexiko nimmt vierzig Minuten in Anspruch und dann sind noch Mathematik und Geografie zu machen, aber als Bernhard zu gähnen anfängt, gibt der Vater auf und die Geografie kommt zu kurz. Am Ende des Schuljahres sind Vater und Bernhard die Letzten ihrer Klasse. Ihre Beziehung zueinander ist unerträglich geworden. Auf beiden Seiten herrschen Widerwillen und Erbitterung. Sie haben noch sieben Schuljahre vor sich und später soll Bernhard eine Universität besuchen und imstande sein selbstständig zu arbeiten!
Wie kann ein solches „Tauziehen" beendet werden?

1 Verfasst einen Dialog, der zeigt, wie das „Tauziehen" beendet werden kann. Haltet euch dabei an die Form, die in dem Text von A. H. Chapman vorgegeben ist und die für Dialoge üblich ist.

Äußere Form eines Dialogs

- Sprecher – Doppelpunkt – wörtliche Rede ohne Anführungszeichen,
- bei jedem Sprecherwechsel eine neue Zeile,
- erzählende Abschnitte während des Dialogs in Klammern.

2 Klärt im Klassengespräch, welche Lösungen in euren Dialogen ihr überzeugend findet.

Volker Ludwig, Reiner Lücker
und das GRIPS-Ensemble

Aufräumen

Das Zimmer ist in Unordnung. Klaus und Trixi liegen auf dem Boden, mit den Füßen gegeneinander spielen sie „Fahrradfahren". Annemarie klingelt draußen an der Haustür.

TRIXI: Is offen!
ANNEMARIE (kommt herein): Warum wart ihr denn nicht mit schwimmen?
KLAUS (bleibt mit Trixi auf dem Fußboden liegen): Wir müssen aufräumen.
TRIXI: Weil ein Mann zu Besuch kommt.
ANNEMARIE: Aber ihr räumt ja gar nicht auf!
TRIXI: Hat noch Zeit! Mutti kommt erst in 'ner Stunde.
KLAUS: Musst du gleich nach Hause?
ANNEMARIE: Nöö ...
KLAUS (springt auf): Prima! Dann könnt ihr beide ja aufräumen!
TRIXI: Bei dir piept's wohl?
KLAUS: Wieso? Ihr kriegt auch 'n Kaugummi.
TRIXI: Ach nee!
ANNEMARIE: Jeder von uns? Trixi, dann räumen wir auf. Jungen sind doch viel zu ungeschickt zum Aufräumen.
KLAUS: Genau! Die schmeißen nur alles runter! (Er schmeißt nacheinander Hefte auf den Fußboden.) Siehste?
ANNEMARIE: Das war aber Absicht!
TRIXI: Du merkst auch alles.
KLAUS: Ich weiß doch gar nicht, wo was hingehört!
TRIXI: Ich auch nicht.
ANNEMARIE: Wenn Besuch kommt, müssen wir aufräumen, Trixi. Mein Pappi will auch immer, dass alles schön aufgeräumt ist.

1 Setzt den Dialog fort.

2 Lest euch eure Texte vor. Vergleicht , wer sich in den verschiedenen Dialogen durchsetzt .

Günter Bruno Fuchs

Ansprache des autowaschenden Vaters an sein Kind das Drachensteigen möchte

Ja, ich

sehe: Das Wetter ist windig. Die Bäume zei-
gen es ja, sie machen hin und her

mit dem Kopf. Also, du willst Drachensteigen,
vergiss nicht, heute ist Sonntag, das

heißt: Dein Vater
macht selbstverständlich dir eine Freude. Halt
mal
den Mund. Halt
ihn mal bitte. Das Auto

geht vor, nein, das Auto geht vor, das meine
ich nicht. Halt den Öllappen

nicht an dein Kleid. Und neues Wasser, der
Eimer
ist leer!

1 Spielt die Auseinandersetzung zwischen dem autowaschenden Vater und seinem Kind, das seinen Drachen steigen lassen möchte. Zu welchen Lösungen kommt ihr?

Dialoge selbstständig verfassen

Um jemanden dazu zu bewegen, das zu tun, was man gerne möchte, kann man verschieden vorgehen, wie die folgenden Dialoge von Stephanie und Michael zeigen:

Stephanie:	*Keiner aus meiner Klasse kriegt so wenig Taschengeld wie ich.*
Vater:	*Ganz bestimmt tun sie auch was dafür! Zum Beispiel Gartenarbeit.*
Stephanie:	*Ich könnte Mama beim Abwasch helfen und dafür pro Woche 5 Mark bekommen.*
Vater:	*Und was tust du für mich? Nein, das sehe ich nicht ein. Dann hast du deiner Mutter einen Dienst erwiesen, aber ich werde von dir vernachlässigt.*
Stephanie:	*Und wenn ich für dich den Rasen mähe?*
Vater:	*O.k., dann musst du ihn mindestens zweimal im Monat mähen und einmal im Monat alle Blumen gießen. Dafür würdest du zwei Mark mehr Taschengeld in der Woche bekommen. Also 5 Mark.*
Stephanie:	*O.k. Damit bin ich einverstanden.*

Michael: Mutti, ich brauch mehr Taschengeld.
Mutter: Du hast doch erst letzten Monat eine Erhöhung bekommen.
Michael: 10 Mark reichen aber nicht. Wenn ich pro Woche einmal ins Kino gehe, habe ich nichts mehr übrig.
Mutter: Du musst auch nicht jede Woche ins Kino gehen.
Michael: Meine Freunde tun das aber alle.
Mutter: Du bekommst erst dann mehr Geld, wenn ich die nächste Lohnerhöhung kriege.
Michael: Wann ist das denn?
Mutter: Wahrscheinlich Anfang nächsten Jahres.
Michael: Puh, das sind ja noch drei Monate.
Mutter: So lange wirst du dich gedulden müssen.

1 a) Beschreibe, wie Stephanie und Michael vorgehen um ihr Ziel zu erreichen.
b) Überlege, wie du bei deiner Mutter oder deinem Vater eine Erhöhung des Taschengeldes erbitten würdest. Verfasse dazu einen Dialog.

2 Stellt eine Liste zusammen, was man alles tun kann um andere zu etwas zu bewegen:

- Man kann argumentieren, also seine Forderungen, Bitten, Wünsche usw. begründen.
- Man kann seinem Gegenüber etwas versprechen.
- Man kann seinem Gegenüber drohen.
- Man kann seinem Gegenüber schmeicheln.
- Man kann sein Gegenüber bitten.
- Man kann an die Freundlichkeit, den Stolz, die Fairness seines Gegenübers appellieren.
- ...

3 Wann und wo sind euch diese Vorgehensweisen begegnet?
In welchen Situationen sind sie eurer Meinung nach angebracht?

4 Beschreibt selbst Situationen, in denen ihr andere zu etwas bewegen wollt. Überlegt genau, worum es geht, welche Personen dazugehören und was passieren soll.
Formuliert abschließend einen schriftlichen Dialog.

3 Träume und Erlebnisse erzählen

3.1 Traumgeschichten erfinden

1 a) Im Traum passieren oft seltsame Dinge. – Wähle eines der Fotos aus. Überlege: Wovon könnte der Junge träumen? Warum liegt eine Uhr, eine Zeitung oder Geld auf ihm?

b) Schreibe nun eine Traumgeschichte zu einem der Fotos. Die Geschichte soll so „verrückt“ sein wie ein Traum und etwas mit der Uhr, der Zeitung oder dem Geld zu tun haben.

René Magritte:
Das Schloss in den Pyrenäen (1959)

2 a) Schaut euch das obere Bild genau an. Nehmt einmal an: Im Traum befindet ihr euch auf dem Schloss, das Magritte gemalt hat. Was könnte in einem solchen Traum alles passieren?

b) Welchen Vorschlag deiner Mitschülerinnen und Mitschüler findest du am interessantesten? Gestalte diesen Vorschlag schriftlich aus.

3 a) Schau dir eine Zeit lang das nebenstehende Foto an und schließe dann die Augen. Notiere anschließend, was du wahrgenommen hast. Vielleicht hast du nicht nur etwas gesehen, sondern auch gehört und gefühlt.

b) Wähle aus deinen Notizen aus, was sich verbinden und in eine zusammenhängende Traumgeschichte umsetzen lässt.

Träume können schön sein

1 a) Was meint ihr: Aus welchen Gründen fühlen sich Kinder in eurem Alter nicht wohl? Stellt solche Situationen in einer Liste an der Tafel zusammen.

b) Wähle eine der Situationen aus. Schreibe dann eine Geschichte von einem Mädchen oder einem Jungen, die sich nicht wohl fühlen. Im zweiten Teil der Geschichte sollen sie sich dann ein besseres Leben erträumen.

2 Jeder erfindet einen Erzählanfang wie den folgenden. Lost dann aus, wer welche Geschichte weiterschreiben soll.

Monique war schon immer die Kleinste in der Klasse gewesen. Und weil sie so klein war, wurde sie oft geärgert. Mal wurde ihr Schulranzen so hoch gehalten, dass sie ihn nicht mehr erreichen konnte; mal wurde sie selbst in die Höhe gehoben, bis einige sagten: „Oh, sie ist ja fast so groß wie wir!“ Aber als die Leute auch noch anfingen ihren jüngeren Bruder für älter zu halten, war es aus. Monique rannte in ihr Zimmer und schloss sich ein. Dann ...

Ein unendlicher Traum von der Schule

Ein Erdbeben hatte das Schulgebäude zerstört. Vom Lehrerzimmer war nichts mehr da. Ich hörte überall Mauerstücke herunterfallen. Ich dachte: Du musst so schnell wie möglich raus hier, bevor alles einstürzt. Ich ging schneller und fing an zu rennen. Bis zur Klassentür kam ich noch, doch viel weiter nicht mehr. Das Treppenhaus war weg und ich sah von der dritten Etage bis in den Keller, wo das Treppenhaus in mehreren Stücken lag. Der Boden unter meinen Füßen fing an zu bröckeln. Ich lief schnell von Tür zu Tür, doch überall fehlte der Boden und ich sah immer wieder bis zum Keller. Nun saß ich also oben in der dritten Etage gefangen.
Plötzlich bemerkte ich, wie auch der Boden am Ende des Flures anfing wegzubröckeln. Ich trat gegen das Fenster, doch es war wie aus Beton. Der Boden stürzte Stück für Stück ab. Als nur noch ein kleines Stück vor mir übrig war, sprang ich auf die Heizung an meiner Seite, weil ich dachte: „Die muss doch halten.“ Doch die Heizung riss aus der Wand. Ich stürzte mit der Heizung nach unten. Von irgendwoher kam Musik. Mir wurde schwarz vor Augen ...

... ich ging über eine Kirmes auf dem Schulhof. Die Sonne brannte mir auf den Rücken. Ein Riesenrad drehte sich. Der Besitzer rief über einen Lautsprecher: „Kommen Sie nur, hier erwartet Sie das größte Abenteuer Ihres Lebens.“ Ich ging auf das Riesenrad zu um mir genauer anzugucken, was da passierte. Das Rad drehte sich so schnell, dass jeder Zweite herausfiel. Dann sah ich, dass die Lehrer auf dem Dach der Schule standen und die herausgeschleuderten

Schüler auffingen. Schon wurde ich von hinten gepackt und in das Rad geworfen. Ich landete in einer gerade leer gewordenen Kabine und hatte wahnsinnige Angst. Schon nach einigen Runden wurde ich herausgeschleudert. Ich flog und flog und flog. Die Lehrer auf dem Schuldach rannten zur Seite. Sie wollten mich aufklatschen lassen. Der Aufprall stand kurz bevor. Noch drei Sekunden, noch zwei, noch eine. Drrrrring ... drrrrring ...

... Ich gehe über eine große Blumenwiese, um mich herum laufen lauter Noten: 4en, 5en und 6en, viele, viele, viele 6en. Da, vor mir laufen auch 2en und 3en. Ich will sie greifen, aber es geht nicht, meine Arme wollen nicht. Mir wird warm, sehr warm. Plötzlich kommt von hinten ein steinernes Zeugnis. Ich will fortlaufen, aber es geht nicht. Ich bleibe stehen, das steinerne Zeugnis fällt, es kommt näher, näher und bald hat es mich erfasst ...

3 Schülerinnen und Schüler haben hier Träume von der Schule aufgeschrieben. Sie haben dann ihre Geschichten aneinander gehängt und auf diese Weise zu einem Kettentraum zusammengefügt: Könnt ihr die Kette fortsetzen?

4 Verfasst einen eigenen Kettentraum.

a) Überlegt euch Orte, an denen sich unendliche Träume abspielen können. Stellt in einer Liste solche Orte zusammen.

Orte für *unendliche Träume*

eine Tiefgarage
ein dichter Wald
...

b) Wählt einen der Orte aus. Jeder schreibt dann ein Kettenglied für einen unendlichen Traum.

c) Lest euch die Träume vor. In welcher Reihenfolge sollte man sie zusammenfügen?

3.2 Geschichten aus dem Reich der Träume

Bertolt Brecht

Märchen

Es war einmal ein Prinz, weit drüben im Märchenlande.

Weil der nur ein Träumer war, liebte er es sehr, auf einer Wiese nahe dem Schlosse zu liegen und träumend in den blauen Himmel zu starren.

Denn auf dieser Wiese blühten die Blumen größer und schöner wie sonstwo. – Und der Prinz träumte von weißen, weißen Schlössern mit hohen Spiegelfenstern und leuchtenden Söllern[1].

Es geschah aber, daß der alte König starb. Nun wurde der Prinz sein Nachfolger. Und der neue König stand nun oft auf den Söllern von weißen, weißen Schlössern mit hohen Spiegelfenstern.

Und träumte von einer kleinen Wiese, wo die Blumen größer und schöner blühten, denn sonstwo.

1 **Söller:** offener Umgang oder Saal in einem Schloss

1 Wovon träumt der Prinz am Anfang und wovon am Schluss?

2 Silvia aus der Klasse 5 a hat den folgenden Text geschrieben. Was hat er mit Brechts Märchen gemeinsam?

Es war einmal ein kleines Mädchen. Das hieß Anna. Anna wünschte sich von Herzen ein Geschwisterkind. Sie dachte bei sich: Hätt ich doch eine kleine Schwester oder einen kleinen Bruder! Dann hätte ich immer wen zum Spielen.
Und als sie dann eine Schwester hatte, dachte sie immer nur daran, alleine in ihrem Zimmer zu sitzen ohne diesen Schreihals, der ihr die ganze Aufmerksamkeit der Mutter wegnahm. Mama hätte dann wieder mehr Zeit für sie gehabt.

3 Schreibt selbst Doppelträume.

a) Überlegt, wovon … ein Junge in seinem Zimmer
… ein Mädchen in seinem Zimmer
… ein Kind in einem anderen Land
… deine kleineren Geschwister oder kleinere Kinder in der Nachbarschaft
…
träumen könnten.

b) Wovon könnten diese Personen träumen, wenn sich ihr erster Traum tatsächlich erfüllt hätte?

Michael Ende

Die unendliche Geschichte

Michael Ende wurde 1929 in Garmisch-Partenkirchen geboren und starb 1995 in Stuttgart. Er war Schauspieler von Beruf, bevor er anfing Kinder- und Jugendbücher zu schreiben. Seine bekanntesten Geschichten, für die er viele Preise erhielt, sind auch alle verfilmt worden: „Jim Knopf und Lukas der Lokomotivführer“, „Momo“ (einen Auszug daraus findet ihr auf S. 19–21) und „Die unendliche Geschichte“. Die Hauptfigur dieses Romans ist Bastian. Bastian liest oft in einem Buch, das von einem Jungen namens Atréju und seinen Abenteuern erzählt.

Die Turmuhr schlug zwölfmal. Bastians Klassenkameraden gingen jetzt bald zur letzten Stunde in den Turnsaal hinunter. Vielleicht würden sie heute Völkerball spielen mit dem großen schweren Medizinball, mit dem Bastian sich immer besonders ungeschickt anstellte – weshalb keine der beiden Mannschaften ihn haben wollte.

Manchmal mussten sie es auch mit einem kleinen, steinharten Schlagball spielen, der scheußlich wehtat, wenn man von ihm getroffen wurde. Und Bastian wurde immer und mit voller Wucht getroffen, weil er ein leichtes Ziel bot. Vielleicht kamen heute aber auch die Kletterseile dran – eine Übung, die Bastian ganz besonders verabscheute. Während die meisten anderen schon ganz oben waren, baumelte er für gewöhnlich zum glucksenden Vergnügen der ganzen Klasse mit puterrotem Kopf wie ein Mehlsack am unteren Ende des Seils und konnte keinen halben Meter in die Höhe kommen. Und der Turnlehrer, Herr Menge, sparte nicht mit Späßen auf Bastians Kosten.

Bastian hätte viel darum gegeben, so zu sein wie Atréju. Dann hätte er es ihnen allen gezeigt.

Er seufzte tief.

Atréju ritt nach Norden, immer nach Norden. Er gönnte sich und seinem Pferd nur noch die allernötigsten Pausen für Schlaf und Nahrung. Er ritt bei Tag und bei Nacht, durch Sonnenglut und Regen, durch Stürme und Gewitter. Er beachtete nichts mehr und fragte niemand mehr.

Je weiter er nach Norden kam, desto dunkler wurde es. Eine bleigraue Dämmerung, die immer gleich blieb, erfüllte die Tage. In den Nächten spielten Nordlichter am Himmel.

Eines Morgens, in dessen trübem Zwielicht alle Zeit stehen geblieben zu sein schien, erblickte er schließlich von einem Hügel aus die Sümpfe der Traurigkeit. Nebelschwaden zogen darüber hin, da und dort ragten kleine Wälder auf aus Bäumen, deren Stämme sich nach unten hin in vier, fünf oder mehr verkrümmte Stelzen aufteilten, sodass sie wie große Krebse aussahen, die auf vielen Beinen im schwarzen Wasser standen. Aus dem braunen Laubwerk hingen allenthalben Luftwurzeln nieder, die reglosen Fangarmen glichen. Es war fast unmöglich zu erkennen, an welchen Stellen der Boden zwischen den Tümpeln fest war und an welchen er nur aus einer Decke von Schwimmpflanzen bestand.

Artax schnaubte leise vor Entsetzen: „Sollen wir dort hinein, Herr?“

„Ja“, antwortete Atréju, „wir müssen den Hornberg finden, der mitten in diesen Sümpfen liegt.“

Er trieb Artax an und das Pferdchen gehorchte. Schritt für Schritt prüfte es mit seinen Hufen die Festigkeit des Bodens, doch kamen sie so nur sehr langsam vorwärts. Schließlich stieg Atréju ab und führte Artax am Zügel hinter sich her. Ein paarmal sank das Pferd ein, doch gelang es ihm immer wieder, sich herauszuarbeiten. Aber je tiefer sie in die Sümpfe der Traurigkeit eindrangen, desto schwerfälliger wurden seine Bewegungen. Es ließ den Kopf hängen und schleppte sich nur noch vorwärts.

„Artax“, sagte Atréju, „was ist mit dir?“

„Ich weiß nicht, Herr“, antwortete das Tier, „ich meine, wir sollten umkehren. Es hat ja doch alles keinen Zweck. Wir laufen etwas nach, wovon du nur geträumt hast.“

1 Bastian befasst sich gerne mit Atréju. Welche Rolle spielt Bastian, wenn er sich in Atréju hineinträumt?

2 Wie ist Bastian in Wirklichkeit?

3 Schreibe eine Fortsetzung der Geschichte. Darin kehrt Bastian wieder in die Wirklichkeit zurück; aber er hat die Eigenschaften Atréjus und überrascht seine Klassenkameraden.

Tormod Haugen

Die Nachtvögel

Die Nachtvögel. Er erinnerte sich, wie es war, als sie zum ersten Mal kamen. Aber irgendwie waren sie schon so lange da, wie er überhaupt zurückdenken konnte.

Plötzlich war er eines Nachts aufgewacht. Irgendwas hatte ihn geweckt.

Dunkelheit im Zimmer. Dunkelheit auf dem Flur. Das war schlecht. Seine Tür war nur angelehnt, damit ein wenig Licht hereinfiel.

Da hörte er sie. Durch die Luft sausen. Von allen Seiten. Und er sah sie! Wie schwarze Schatten. Noch schwärzer als die Nacht. Sie tauchten einfach aus dem Dunkel auf und waren da.

Große, flatternde Schwingen mit rauschenden Federn. Augen, rot und starrend, als ob Feuer darin glomm. Und die Schnäbel ... waren offen, groß, gefährlich aufgerissen. Die wollten nach ihm schnappen.

Näher kamen sie und näher. Tausende! Die Nacht war voll von Vögeln. Das Dunkel bestand nur aus Vögeln. Sein Zimmer platzte vor lauter Vögeln.

Sie wollten ihn erwischen.

Er schrie und verkroch sich unter der Decke. Die vordersten Vögel hackten mit ihren Klauen nach ihm und versuchten die Decke fortzuziehen. Er hörte sie schreien. Heiser und schrill. Lauter als er. Er weinte und rief.

Plötzlich war Mama da. Und Papa.

„Joachim!“, rief seine Mama aus weiter Ferne.

Sie nahmen seine Decke weg. Das Zimmer wurde hell. Im nächsten Augenblick war er in Mamas Armen. Und die Vögel waren

fort. Nicht eine einzige Feder hatten sie zurückgelassen.
Joachim schluchzte und weinte und erzählte, was geschehen war.
Mama strich über sein Haar und sagte: „Ist ja schon gut ...“ Papa durchsuchte das ganze Zimmer, fand aber keinen einzigen Vogel.
„Sieh mal“, sagte er, „das Fenster ist zu. Da konnten sie nicht hereinkommen, und das ist doch die einzige Stelle, von wo sie hätten eindringen können.“
Aber Joachim wusste, wo sie hergekommen waren. Die Tür vom Kleiderschrank stand offen und ließ Kleider und Dunkelheit sehen.
Ja, der alte Kleiderschrank! Der gehörte zum Haus. Man konnte ihn nicht abtransportieren, er war zu groß. Die Kleider von Mama, Papas Anzüge und Joachims eigene Sachen hingen darin und trotzdem war noch reichlich Platz.
„Sie ... sie sind aus dem Kleiderschrank gekommen!“, schluchzte er. „Seht doch! Die Tür ist offen! Die Vögel haben sie aufgemacht!“
„Wir haben vergessen die Tür zuzumachen“, sagte Mama.

„Nein, das waren die Vögel!“, widersprach Joachim. „Ich weiß genau, dass sie es gewesen sind. Als ich mich hinlegte, war die Tür noch zu. Ich weiß es ganz genau!“
Papa kroch in den Schrank und schaute nach.
„Jetzt sind sie jedenfalls fort“, sagte er. „Ich kann keine Spur von ihnen finden.“

1 a) Was meint ihr: Wie alt ist Joachim?
b) Träumt Joachim im wachen Zustand? Oder schläft er?

2 In der Geschichte kriecht der Vater in den Schrank. Sucht er wirklich nach Vögeln?

3 a) Ihr könnt die Geschichte in drei Abschnitte einteilen. Begründet eure Entscheidungen.
b) Untersucht, wie der Erzähler die Spannung steigert. Wo ist der Höhepunkt der Spannung erreicht?
c) In manchen Erzählungen werden abschließend alle offenen Fragen aufgeklärt. Wie sieht das in Haugens Geschichte aus?

4 Wovor hattet ihr als kleinere Kinder Angst? Wie seid ihr über diese Ängste hinweggekommen? Erzählt es euch in der Klasse.

5 a) Erfinde eine Schwester für Joachim, die ebenfalls einen Angsttraum hat. Was könnte sie im Traum alles sehen und hören?
b) Schreibe eine Geschichte dazu. Überlege genau, was du in der Einleitung, im Hauptteil und am Schluss erzählst.

6 Schreibe dem Jungen in Tormod Haugens Geschichte einen Brief. Darin könntest du ihm erzählen, wie du selbst einmal deine Angst überwunden hast; oder du könntest Vorschläge machen, was er gegen seine Angst tun kann.

Schreiben hilft euch Geschichten zu verstehen

Um Geschichten besser zu verstehen könnt ihr

- einen Text **nacherzählen** (z. B. die Geschichte von Michael Ende auf S. 45/46);
- einen Text **weiterschreiben** (z. B. die Geschichte von Michael Ende);
- nach einem **vorgegebenen Muster** eine eigene Geschichte schreiben (z. B. nach dem Märchen von Brecht auf S. 44);
- zu einem Text eine **Geschichte mit einer ähnlichen Figur** erfinden (z. B. zu der Geschichte von Tormod Haugen auf S. 47/48);
- eine Geschichte erfinden, in der eine erfundene **Figur in die Wirklichkeit** eingreift (z. B. bei euch in der Schule);
- einer **Figur aus einer Erzählung einen Brief schreiben** (z. B. dem Jungen in Tormod Haugens Geschichte).

1 Welche dieser Möglichkeiten gefällt dir besonders gut? Probiere sie an einer Geschichte aus, die du gern gelesen hast.

3.3 Aus der Geschichtenwerkstatt

Anschaulich erzählen

Ich hatte mich gerade hingelegt und das Licht ausgeknipst. Da ging die Tür auf und ein Einbrecher kam ins Zimmer. Ich bekam furchtbare Angst. ...

1 a) Wie wirkt dieser Anfang einer Geschichte auf euch?
b) Wie könnte man ihn interessanter machen?

c) An welchen Stellen könnte man etwas hinzuerzählen um die Spannung zu steigern? Formuliert in kleinen Gruppen ein paar Sätze, die man einfügen könnte.

2 a) In Geschichten sind oft die Verben zu ausdruckslos. Sie beschäftigen zu wenig die Fantasie des Lesers. Findet in dem Erzählanfang auf S. 49 solche ausdrucklosen Verben.

b) Durch welche anderen Verben könnte man sie ersetzen? Macht Listen:

Statt „hinlegen" besser „schlafen legen"
„zu Bett gehen"
...
Statt ... besser ...

c) Tragt die Geschichte mit diesen neuen Verben vor. Wie hat sich die Wirkung verändert?

3 Der Einbrecher macht sich sicher in vielerlei Hinsicht bemerkbar, wenn er ins Zimmer tritt. Was könnte man

hören ...
sehen ...
vielleicht riechen ...
an der Haut spüren (Luftzug usw.) ...?

4 Eine Schülerin hat in ihrer Verbesserung der Geschichte geschrieben: „Der Einbrecher bewegte sich lautlos *wie eine Schlange* den Flur entlang." Findet andere Vergleiche, mit deren Hilfe man sich den Einbrecher besser vorstellen kann.

- Wie ... glitten seine Finger an dem gekippten Fenster entlang.
- Als das Fenster offen war, sprang er wie ... auf das Fensterbrett.
- Im Zimmer spähte er umher wie ...

5 a) Auch Adjektive (Eigenschaftswörter) machen einen Text anschaulich. Setzt die folgenden Listen fort:

Da ging die Tür	...	auf und ein	...	Einbrecher
	lautlos		maskierter	
	krachend		nervöser	
	langsam		unbewaffneter	
	ruckartig		gewandter	
	...		...	
glitt ins Zimmer.				

b) Welche der vorgeschlagenen Zusätze findet ihr am interessantesten?

Das Kamera-Spiel

Stelle dir vor, du könntest mit einer Fotokamera ganz nah an den Einbrecher herangehen und die Kamera auf einen bestimmten Teil des Körpers richten, z. B. seine Augen oder seine Hände.
Zeichne nach, was auf einem Foto zu sehen sein würde. Beschreibe dann möglichst genau die Einzelheiten, die du gezeichnet hast.

Ausdrücken, was in uns vorgeht

Für eine spannende Einbrechergeschichte ist es wichtig, nicht nur zu beschreiben, was passiert, sondern auch, wie die Personen sich fühlen.

1 Erinnert euch: Was passiert mit jemandem, der plötzlich Angst verspürt? Woran kann man die Angst erkennen?

2 Ergänzt die folgenden Satzanfänge. Sucht dann ähnliche Sätze.

Vor Schreck blieb mir ...	Ich hatte meine Hände ...
Vor lauter Angst waren meine Beine ...	In meinem Kopf ...
Mein Hals ...	Ich stellte mir schon vor, dass ...
Ich spürte, wie mein Herz ...	...

3 Verfasse nun selbst eine Einbrechergeschichte, in der du möglichst anschaulich das äußere Geschehen und die Gefühle der Personen beschreibst.

Die ersten drei Minuten

Viele, die eine Geschichte erzählen wollen, kommen zu schnell zum Ende. Interessante Einzelheiten gehen dabei verloren; die Erzählung wird ungenau.
Ein gutes Training für das genaue Erzählen ist die Übung „Die ersten drei Minuten von ...“. Die Verfasserinnen der folgenden Texte haben sich ein Ereignis ausgesucht und bewusst nur die ersten drei Minuten davon erzählt. Da nur ein ganz kurzer Zeitraum dargestellt werden sollte, haben sie sich auf jede Einzelheit konzentriert und jede Formulierung gründlich überlegt.

Aufstehen

„Susi, aufstehen!", ruft eine Stimme. Verschlafen blicke ich hoch. Neben mir steht eine Gestalt mit vielen Locken auf dem Kopf. Frechheit! Eben noch haben mich Außerirdische der Venus zur Königin gekrönt und ich habe gerade auf dem Thron Platz genommen, da befiehlt mir ein Krauskopf aufzustehen. „Hast du mich nicht gehört?", ruft der Krauskopf und schüttelt mich sanft. Jetzt werde ich wütend. Ich fahre hoch und will gerade rufen: „Der Eindringling soll mich gefälligst in Ruhe lassen!" Da sehe ich, dass es Mama ist. Oh nein, alles war ein Traum! Und Mama, das heißt aufstehen; und aufstehen, das heißt Schule. „Ich steh ja schon auf", stöhne ich. Mama geht aus dem Zimmer und schwerfällig wie eine alte Frau schlurfe ich zum Schrank, aus dem ich meine Kleider nehme.

Susi Behrend

Der Mathelehrer kommt

„Michi kommt!", ruft ein Schüler und stürzt durch die Türöffnung. Alles rennt auf die Plätze. Die ganze Klasse sieht aus wie ein Ameisenhaufen. Dabei kann es ja mal vorkommen, dass man gegen einen anderen rast oder vor den Stuhl eines schon sitzenden Mitschülers donnert. Dass dieser einen dann anschnauzt, ist wohl menschlich. Und deshalb findet Herr M. statt einer ordentlichen Klasse ein Getümmel vor. Mit einem Gesicht, das man nicht genau deuten kann, schreitet er zum Lehrerpult. Nachdem auch der Letzte auf seinem Stuhl sitzt und endlich aufhört zu plappern, meint Michi: „Also, nun ist es ja so, dass wir uns erst mal in aller Ruhe begrüßen sollten. Guten Morgen!" „Guten Morgen, Herr M.!", rasseln alle herunter.

Anja Schmitz

Wieder zu Hause

Ich drücke mit einem Finger auf den runden Klingelknopf. Es hört sich an, als wäre es eine verrostete Autohupe. Dann kommen Schritte auf mich zu und ein großer Schatten nähert sich der Tür. Diese geht einen Spalt auf und mein Bruder sagt grinsend: „Wir kaufen nichts!" Er versucht die Tür wieder zu schließen, aber ich habe schon reagiert und meinen Fuß schnell zwischen Tür und Rahmen gestellt. Nun drücke ich auch mit dem Knie gegen die Tür und bereitwillig macht mein Bruder die Tür auf. Sofort vernehme ich laute Musik, die aus dem Wohnzimmer kommt. Ich gehe hinein und stelle meine Schultasche ab. Dann lasse ich mich auf einen Stuhl sinken und sage: „Mein Gott, bin ich kaputt!" Es hört sich so an, als ob ich gerade einen Drei-Kilometer-Lauf hinter mir hätte. Deshalb lacht meine Mutter, die gerade ins Zimmer kommt. Sie sagt: „So schwer kann es ja nicht gewesen sein. Jedenfalls musst du dich noch einmal erheben und zum Essen in die Küche kommen." Ich schneide eine Grimasse und gehe in die Küche.

Kerstin Bongartz

1 a) Welche der Drei-Minuten-Geschichten gefällt euch am besten? Begründet eure Meinung.
b) Stellt die Verben aus den drei Texten zusammen, die euch besonders passend und aussagekräftig erscheinen.
c) Wo haben die Verfasserinnen Vergleiche verwendet?

2 Fertigt eine Liste von Alltagssituationen an, über die man eine Drei-Minuten-Geschichte erzählen könnte.

Rückgabe einer schweren Klassenarbeit
Eine Oma auf der Rolltreppe
...

3 Wähle eine Situation aus eurer Liste aus und schreibe selbst eine Drei-Minuten-Geschichte.

Zu guter Letzt: Ist alles richtig geschrieben?

Bevor man einen eigenen Text aus der Hand gibt, sollte man prüfen, ob noch Fehler verbessert werden müssen. Der Schüler, der die folgende Geschichte geschrieben hat, muss das wohl vergessen haben.

Die weise Gestalt

Es passirte an einem Abend. Ich war allein zu hause. Meine Eltern waren ins Theater gegangen. Ich sahs vor dem Fernseher und schauckelte in unserem Sessel. Auf einmal hörte ich nebenan, wo mein Freund wohnt, seltsame Gereusche. Es war wie die Schtimme eines Kindes, das um hilfe rief.
Ich holhlte meine Taschenlampe und stürzte aus dem Haus, um snell nachzusehen. Leise slich ich mich auf die Terasse unserer Nachbarn. Ich konnte nichtz mehr hören. Es war gantz still, so das ich mein eigenes Hertz slagen hörte. Schlieslich drückte ich die Wohnzimmertür auf; sie war nur angelehnt. Ich betrat das risige Zimmer mit der Holtzdecke und lauschte. In einer Ecke knakte es. Spuckte es hier etwa? Oder war ein Enbrecher im haus. Jetzt vernahm ich schlurfende Schritte. Mein herz slug schneller, und ich verstekte mich direckt hinter einem sessel. Ich höhrte wider diese Hilferufe eines Kindes. Plötzlich ging eine Gestalt mit einem weißen Umhang mitten durch das Zimmer. Sie hatte eine Kertze in der Hand, die starck flakerte ...

1 a) Erarbeitet zu viert oder zu fünft eine korrigierte Fassung.
b) Vergleicht die Gruppenergebnisse.

2 Wer hat Lust die Geschichte weiterzuerzählen?

Wenn ihr die folgenden Rätsel löst und die Rechtschreibspiele probiert, könnt ihr anschließend in der Geschichte „Die weise Gestalt" vielleicht noch mehr Fehler finden.

sp/st/sch: Satzlücken

1 a) Schreibe die folgende Liste in dein Heft und suche Beispielwörter aus den Drei-Minuten-Geschichten.

sp ...	st ...	schl ...
sp ...	st ...	schn ...
sp ...	st ...	schr ...
sp ...	st ...	sch ...

b) Könnt ihr jetzt eine Regel finden?
c) Überprüfe nun nochmals den Text „Eine weise Gestalt" und setze die Liste fort.

2 Wie muss man die Lücken füllen: mit einem „s" oder mit einem „sch"?

Ohne Kopf: z/tz, k/ck

1 a) Schau dir die folgenden Wörter genau an und suche die fehlenden Buchstaben. Sie ergeben jeweils ein neues Wort. ▶ S.165
b) Schreibe die Wörter einzeln in dein Heft. Achte dabei auch auf Groß- und Kleinschreibung.

■	■	■	■	■
E	N	E	C	I
R	Z	R	K	C
Z	U	Z	E	H
	G	E		T
				S

■	■	■	■	■	■	C	■	■	■
O	K	A	P	U	C		I	K	A
R	E	B	U	C	K		N	L	C
S	L	A	C	K	I		D	I	K
I		U	K	E	G		E	G	E
T		K	E	R			R		N
Z		E	N	N			A		
							R		
							Z		
							T		

■	■	■	■	■
A	M	A	U	R
K	K	T	C	K
E	E	Z	K	R
N	R	E	E	A
			N	N
				K
				T

■	■	C	■	■	■
A	N		I	N	I
N	B		T	T	C
Z	E		Z	D	K
	S		L	E	E
	E		I	C	R
	T		G	K	C
	Z			E	H
	T			N	E
					N

■	■	C	■	■	■
O	B		N	R	U
L	S		A	S	S
Z	A		C	E	S
	C		K	T	K
	K		E	Z	N
	E		N	E	A
	N			N	C
					K
					E
					R

Tafel zu! – Das Kontroll- und Übungsspiel

Einer von euch geht zur Tafel. Nacheinander rufen einige ihm Wörter aus den „Ohne-Kopf“-Päckchen zu. Eventuell müsst ihr die Schreibung verbessern. Stehen sieben Wörter an der Tafel, wird diese zugeklappt. Wer kann die Wörter in der kürzesten Zeit aus dem Gedächtnis richtig in sein Heft schreiben?
Wer fertig ist, meldet sich. Der Lehrer oder die Lehrerin notiert die ersten fünf Meldungen. Ihr wartet noch eine Zeit lang. Dann wird die Tafel wieder aufgeklappt.
Ein Nachbar oder eine Nachbarin kontrolliert in eurem Heft, ob wirklich alles richtig geschrieben wurde.
Wer hat alles richtig geschrieben und kein Wort vergessen?
Ihr könnt auch mehrere Durchgänge spielen.

Bei Fremdwörtern ist alles anders

1 Welche Silben passen zusammen und ergeben ein Wort?
Löse die folgenden Silbenrätsel und schreibe die Wörter in dein Heft.

Rätsel 1:

Ak	za	zia	**tiv**
Raz	tik	Ter	ras
Plas	de	**ku**	**sa**
Piz	fekt	ta	se
Fab	Bo	rik	nik

Rätsel 2:

Ak	bat	on	Kri
Ak	ti	tor	tie
Akro	kor	dik	ne
Dok	rekt	tik	de
Ak	di	on	ren

2 Auch nach dieser Übung könnt ihr „Tafel zu!“ spielen.

chs – ks – cks – x: Ein Buchstabensalat

1 In den folgenden Wörtern sind die Silben vertauscht worden. Finde die richtige Reihenfolge und schreibe die Wörter in dein Heft.

XEHE SELACH XENBO SELWECH SEACH KONXILE

SEDECHEI XENFACHERMA TENPFINGS SENWACH MENEXA

2 a) Hier sind Buchstaben vertauscht. Wer findet das richtige Wort?

EKKS TAX GLICKPÜLZS ÜCHSEB CKLEKS UNWETERGS

SACKLISCH KREIMALWACHSDE XIF XULUS HUCSL XINE

b) Schreibe alle Wörter in dein Heft.

4 Tiere beobachten

4.1 Ganz in unserer Nähe: Berichte von Haus- und Lieblingstieren

Wenn Tilli und Tiffi bei den Hausaufgaben helfen

HAMBURG (ap). Ein neunjähriger Gesamtschüler sieht die Sache ganz nüchtern: „Seit wir einen Hund haben, dressiert mein Vater an ihm herum und lässt mich mehr in Ruhe.“ Doch für die meisten Kinder sind Haustiere Freunde, Vertraute und Spielkameraden. „Hunde sind die besseren Menschen“, meint ein anderer Neunjähriger und spricht damit den meisten seiner Altersgenossen aus dem Herzen. Dies ergab eine Umfrage der Zeitschrift „Eltern“ unter 2040 Schülern im Alter von acht bis 15 Jahren.

„Ich habe keine Geschwister. Das ist schade. Aber ich habe unseren Hund Tilli. Der hilft mir oft. Wenn ich mal eine Arbeit in der Schule versaue, gehe ich nachher zu Tilli. Er springt auf meinen Schoß und wir halten uns lieb. Er merkt sofort, wenn bei mir etwas nicht stimmt. Dann leckt er mir die Hand“, sagt eine 13-jährige Realschülerin. „Ohne unseren Hund King wäre ich total einsam. Er gehört ganz mir. Wenn ich viele Hausaufgaben machen muss, setzt er sich ganz geduldig neben mich und guckt zu“, berichtet ein zwölfjähriger Junge. Einen ganz besonderen Nutzen hat der schwarze Pinscher Tiffi: „Er ist lustig und wenn meine Eltern mal Knies miteinander haben, springt Tiffi an ihnen so lange hoch, bis sie sich wieder versöhnen. Tiffi hält jede Ehe zusammen“, meint eine Zwölfjährige. „Meine Tante ist geschieden“, sagt eine 13-Jährige, „seitdem hat sie einen Hund. Sie sagt, der ist viel besser als ihr früherer Mann und bellt auch nicht so viel.“ Ein anderes Mädchen meint: „Ein Haustier betrachte ich als ein Geschenk der Natur.“

1 Welche Erfahrungen habt ihr mit Tieren gemacht? Erzählt davon.

2 In dem Zeitungsartikel werden eine Reihe von Gründen genannt, warum sowohl Erwachsene als auch Kinder so gerne mit Haustieren zusammen leben. Sind sie eurer Meinung nach zutreffend?

3 a) Schaut euch die Bilder an und sammelt Antworten zu der Frage: „Warum halten sich so viele Menschen Haustiere?"
b) Ordnet anschließend eure Ergebnisse nach folgendem Schema ins Heft:

Kinder	Erwachsene	Alte Menschen
...	...	...

Gründe, die für alle gelten:

- Haustiere sind geduldige Freunde des Menschen
- sie geben keine Widerworte
- ...

4 Entwerft einen **Fragebogen,** mit dem ihr alles in Erfahrung bringen könnt, was euch an den Haustieren eurer Mitschülerinnen und Mitschüler interessiert.
Wer kein Haustier hat, beantwortet die Fragen für sein Lieblingstier.

5 a) Erstellt eine **Rangliste** der häufigsten Haustiere in eurer Klasse. Ihr könnt auch eine zweite Liste für die beliebtesten Tiere anlegen.
b) Stellt die Fragebögen und die Ranglisten zu einer Wandzeitung zusammen, die ihr in der Klasse aushängt.

6 Woran erkennt man eigentlich, wie es einem Tier geht? Wann es sich z. B. freut, wann es erregt, müde oder traurig ist?
Berichtet über die Erfahrungen mit euren Tieren.

7 Versucht einmal in die Haut eures Haus- oder Lieblingstieres zu schlüpfen. Beschreibt einen Tagesablauf oder ein bestimmtes Erlebnis aus der Sicht des Tieres. Denkt z. B. daran, dass Tiere besser riechen, hören, schmecken können als Menschen.

Für den Fall der Fälle: Wie finde ich mein Haustier wieder?

Einige von euch, die einen Hund oder eine Katze zu Hause haben, mussten vielleicht schon einmal die Erfahrung machen, dass ihr Haustier eines schönen Tages ausgerissen ist. An der Pinnwand im Supermarkt, an Bäumen oder an der Eingangstür des Bäckers findet man dann Suchanzeigen wie die folgende.

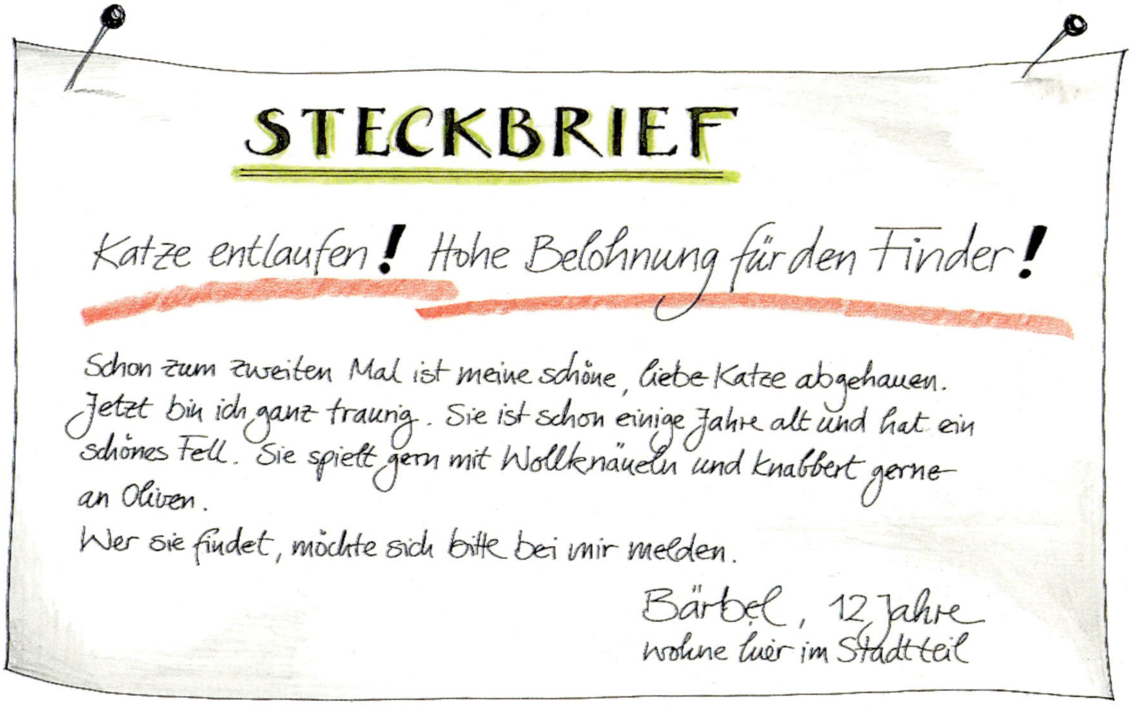
STECKBRIEF

Katze entlaufen! Hohe Belohnung für den Finder!

Schon zum zweiten Mal ist meine schöne, liebe Katze abgehauen. Jetzt bin ich ganz traurig. Sie ist schon einige Jahre alt und hat ein schönes Fell. Sie spielt gern mit Wollknäueln und knabbert gerne an Oliven.
Wer sie findet, möchte sich bitte bei mir melden.

Bärbel, 12 Jahre
wohne hier im Stadtteil

1 Glaubt ihr, dass die Suchanzeige Erfolg hat? Begründet eure Meinung.

2 Verfasst zu einem euch bekannten Haustier oder Lieblingstier einen **Steckbrief.** Macht euch vorher eine Liste, was alles darauf stehen muss, damit er Erfolg haben kann.
Wer will, kann auch zu einem der abgebildeten Tiere eine Suchanzeige aufgeben.

Immer für eine Überraschung gut – Tiere bringen den Alltag der Menschen durcheinander

Hund des Gouverneurs aus Besserungsanstalt entlassen

Hongkong, 31. Mai (AFP). „Whisky“, einer von zwei Hunden des Gouverneurs der britischen Kronkolonie Hongkong, Chris Patten, ist am Dienstag nach einer Woche aus einer „Besserungsanstalt für Hunde“ entlassen worden. Mehr als 35 Pressefotografen erwarteten den etwas verwirrt dreinblickenden Norfolk-Terrier vor den Toren des „Victoria Regierungs-Hundezwingers“ in Hongkong. „Whisky“ war von den Behörden bestraft worden, weil er während einer London-Reise seines Besitzers einen 21 Jahre alten Arbeiter gebissen hatte. Patten sagte, er hoffe, dass sein Hund „hinter Gittern gelernt“ habe. Er sei gespannt, „Whiskys“ Meinung über Regierungszwinger und die Quarantänebestimmungen zu hören. „Whisky“ sei nun nach seiner Gefährtin „Soda“ der „zweitberühmteste Hund im Universum“. Pattens Terrierhündin „Soda“ war im vergangenen Jahr in die Schlagzeilen geraten, als sie bei einem Spaziergang verschwand.

Tausende von Kängurus behindern den Straßenverkehr in der australischen Stadt Canberra.
Einer von drei Unfällen werde zur Zeit von Autofahrern verursacht, die den Beuteltieren ausweichen wollten oder mit ihnen zusammenstießen, schätzt die Polizei. Nach Angaben von Wildaufsehern sind schon Hunderte von Kängurus bei Verkehrsunfällen getötet worden. Jäger fordern, die Zahl der Tiere durch Abschuss zu verringern. Die Behörden lehnen dies jedoch ab. (AP)

1 Solche Tiernachrichten finden sich jeden Tag in der Zeitung. Schneidet ähnliche Tiernachrichten aus einer Tageszeitung oder Illustrierten aus und lest sie in der Klasse vor.

2 Verfasst selbst solche Tiernachrichten. Bezieht euch auf einen Fall, den ihr erlebt oder von dem ihr gehört habt.
Wer will, kann auch zu einer der folgenden Überschriften eine Nachricht ausgestalten:

Aufruhr im Streichelzoo
Die Lieblingstiere der Kinder streiken!

Beim Brötchenholen angefahren
Hilfsbereiter Schäferhund verletzt,
behinderte Besitzerin in Not

Tiger im Stadtpark
Zirkuskäfig war nicht verschlossen

4.2 Meeresbewohner begegnen Menschen: Verhaltensbeobachtungen in Antike und Gegenwart

Plinius

Brief an Caninius über spielende Delphine

Im 1. Jahrhundert nach Christus – also vor 2000 Jahren – lebte Plinius der Jüngere, der einer berühmten römischen Familie entstammte. Gajus Plinius Caecilius Secundus, so sein vollständiger Name, war ein leidenschaftlicher Briefschreiber. Zum Glück sind die meisten seiner Briefe erhalten geblieben. Denn aus ihnen erfahren wir viel über das alltägliche Leben der Römer. Plinius berichtet seinen Freunden und Verwandten, die weit verstreut im großen Römischen Reich lebten, über Skandal- und Heiratsgeschichten, über neue Speiserezepte, über Todes- und Kriminalfälle, über das Neueste am kaiserlichen Hofe, über angebliche Spukhäuser in Rom und über den Ausbruch des Vesuvs, den er als Augenzeuge miterlebt hat. An der Küste Nordafrikas spielt das Geschehen, über das Plinius im folgenden Brief berichtet:

C. Plinius grüßt seinen Caninius
Da bin ich auf eine wahre Geschichte gestoßen, die freilich aussieht, als wäre sie erfunden, und die deines glücklichen, reichen, ausgesprochen dichterischen Talents würdig ist; bin auf sie gestoßen, als kürzlich allerhand Wundergeschichten von hier und da bei Tische erzählt wurden. Der Erzähler

verdient vollen Glauben, doch was kümmert einen Dichter die Glaubwürdigkeit? Immerhin, der Erzähler ist ein Mann, dem du […] Glauben geschenkt hättest.
In Afrika gibt es eine Kolonie Hippo, dicht am Meere gelegen. In der Nähe befindet sich eine schiffbare Lagune[1]; aus ihr führt ein Kanal wie eine Art Fluss ins Meer, der abwechselnd, je nachdem Flut oder Ebbe ist, bald sich ins Meer ergießt, bald zur Lagune zurückströmt. Leute jeden Alters vergnügen sich hier mit Fischen, Kahnfahren und auch Schwimmen, besonders die Jugend, die ihre Freizeit und ihr Spieltrieb dazu reizen. Ihr gilt es als Heldentat so weit wie möglich hinauszuschwimmen; Sieger ist, wer das Ufer und zugleich seine Mitschwimmer am weitesten hinter sich lässt.
Bei diesem Wettkampf wagte sich ein Knabe, der dreister als seine Kameraden war, besonders weit hinaus. Da begegnet ihm ein Delphin, schwimmt vor ihm her, folgt ihm, umkreist ihn, nimmt ihn schließlich auf den Rücken, wirft ihn wieder ab, nimmt ihn noch einmal auf den Rücken, trägt den Verängstigten auf die hohe See hinaus, kehrt dann um und bringt ihn wieder ans Land und zu seinen Kameraden.
Die Geschichte macht in der Kolonie die Runde, alles strömt zusammen, bestaunt den Knaben wie ein Wundertier, fragt ihn aus, hört ihn an, erzählt es weiter. Am folgenden Tage belagern sie das Ufer, blicken aufs Meer und alles, was wie Meer aussieht. Die Knaben schwimmen, unter ihnen der Held des Tages, aber vorsichtiger. Wieder ist der Delphin pünktlich zur Stelle, wieder nähert er sich dem Jungen. Der flieht mit den Übrigen. Der Delphin schnellt in die Höhe, als wollte er ihn einladen und zurückrufen, taucht, umkreist ihn verschiedentlich und lässt ihn wieder frei.
So ging es auch am zweiten, am dritten, an weiteren Tagen, bis die am Meere aufgewachsenen Kinder sich allmählich ihrer Furcht zu schämen beginnen. Sie machen sich an ihn heran, spielen mit ihm, rufen ihn an, berühren ihn sogar und streicheln ihn und er lässt es sich gefallen. Mit dem geglückten Versuch wächst ihre Kühnheit. Besonders der Knabe, der als Erster die Probe gemacht hatte, schwimmt an ihn heran, schwingt sich auf seinen Rücken, lässt sich hin- und hertragen, glaubt von ihm wiedererkannt und geliebt zu werden und erwidert seine Liebe; keiner hat Angst vor dem andern. Der Junge wird immer zutraulicher, der Delphin immer zahmer. Auch andere Knaben schwimmen ihnen rechts und links zur Seite und ermuntern die beiden durch Zurufe.
Ein weiteres Wunder: Ein zweiter Delphin schloss sich ihnen an, aber nur als Zuschauer und Begleiter, denn er tat und duldete nichts dergleichen, geleitete nur den andern hier- und dorthin, wie den Knaben seine Kameraden.
Unglaublich, aber doch ebenso wahr wie alles andre: Der Delphin, Reittier und Spielgefährte der Knaben, ließ sich sogar ans Land ziehen und wälzte sich, wenn er auf dem Sande trocken geworden war und es ihm zu warm wurde, wieder ins Meer. So viel ist jedenfalls gewiss, dass Octavius Avitus, ein Legat[2] des Statthalters, das Tier, als

1 **Lagune:** durch eine Landzunge abgetrennter Teil des Meeres

2 **Legat:** Gesandter, Bote

es einmal auf den Strand geworfen war, in törichtem Aberglauben mit Salben übergoss, dieses daraufhin vor dem neuartigen, ungewohnten Geruch aufs hohe Meer floh und erst nach vielen Tagen wieder zum Vorschein kam, matt und traurig, dann aber, als es wieder zu Kräften gekommen war, sein altes Spiel und den gewohnten Dienst wieder aufnahm. Alle Beamten strömten zusammen um sich das Schauspiel anzusehen, aber ihr Kommen und Verweilen drückte das kleine Gemeinwesen mit ungewöhnlichen Auflagen. Schließlich verlor der Ort selbst seine ruhige Abgeschiedenheit; man beschloss heimlich aus dem Weg zu räumen, was diese Anziehungskraft ausübte. – Mit welcher Ergriffenheit wirst du diese Begebenheit beklagen, mit welcher Fülle ausschmücken, steigern! Indessen brauchtest du eigentlich nichts hinzuzutun oder hinzuzudichten; es genügt, wenn die Tatsachen voll zur Geltung kommen.
Leb wohl!

1 a) Warum meint Plinius, dass die Geschichte wie erfunden aussieht?
b) Was glaubt ihr? – Hat sich die Geschichte tatsächlich so abgespielt?

2 Beschreibt das Verhalten der Delphine und der Kinder. Wie lassen sich die Veränderungen erklären?

3 Vergleicht die Geschichte mit dem folgenden Text aus einem heutigen Jugendsachbuch.

Wolfgang F. Fischer/
Christel Hudemann-Schwartz

Delphine zum Anfassen

Noch immer sind weltweit 1500 Delphine in Haft. Dabei sind Delphinarien eigentlich überflüssig, denn friedliche Wale und freundliche Delphine können wir auch in freier Wildbahn erleben. Dazu braucht ihr keine Taucher zu sein oder das Schwimmen mit Maske und Schnorchel perfekt zu beherrschen. An vielen Stränden der Welt kann man Delphine auch vom Boot aus oder einfach nur im knietiefen Wasser beobachten. Und ihr müsst auch nicht unbedingt in die Baja California oder in die Karibik fahren. Selbst in Europa könnt ihr Delphine hautnah erleben: Westlich von Marseille treibt zum Beispiel der Delphin „Fanny“ seine wilden Späße mit den Touristen, bei Kotor an der Adriaküste spielt die Delphindame „Yoca“ gern mit Kindern im Meer und an Irlands wilder Ostküste wurde Fungie bekannt. An mindestens sechs Stränden gibt es inzwischen in Europa die Möglichkeit zutrauliche Delphine zu erleben […]. Selbst an der Ostseeküste von Mecklenburg-Vorpommern wurde jüngst ein Delphin gesichtet, der Segeljachten begleitete.

Am tollsten aber ist es am anderen Ende der Welt – in Westaustralien. Dort gibt es einen Strand, Monkey Mia genannt, der inzwischen weltberühmt geworden ist. Dort kommen täglich ganze Delphinfamilien ins flache Wasser und lassen sich verwöhnen – von 40 000 Besuchern im Jahr, die zu ihnen ins Wasser steigen und sie streicheln. Niemand zwingt die Tiere dazu. Sie haben eines Tages selbst damit angefangen, und wahrscheinlich vererbt sich diese Angewohnheit inzwischen von den Müttern auf die Jungen. […]

Ein Kind berichtet: Draußen am Korallenriff wird dann getaucht. Auf 15 Meter Tiefe hocken nun die Taucher am Meeresgrund, füttern die „Flipper" und spielen mit ihnen. Anfassen darf man sie nur, wenn sie einen dazu auffordern. Als Bimini das erste Mal meine Hand anstupst, traue ich mich nicht gleich ihn zu streicheln. Dann versuche ich es doch. Es ist einfach toll! Er fasst sich ganz warm und weich an, wie weicher Samt. Gar nicht kalt und glitschig.

1 Gestaltet ein Flugblatt, in dem ihr zur Freilassung gefangener Delphine aufruft.
   a) Stellt die Informationen des Textes zusammen, die ihr dazu gebrauchen könnt.
   b) Sammelt weitere Informationen über das Verhalten von Delphinen (z. B. aus Tierfilmen oder Tierbüchern).

Scott O'Dell

Insel der blauen Delphine

Das zwölfjährige Indianermädchen Karana lebt ganz allein auf ihrer Heimatinsel. Sie ist die einzige Überlebende ihres Stammes, der von geldgierigen Pelztierjägern umgebracht wurde. Mit viel Mut und Geschick kämpft sie ums Überleben. Ständig ist sie auf Nahrungssuche. Mit der Zeit wird sie immer mehr selbst ein Teil der Natur und zum Freund der Tierwelt, die die Insel und das Wasser bevölkert. Es fällt ihr schwer Jagd auf Tiere machen zu müssen.

In der Nacht, ehe ich meinen Plan ausführte, fand ich nicht viel Schlaf. Wieder und wieder dachte ich an das Gesetz, das den Frauen die Herstellung von Waffen verbot. Was würde geschehen, wenn mein Pfeil plötzlich von seiner Bahn abschwenkte? Oder wenn er an der dicken Haut des Elefanten[1] abprallte? Oder wenn der Bulle mich angriffe? Ich stellte mir vor, wie ich mich verwundet nach Hause schleppen und wie die wilden Hunde gerade in diesem wehrlosen Augenblick über mich herfallen würden.

Bis zum Morgengrauen sann ich über diese Dinge nach, aber als die Sonne aufging, war ich schon unterwegs zum Tummelplatz der See-Elefanten.

Als ich zur Klippe kam, sah ich, dass die Tiere das Riff verlassen und sich am Strand zusammengeschart hatten. Die Bullen hockten wie graue Felsklumpen im Geröll, das den unteren Teil des Abhangs bedeckte. Die Kühe und ihre Kleinen wälzten sich im seichten Wasser.

Vielleicht ist es nicht richtig, von „Kleinen" zu sprechen, denn schon ein sehr junger See-Elefant ist so groß wie ein ausgewachsener Mann. Andererseits gleicht er in vie-

1 **Elefanten:** gemeint sind See-Elefanten

lem einem kleinen Kind. In der ersten Zeit ihres Lebens bleiben die jungen Tiere ihren Müttern dicht auf den Fersen. Sie watscheln auf ihren Flossen daher wie Kinder, die ihre ersten Schritte versuchen. Sie geben weinerliche und freudige Laute von sich, ganz wie kleine menschliche Geschöpfe. Und wenn sie zum ersten Mal den festen Boden verlassen müssen um schwimmen zu lernen, stoßen und schieben ihre Mütter sie ins Meer, was bei ihrer Größe ein ordentliches Stück Arbeit bedeutet.

Die Bullen saßen in einem gewissen Abstand voneinander entfernt, denn sie sind von Natur bösartig, eifersüchtig und immer gleich bereit Streit anzufangen, wenn ihnen etwas nicht passt. Es waren ihrer sechs, die da am Abhang hockten, jeder für sich allein, jeder wie ein großer Häuptling, der ein scharfes Auge auf seine Familie hält.

Die Elefantenkuh hat ein glattes Fell und einen Kopf wie eine Maus, mit spitzer Nase und Schnurrbarthaaren. Der Bulle ist ganz anders. Seine Nase wölbt sich wie ein riesiger Buckel über den Kiefern, sein Fell ist rau und von einer Farbe, die an ausgedörrte, rissige Erde erinnert. Alles in allem ist er ein hässliches Tier. Vom Rand der Klippe aus betrachtete ich der Reihe nach alle Elefantenbullen und versuchte herauszufinden, welcher von ihnen der kleinste war.

Sie hatten alle ungefähr die gleiche Größe, bis auf einen, der ganz außen, von einem Felsblock halb verdeckt, im Geröll hockte. Er musste noch sehr jung sein, etwa halb so groß wie die anderen Bullen. Im Wasser unter ihm spielten weder Kühe noch Kälber, woraus ich schloss, dass er noch keine eigene Herde besaß. Und das bedeutete, dass er nicht so arglistig war und auch nicht so schnell in Wut geriet wie seine älteren Artgenossen.

Ich ließ mich so lautlos wie möglich über den Rand der Klippe fallen. Um zu dem jungen Bullen zu gelangen musste ich hinter den anderen vorbeischlüpfen ohne ihre Aufmerksamkeit zu erregen. Die Bullen lassen sich durch nichts erschrecken und würden sich kaum bewegen, wenn sie mich sahen, dennoch hielt ich es für besser, ihre Nähe zu meiden. Ich hatte meinen neuen Bogen bei mir und fünf Pfeile. Der Bogen war fast so groß wie ich selbst.

Vorsichtig bewegte ich mich den schmalen Pfad hinunter. Bei jedem Schritt fürchtete ich an einen der vielen losen Steine zu stoßen, die dann lärmend in die Tiefe kollern und mich verraten konnten. Auch die Kühe durften mich nicht sehen, denn sie erschrecken leicht und hätten mit ihrem Geschrei die ganze Herde gewarnt.

Endlich hatte ich den Felsblock erreicht, hinter welchem der junge Bulle saß. Ich richtete mich auf und legte einen Pfeil an die Bogensehne. Dabei kamen mir die warnenden Worte meines Vaters wieder in den Sinn, dass der Bogen in der Hand einer Frau zerbricht, wenn sie ihn zum Töten erhebt.

Die Sonne stand im Westen. Ein Glück für mich, dass ich von der Stelle, wo ich mich befand, keinen Schatten auf den jungen Bullen warf. Er hockte nur wenige Schritte vor mir und drehte mir den breiten Rücken zu. Ich hatte keine Ahnung, worauf ich zielen sollte, ob zwischen seine Schultern oder auf seinen Kopf. Der Nacken bot ein besseres Ziel als der verhältnismäßig kleine Kopf, aber in der dicken Fettschicht unter der Nackenhaut würde mein Pfeil vermutlich einfach stecken bleiben ohne größeres Unheil anzurichten.

Noch während ich hinter dem Felsen stand, unschlüssig und der Mahnung meines Vaters eingedenk, dass der Bogen in der Hand einer Frau zerbricht, wenn sie ihn am dringendsten braucht, erhob sich der junge Bulle von seinem Platz und trottete gemächlich auf die Küste zu. Mein erster Gedanke war, dass er aus irgendeinem Grund meine Nähe gewittert hatte. Ich erkannte jedoch bald, dass er nur zu den Kühen gehen wollte, die zur Herde seines Nachbarn gehörten. Trotz seines Umfanges bewegte er sich flink, wo-

bei er seine riesigen Watschelflossen wie Hände benutzte. Als er sich dem Wasser näherte, schoss ich den Pfeil ab. Er flog schnurgerade, drehte jedoch im letzten Augenblick ab und fiel lahm ins Meer. Der Bogen war nicht gebrochen, aber der Pfeil hatte sein Ziel verfehlt.

Ein Knirschen hinter mir ließ mich aufhorchen. Mich umwendend gewahrte ich den alten Bullen, den Anführer der Herde, auf welche der junge Bulle es anscheinend abgesehen hatte. Er watschelte an mir vorbei auf seinen Rivalen zu und stieß ihn mit einer einzigen Bewegung seiner mächtigen Schultern zu Boden. Die Wucht des Stoßes war so groß, dass der junge Bulle sich trotz seines beachtlichen Umfangs zweimal überschlug und wie betäubt im Wasser liegen blieb. Jetzt fiel der alte Bulle mit wiegendem Kopf über ihn her. Er bellte dazu so laut, dass es von den Klippen widerhallte.

Die Kühe und Kälber, die sich, die Rücken mit ihren Flossen kratzend, in den Wellen vergnügten, richteten sich auf um dem Kampf zuzusehen.

Zwei Kühe standen dem Bullen im Weg, als er auf seinen Nebenbuhler zuwatschelte, aber er trat über sie hinweg, als wären sie Kieselsteine. Mit seinen spitzen Hauern riss er lange Hautfetzen aus der Flanke des jungen Bullen.

Irgendwie gelang es dem jungen Bullen, wieder hochzukommen. In seinen blutunterlaufenen Äuglein glitzerte es gefährlich. Der alte Bulle holte zu einem neuen Stoß aus, doch der andere wich geschickt zur Seite und bohrte seine Zähne tief in den Nacken seines Gegners. Er ließ auch nicht locker, als beide wie ein einziger riesiger Knäuel ins Meer rollten. Wasser spritzte nach allen Seiten.

Die Kühe waren erschrocken davongelaufen, die anderen Bullen dagegen hockten stumm und unbeteiligt an ihren Plätzen.

Eine Zeit lang hielten die beiden Tiere im Kämpfen inne um Atem zu schöpfen. In diesem Augenblick hätte ich einen Pfeil auf den jungen Bullen abschießen können. Er lag auf dem Rücken, die Zähne immer noch im Nacken seines Rivalen vergraben, und bewegte sich nicht. Aber ich hatte keine Lust mehr ihn zu töten. Ich war auf seiner Seite. Ich wollte, dass er den Kampf gewinne.

Der Kopf und die Schultern des alten Bullen waren von vielen tiefen Narben bedeckt, die wohl von früheren Kämpfen herrührten. Ich sah sie deutlich, während er über dem Gegner lag und sich aus dessen Biss zu befreien versuchte. Ich sah auch, wie sein Schwanz suchend nach einer Stütze tastete, sich plötzlich gegen einen Felsblock stemmte und wie der mächtige Körper mit einem Ruck hochkam.
Nachdem er seinen Gegner abgeschüttelt hatte, lief er keuchend den Abhang hinauf. Der junge Bulle folgte ihm dicht auf den Fersen. Jetzt kam der alte auf mich zu. In meiner Hast ihm auszuweichen – ich konnte ja nicht wissen, ob er mich angreifen würde – trat ich einen Schritt zurück, strauchelte und fiel auf die Knie. Ich verspürte einen stechenden Schmerz im Bein, sprang jedoch gleich wieder auf die Füße. Inzwischen hatte der alte Bulle kehrtgemacht und war mit einer Schnelligkeit, auf die der junge Bulle nicht gefasst sein konnte, wieder über seinen Verfolger hergefallen. Zum zweiten Mal wurde die Flanke des jungen Bullen aufgeschlitzt und zum zweiten Mal stürzte er unter der Wucht des Stoßes ins Wasser.
Die Wellen färbten sich rot von seinem Blut, doch er kam gleich wieder auf die Füße zu stehen, bereit den nächsten Stoß aufzufangen. Der alte Bulle prallte gegen seine Schultern. Es krachte, als stürzte eine Felswand ein. Wieder packte der junge Bulle den anderen beim Nacken und wieder überschlugen sich beide im Wasser. Als sie hinter einer hohen Welle verschwanden, waren sie noch immer ineinander verkeilt.
Die Sonne war untergegangen und es wurde so dunkel, dass ich nichts mehr sehen konnte. Der Schmerz in meinem Bein wurde stärker.
Da ich einen langen Heimweg vor mir hatte, verließ ich den Schauplatz des Kampfes. Das wütende Bellen der beiden Bullen verfolgte mich, als ich die Klippe hinaufkletterte; es verfolgte mich, als die Küste schon weit hinter mir lag.

1 a) Karana kann in der Nacht vor der Jagd auf die Elefantenbullen nicht einschlafen. Was geht in ihr vor?
b) Karana will nichts überstürzen. Zunächst beobachtet sie sehr genau den Liegeplatz und das Verhalten der See-Elefanten. Was fällt ihr alles auf?
c) Schildert den Ablauf der Jagd.

2 Karana hat früher immer den Männern ihres Stammes bei der Jagd zugeschaut und sich vieles von ihnen erklären lassen. Sammelt Textstellen, an denen sich ihr Wissen zeigt.

3 a) Mit welchen Mitteln gelingt es Karana, das Verhalten und Aussehen der See-Elefanten so anschaulich zu beschreiben? Übertragt folgende Tabelle in euer Heft und ergänzt sie:

Die See-Elefanten:
– sie hockten wie graue Felsklumpen im Geröll
– sie wälzten sich im seichten Wasser
– sie haben ein glattes Fell und einen Kopf wie eine Maus
– ...

b) Unterstreicht in eurer Tabelle alle Verben (Tätigkeitswörter) mit einem roten Farbstift, die Adjektive (Eigenschaftswörter) grün und die Vergleiche (erkennt man oft am Wörtchen „wie“) blau.

Erst viele Jahre später, als Karana schon erwachsen ist, ankert eines Tages ein Forschungs- und Missionsschiff vor der Insel. Einerseits glücklich darüber, wieder menschliche Stimmen zu hören, andererseits voller Angst über die ungewisse Zukunft verlässt sie ihr Inselparadies. Bis dahin erlebt sie aber noch viele Geschichten mit den Tieren der Insel. Eines dieser Erlebnisse findet ihr hier auf dem Bild wieder:

4 a) Schaut euch das Bild genau an und beschreibt, was ihr seht.
b) Erzählt eine Geschichte, die zu dem Bild passt.

5 Verfasse eine Geschichte: *„Ein Tag mit Karana auf der Insel"*.
Überlege z. B., was ihr esst und wie ihr zu der Nahrung gekommen seid; welchen Tieren ihr begegnet und was ihr mit ihnen erlebt; wie ihr eure Kleidung herstellt.

Robert Siegel

Das Lied der Wale

Das Erste, woran ich mich erinnere, ist der schwache grünliche Glanz der von einem einzigen Lichtstrahl erhellten Tiefe und dann der Gesang – dieser immer währende Gesang. Das dämmrige Grün war wunderschön, wenn meine Mutter wie eine Wolke über mir lag. Durch einen Luftblasenwirbel schwamm ich zu ihr und ihrer Milch, spürte den großen, warmen Schlag ihres Herzens und die Musik wurde lauter und vielfältiger. [...] Danach schlief ich auf dem Rücken meiner Mutter, ihre Flosse spülte eine leichte Strömung über mich und ihr Lied begleitete mich in die Dunkelheit.

Damals war die grüne Tiefe der schönste Platz von allen. Die Mütter hingen wie Regenwolken über uns und an ihnen vorbei fielen die Sonnenstrahlen, die den Weg zur Luft und zur Welt dort oben wiesen. Anfangs sahen die anderen Kälber und ich uns nur über die Sonnenstreifen zwischen den Mutterinseln hinweg an. Als wir kühner wurden, wagten wir uns in die Sonne, berührten uns mit den Spitzen unserer Flossen und huschten zurück in die großen, sicheren Schatten. Bald sprangen und schwammen wir gemeinsam in den hellen Lichtflecken und unser Spiel endete erst, wenn das Dunkel der Nacht sich über uns legte.

Einen großen Teil unserer Zeit verbrachten wir an der Oberfläche. Ich spüre noch heute, wie der starke Rücken meiner Mutter mich hinauftrug. Je höher wir aufstiegen, desto heller wurde das Wasser und die Sonne glitzerte und flimmerte über uns. Einen Augenblick später brachen wir hindurch in diese wunderschöne und gefahrvolle Welt dort oben mit ihrem blauen Himmel, der sich unendlich dehnte wie das Meer und an dem Wolken wie Albatrosse vor dem Wind dahinflogen. Und dieses Licht auf den Wellen – das Funkeln und Wogen und diese unbeschreiblichen Farben! Dort blieben wir, bis ein leises Pfeifen uns mahnte wieder unterzutauchen, und wir sanken tiefer und tiefer in das leuchtende Grün, ließen uns ganz los und spürten den Sog der Tiefe.

Manchmal ruhten wir ein Weilchen auf dem Meeresgrund aus und hörten zu, wie unsere Mütter Geschichten von der Welt über uns erzählten. Diese Geschichten bezauberten uns und erschienen uns damals unglaublich: Sie handelten von Stürmen, die Wellen berghoch auftürmten, von einem Licht, das den Himmel zerteilte, von dem lauten Grollen Ohobos, das stets darauf folgte. Wir hörten Geschichten von einer Welt über der Welt des Wassers, in die Wale niemals gelangen konnten, von Monstern mit roten und grünen Augen, die aus jener anderen Welt kamen, über die Meeresoberfläche dahinglitten, schwarzen Rauch ausstießen und Wale verschlangen. Wir hörten Geschichten von unseren Vätern, die auf der Suche nach Krabben oder Krill unterwegs waren, und wir ängstigten uns ein wenig, wenn wir an ihre Heimkehr dachten. Später schob meine Mutter mich wieder sanft aufwärts und sie sang mich mit einem Lied in den Schlaf. [...]

Manchmal lagen wir dicht bei einem Berg, der aus dem Wasser ragte und zu der Welt gehörte, die den Walen nicht zugänglich ist. Und diese Gerüche – wenn ich doch nur diesen Duft beschreiben könnte! Er zog über uns hinweg und weckte eine Sehnsucht in mir, doch ich wusste nicht, wonach. Süß war dieser Duft und verboten, denn wir konnten nicht dorthin, woher er kam. Er ging von Dingen aus, die man, wie ich später erfuhr, Blumen und Früchte nannte. Mutter bezeichnete diese Sehnsucht als „Landweh“ und sie lachte nur, wenn ich sie fragte, warum wir das Land denn nicht betreten durften. Eines Tages, so sagte sie, würde es mir der Große Wal erklären.

Wir Kälber waren inzwischen alle geschickte Schwimmer geworden. Ich hatte mich mit Lewté angefreundet, einem weiblichen

Kalb, nur einen Monat älter als ich, aber nicht viel größer. [...]

Sie und ich sprangen oft unseren Müttern über den Rücken, wenn sie träge dahinschwammen, Plankton[1] einsaugten und dem Ort zustrebten, an dem sie unsere Väter treffen wollten. Wir Buckelwale sind stolz darauf, dass wir uns steil aufrichten und sogar ganz aus dem Wasser springen können. Selbst die Erwachsenen – die Kühe und die Bullen – verbringen manchmal den ganzen Tag damit zu springen, sich zu überschlagen, auf dem Rücken zu landen, dass das Wasser himmelwärts spritzt.

Aber Lewté und ich erfanden ein Spiel, zu dem noch viel mehr gehörte. Dabei mussten wir über jeden zweiten Walrücken in der Herde springen. Wenn einer der erwachsenen Wale eine Atemfontäne ausstieß, mussten wir durch den Strahl springen. Waren alle Kälber zugleich mit diesem Spiel beschäftigt, boten wir einen schönen Anblick wie eine Delphinschule. [...]

Die Wale wachsen heran und erleben ihre ersten Abenteuer. – Eines Tages ist das Wasser am Horizont aufgewühlt, als ob Felsen die Wellen brächen.

Aber dann sah ich kleine springende Gestalten und fragte mich, ob das – so weit von den kalten Gewässern ihrer Heimat entfernt – meine Freunde, die Seelöwen, sein könnten. Das ganze Gewimmel kam schnell auf mich zu und ich schwamm ihm entgegen. Je näher es kam, desto lauter wurde der Lärm. Pfeifen, Grunzen, Schnauben, Kichern drang von allen Seiten auf mich ein.

Ein blauer, kugeliger Kopf hob sich ein paar Meter rechts von mir aus dem Wasser.

„Hallo – Auf Wiedersehen!“, sagte er und tauchte platschend ein, dass mir das Wasser um den Leib spritzte. Ich hörte ein hohes, pfeifendes Lachen, als er davonjagte.

1 **Plankton:** Schwärme kleiner Krebse

„Ein Tümmler!“, rief ich aus, als ich sein Gesicht erkannte. „Der Clown des Meeres!“ Eine Sekunde später hatten sie mich eingekreist, spritzten, sprangen, tauchten, stießen mich mit ihren Mäulern an. [...] Tümmler sprechen sehr schnell und sind manchmal schwer zu verstehen. Als große Klatschbasen verbreiten sie alle Neuigkeiten über das Meer. Da die Delphine in einer Unmenge verschiedener Arten vorkommen, die alle miteinander in Verbindung stehen, wusste eine Schule dieser Größe so ziemlich alles, was sich ereignete. [...] Als ich nach dem Finnwal fragte, schrien sie alle durcheinander. Er war an die Küste im Osten geschleppt worden und er sollte nicht getötet, sondern in eine große, mit einem riesigen Netz abgesperrte Lagune gebracht werden.

„Er wird dort mit zwei meiner Vettern zusammen sein“, erklärte ein weißer Delphin. Bei dieser Bemerkung wurden die anderen sehr aufgeregt, sie sprangen, sie standen auf ihren Schwanzflossen und schwatzten durcheinander über gefangene Delphine. Es schien, dass die Menschen oft einen oder mehrere von ihnen fingen und in eine weit entfernte Lagune brachten.

Der weiße Delphin hatte durch das Netz mit seinen Vettern gesprochen, die darauf brannten, fliehen zu können, zugleich aber auch versicherten, dass man sie gut behandelte. Sie erfuhren viel über die Menschen.

Zunächst einmal versammelten sich die Menschen zu großen Schulen, wenn die

Delphine miteinander spielten oder in die Luft sprangen. Manche Menschen hielten dem springenden Delphin einen Fisch hin oder auch einen Reifen, durch den er springen sollte. Alle Menschen schlugen ihre Flossen zusammen, wenn ein Delphin etwas vorgeführt hatte. Mit ihren Flossen konnten die Menschen viele sehr geschickte Dinge tun. Ihre Schwanzflossen waren zweigeteilt und sie konnten sich darauf auf dem Land gut fortbewegen. Im Wasser waren sie dagegen hilfloser als Kälber.

Die Menschen verständigten sich durch kurze, harte Laute, von denen manche annahmen, dass es sich um eine Art primitiver Sprache handelte. Als der weiße Tümmler die Nachahmung wiederholte, die sein Vetter ihm geliefert hatte, lachten und sprangen alle Delphine und schwammen im Kreise. Es dauerte eine Zeit, bis Delphi die Ordnung wiederherstellen konnte. […]

Endlich mischte sich ein von Narben bedeckter alter Tümmler ein.

„Das ist alles gut und schön, aber es bleibt ein Geheimnis, wieso ein Geschöpf zwar sehr intelligent, aber gleichzeitig grausam wie ein Hai sein kann. Wir haben alle gesehen, wie die Menschen in ihren metallenen Ungeheuern wahllos Schildkröten und Delphine getötet haben, und wir alle wissen, wie der Mensch […] Wale in Stücke gerissen hat. Manche von uns erinnern sich sogar, dass Menschen wie grausame Haie Jahre damit zugebracht haben, ihresgleichen mit Feuer und Lärm wie von einem Vulkan zu töten. Das Meer war voller schrecklicher Geräusche, voller brennender Monster, voller Leichen. Ich lag in der Nähe einer Insel und habe beobachtet, wie Schiffe den ganzen Tag über Feuer gespien haben, bis alle Bäume auf der Insel verbrannt waren. Blut war im Wasser. Ich habe einen verletzten Menschen an das Ufer geschoben. Nicht viele Jahre später machten die Menschen einen großen Feuerball, heller als die Sonne, der eine ganze Insel verschlang und alles Leben im Meer in meilenweitem Umkreis tötete."

Seine Worte machten alle betroffen. Die jungen Delphine drängten sich schutzsuchend an ihre Mütter. Für einen einzigen Augenblick an diesem Nachmittag schwiegen alle.

Endlich sprach Delphi. „Es ist wahr, dass der Mensch mit seinen Flossen sehr geschickt umzugehen weiß, aber ich fürchte, er verwendet seine Intelligenz um Böses zu tun. Je intelligenter ein Geschöpf ist, desto schlimmer ist auch, was es mit seiner Intelligenz anrichten kann."

Nach diesem Schlusswort fingen alle wieder an zu reden, und ich erfuhr, wie das Wetter tausend Meilen in jeder Richtung war, in welchem Zustand die Quallenvorkommen waren, wie die neuesten Wanderwege der Seeschwalben verliefen. Im Südwesten braute sich ein Sturm zusammen, sagten sie, und, ja, ich sollte gut auf eine Walfangflotte achten, die warme Gewässer ansteuerte. Ob ich die kleinen Kalmare schon gekostet hätte, die auf den Korallenriffen wuchsen?

Als die Sonne wieder in ihr Zuhause im Meer eintauchte, verabschiedete ich mich und lehnte höflich die Einladung ab ein paar Tage mit den Tümmlern zu verbringen. Ihr ständiges Schwatzen machte mich reizbar. Dankbar tauchte ich in das dunkelnde nächtliche Meer.

1 An welcher Stelle habt ihr gemerkt, wer die Geschichte erzählt?

2 a) Was bedeutet es, wenn die Wale von „Landweh" sprechen?
b) Berichte von den besonderen Fähigkeiten der Wale und von ihren Spielen.

3 Entwerft einen Steckbrief des Menschen aus Sicht der Wale und Delphine.

4 Der kleine Wal, der die Geschichte erzählt, heißt Hruna. Verfasst weitere Abenteuer Hrunas, z. B. Reisen, Begegnungen, Entdeckungen unter Wasser.

5 Gestalte ein Bild, das Hruna allein oder mit anderen aus ihrer Herde zeigt. Es ist nicht schwer, Wale zu malen, du kannst sie aber auch aus Zeitschriften oder Broschüren ausschneiden.

Die abenteuerliche Lebensgeschichte Hrunas

6 a) Beschreibt genau, welches Geschehen in den Bildern dargestellt wird.
b) Findet passende Bildunterschriften.
c) Berichte zusammenhängend über *„Das abenteuerliche Leben Hrunas"*. Überlege dabei, wie du die Verbindungen zwischen den einzelnen Bildern herstellen kannst.

4.3 Tierschutz fängt zu Hause an: Ratschläge und Reportagen

Plötzlich war es da – und wer kümmert sich um das Tier?

1 a) Beschreibt das Bild.
b) Überlegt, welches Gespräch sich zwischen Mutter und Kind entwickeln könnte.

2 Stellt in einem Rollenspiel dar, wie ihr vorgehen würdet, wenn ihr unbedingt ein Tier zu Hause halten möchtet:
a) Was würdet ihr eurer Mutter oder eurem Vater sagen, damit sie zustimmen?
b) Welche Einwände könnten die Eltern erheben?
c) Wenn ihr euren Wunsch gut begründet habt, stimmen eure Eltern vielleicht zu. Welche Bedingungen könnten sie aber an die Zustimmung knüpfen?

3 Führt ein **Streitgespräch** durch zu dem Thema: „Haustiere – ja oder nein?"
a) Sammelt Gründe für und gegen Haustierhaltung.
b) Jeweils zwei von euch treten nach vorne und ergreifen eine unterschiedliche Partei.
c) Besprecht anschließend gemeinsam, wer die besseren Gründe vorgebracht hat.

4 Was sollte man bedenken, bevor man sich ein Haustier anschafft?
Stellt Ratschläge für die Haustierhaltung auf einem Plakat zusammen.

Tierreporter unterwegs

Autobahnraststätte – Endstation für viele Haustiere

Frankfurt, 20. Juli (dpa). Jedes Jahr dasselbe Trauerspiel. Eine Woche nach Ferienbeginn in vier Bundesländern müssen Autobahnpolizei und Tierschützer schon wieder Überstunden machen. Besonders an Autobahnraststätten setzen viele verantwortungslose Bundesbürger ihre Haustiere aus, bevor es weiter in den Urlaub geht. An einer Raststätte wurden an einem Tag allein 7 ausgesetzte Hunde gezählt. Obwohl hohe Geldbußen drohen, scheint das die „Tierfreunde" nicht von ihrem herzlosen Tun abzuhalten. Der Tierschutzbund bekräftigte in diesem Zusammenhang seine Forderung nach mehr billigen Pensionsplätzen für Tiere.

1 Habt ihr von ähnlichen Fällen gehört? Berichtet darüber.

2 a) Warum werden häufig Tiere ausgesetzt, geprügelt oder vernachlässigt?
b) Überlegt, was ihr dagegen unternehmen könnt.

3 a) Ihr könnt euch selbst als Tierreporter betätigen. Berichtet z. B. über

- ein Tierheim und seine Aufgaben,
- einen Besuch im Zoo,
- einen Wildpark,
- Tierschutzorganisationen und ihre Ziele,
- Fälle von Tierquälerei,
- den Besuch auf einem Bauernhof.

b) Verwendet eure Berichte für eines der folgenden Projekte (S. 75).

Stellt ein **Tierbuch** her.
Dazu müssen eure Beiträge alle dasselbe Format haben; wenn ihr sie zusammenbindet oder zusammenheftet, muss schließlich alles passen!
Schmückt eure Berichte mit Bildern oder Fotos aus und entwerft ein auffälliges Deckblatt für das Buch.

Gestaltet eine **Info-Wand** in der Klasse oder im Schulgebäude. Achtet dabei auf eine große Schrift und verwendet viele Fotos und passende Zeitungsausschnitte.

Schreibt eine Artikel-Serie für eine **Klassen- oder Schülerzeitung** mit dem Titel „Tierreporter unterwegs".
Auch die Fotos dazu macht ihr selbst.

Tipps für Tierfreunde und Tierreporter

1 Seht zusammen in der Klasse eine Fernsehzeitschrift durch. Kreuzt Tiersendungen an und überlegt, wer die Sendungen aufnehmen kann. Schaut euch dann gemeinsam eine Sendung an und besprecht sie.

2 Informiert die Klasse über die Tierbücher, die ihr zu Hause besitzt.
a) Welche Tiere werden vorgestellt? Welche Themen werden in diesen Büchern angesprochen?
b) Sind es Bücher mit Erzählungen oder Sachberichten? Woran erkennt man den Unterschied?

3 a) Beim Schreiben eurer Tierberichte solltet ihr versuchen passende und anschauliche Wörter für das Aussehen und das Verhalten der Tiere zu finden.
Beschreibt z. B. möglichst genau
- die Kopfform,
- den Gesichtsausdruck,
- den Körperbau,
- besondere Fähigkeiten oder Angewohnheiten,
- die Lebensweise,
- die Pflege.

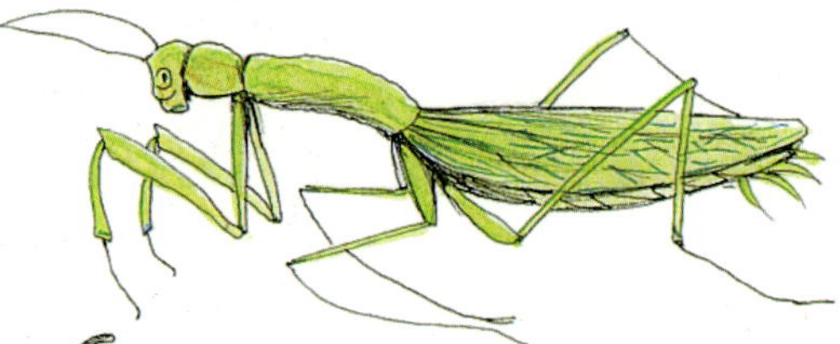

b) Vervollständigt die Liste.

4 Wichtige Informationen für eure Tierreportagen könnt ihr von **Tierschutzorganisationen** bekommen. Fragt eure Biologielehrerin oder euren Biologielehrer nach Adressen solcher Organisationen und fordert Informationsmaterial an. Denkt aber daran, dass diese Organisationen häufig wenig Geld haben und auf Spenden angewiesen sind.
Legt also eurem Brief einen kleinen Betrag aus eurer Klassenkasse bei und einen frankierten Rückumschlag.
Die Adresse des nächstgelegenen **Tierheims** findet ihr in eurem örtlichen Telefonbuch.

5 Wir erkunden unsere Bücherei

So sieht der Eingang einer Bücherei nicht immer aus. Dies ist eine besonders große und schöne Bibliothek in Münster. Auch in eurer Nähe gibt es eine.

1 Zeichnet und beschreibt den Weg von eurer neuen Schule zur nächstgelegenen Bibliothek.

5.1 Wir suchen Bücher in unserer Bücherei

Niemand kann alle Bücher, Spiele, Kassetten, Videos usw. auswendig kennen, die in einer Bibliothek aufbewahrt werden und dort ausgeliehen werden können. Und selbst wenn man sie kennte, würde man sie dort nicht finden. Es muss also ein System geben, nach dem sie geordnet sind. Deshalb gibt es in jeder Bibliothek **Kataloge**.

Die Kataloge bestehen aus einzelnen **Katalogkarten**, auf denen man alle wichtigen Angaben über Bücher nachlesen kann: Verfasser/in, Titel, Verlag und Erscheinungsjahr. Jedes Buch hat eine Karte. Die Karten sind alphabetisch nach Verfassernamen geordnet. Eine Katalogkarte sieht z. B. so aus:

JB 4
Mankell
1

Mankell, Henning:
Der Hund, der unterwegs zu einem Stern war.
Aus dem Schwedischen von Angelika Kutsch.
Hamburg: Friedrich Oetinger 1992. 176 S.

ISBN: 3-7891-4203-4

Wenn man zu einem Buch im Katalog die Katalogkarte entdeckt hat, kann man es auch im Regal finden, wenn es nicht gerade ausgeliehen ist.
Denn auf der Katalogkarte steht ein Kennzeichen des Buches: die **Signatur.** (Auf der abgebildeten Katalogkarte ist die Signatur: JB 4 Mankell 1.)
Die Signatur befindet sich auf dem Buchrücken des gesuchten Buches.
Die Bücher stehen in der Reihenfolge der Signaturen im Regal.

1 Schreibe eine Katalogkarte für dein Lieblingsbuch.

Du kannst ein Buch, das du suchst, auch dann finden, wenn du nur den Titel kennst. Dafür gibt es einen **Titelkatalog**. Dort sind die Bücher dem Buchtitel nach alphabetisch geordnet. „Der“, „Die“, „Das“, „Eine“, „Ein“ werden dabei weggelassen, z. B.:

JB 4
Mankell
Hund, der unterwegs zu einem Stern war **1**

Mankell, Henning:
Der Hund, der unterwegs zu einem Stern war.
Aus dem Schwedischen von Angelika Kutsch.
Hamburg: Friedrich Oetinger 1992. 176 S.

ISBN: 3-7891-4203-4

2 Versuche mit Hilfe des Katalogs herauszufinden, von welchen Autoren die folgenden Bücher stammen:

Der tätowierte Hund

Hexen hexen

Am Montag ist alles ganz anders

Fränze

Mein Urgroßvater und ich

Du suchst ein Buch über Giftschlangen. Du weißt nicht, wo es stehen könnte und ob in der Bibliothek überhaupt eins vorhanden ist. Für solche Fälle gibt es noch einen anderen Katalog, den **Schlagwortkatalog**. Die Katalogkarten enthalten unter alphabetisch geordneten Schlagworten die Angaben zu allen Büchern, die in der Bibliothek zu dem Thema vorhanden sind.
Wenn du kein Schlagwort „Giftschlangen" findest, kannst du z. B. unter „Schlangen" nachsehen:

Giftschlangen **Biol. 3**
Trutman
2

Trutman, Ludwig:
Schlangen im Terrarium.
Haltung, Pflege und Zucht.
2 Bände. Stuttgart: Ulmer Verlag,
3. überarbeitete und erweiterte Auflage 1990
Bd.2: Giftschlangen. 271 S., 90 Fotos

ISBN: 3-8001-7217-8

Schlangen **Biol. 3**
Coborn
5

Coborn, John:
Schlangenatlas. Alle Schlangen dieser Welt.
Aus dem Amerikanischen von Cornelia Schäfer.
590 S., 1400 Fotos
Ruhmannsfelden: Bede-Verlag 1992

ISBN: 3-927997-93-5

3 Du fährst viel mit dem Fahrrad und es interessiert dich alles, was mit Fahrrädern zu tun hat. In welchen Büchern findest du etwas über

- Gangschaltungen,
- das Reparieren von Lichtanlagen an Fahrrädern,
- Radrennen,
- Mountainbikes,
- die Geschichte der Tour de France?

Es kommt vor, dass man unter dem Schlagwort, unter dem man zuerst nachsieht, nichts findet. Man muss dann versuchen, ob man mit einem ähnlichen Schlagwort mehr Glück hat.

4 Beschreibe genau, wie du gesucht und was für Bücher du dabei jeweils gefunden hast.

Die Bücher sind in der Bibliothek nicht – wie die Karteikarten in den Katalogen – nach dem Alphabet aufgestellt, sondern nach **Sachgruppen**. Solche Sachgruppen sind z. B. „Sport", „Technik", „Fremde Länder", „Geschichte" usw.
Die Sachgruppen sind an den Regalen meist auf großen Schildern angeschrieben.

5 Geh zu den Regalen mit Sachbüchern und suche jeweils ein Buch aus den folgenden Sachgruppen:

Du musst nicht an allen Regalen entlanglaufen um eine Sachgruppe zu finden, in der das gesuchte Buch steht. Es ist einfacher, im **Systematischen Katalog** nachzusehen. Dort stehen alle Karteikarten in der Ordnung, in der die Bücher in den Regalen nebeneinander aufgestellt sind. Du kannst hier auch die Karten der gerade ausgeliehenen Bücher finden.

So etwa sieht ein Kasten des Systematischen Katalogs aus. Die Karteikarten mit Sachbegriffen sind etwas größer als die Karten, auf denen die Angaben zu den einzelnen Büchern stehen. Weil sie über diese hinausragen, heißen sie auch „Nasenkarten".

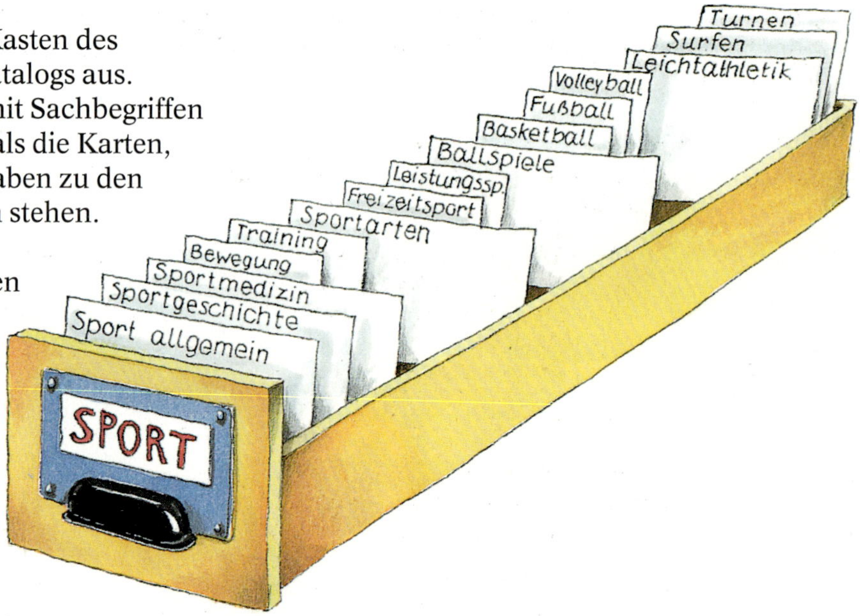

6 Beschreibe, wie in eurer Bibliothek die Sachbereiche Erdkunde oder Biologie oder Technik aufgebaut sind.

7 Suche Buchtitel aus einem Sachbereich, deren Anfangsbuchstaben ein Rätselwort ergeben.

In vielen Büchereien stehen neben den Katalogen oder statt der Kataloge **Computer**, die bei der Suche der Bücher eingesetzt werden.
Hier siehst du, was du tun musst um ein Buch per Computer zu bestellen:

Für eine **Computerbestellung** musst du

- die Passnummer deines Büchereiausweises eingeben,
- das persönliche Kennwort oder die persönliche Zahlenkombination eingeben,
- den Befehl „Bücher bestellen" anwählen,
- den Autorennamen eingeben *oder* die Signatur eingeben *oder* das erste Wort des Titels eingeben,
- den Bestellauftrag bestätigen,
- den gewünschten Ausgabeplatz anwählen.

8 Im nächsten Kapitel wirst du Matilda, die Heldin des gleichnamigen Jugendbuchs von Roald Dahl, kennen lernen (S. 84–87). Versuche herauszufinden, ob das Buch in eurer Bibliothek vorhanden ist. Bestelle – wenn möglich – per Computer.

Begriffsverwirrung...

Im Zusammenhang mit Büchern und Büchereien kannst du manchmal die unten aufgeführten Bezeichnungen finden. Kennst du ihre Bedeutung? Versuche die richtige Antwort herauszufinden – die dahinter in den Kästchen stehenden Buchstaben ergeben dann von oben nach unten gelesen ein isländisches Sprichwort. Bist du der gleichen Meinung wie die Isländer?

Autor:	– *ein automatisch funktionierendes Garagentor*	I	L
	– *derjenige, der ein Buch geschrieben hat*	L	I
	– *Kraftfahrzeug mit Rotorantrieb*	I	B
Herausgeber:	– *mechanischer Arm einer Musikbox zum Plattenwechseln*	L	E
	– *Wechselautomat auf Bahnhöfen*	E	L
	– *der, der Texte anderer Leute zu einem Buch zusammenstellt*	E	B
Impressum:	– *Mittel um Stoffe gegen Wasser zu schützen*	R	E
	– *Kunstwerk aus einer bestimmten Zeit*	E	A
	– *Angaben über Verlag usw. in Büchern und Zeitschriften*	E	R
Katalog:	– *Gerät zur Speicherung von Unwahrheiten*	B	R
	– *Unwahrheit, bei der man erwischt wurde*	A	B
	– *geordnetes Verzeichnis von Büchern, Kassetten usw.*	B	A
Leihfrist:	– *Fabelwesen mit großem Maul, das Zeit frisst*	F	R
	– *Zeitraum, für den du Sachen ausleihen darfst*	R	F
	– *Maschine zur Zerkleinerung von Küchenabfällen*	F	U
Pseudonym:	– *ein ausgedachter Name*	U	S
	– *exotischer Fisch für das Süßwasseraquarium*	S	U
	– *Krankheit, die oft Kinder vor Klassenarbeiten befällt*	R	S
Register:	– *derjenige, der Regie führt in einem Film*	A	S
	– *alphabetisches Sachverzeichnis*	S	A
	– *Zustand äußerster Regungslosigkeit*	S	S
Schlagwort:	– *Schimpfwort, das dich besonders hart trifft*	S	L
	– *Ausruf, mit dem Fans ihre Mannschaft anfeuern*	A	L
	– *Wort, das den Inhalt des Buches zusammenfasst*	L	S
Signatur:	– *italienisch für „kleiner Herr“, „junger Mann“*	H	O
	– *Ausflug von einem Eisenbahnsignal zum nächsten*	O	N
	– *Kennzeichnung eines Buches zur Einordnung im Regal*	O	H
Systematik:	– *Einteilung der Wissensgebiete in sinnvolle Zusammenhänge*	N	E
	– *erste Anzeichen einer Krankheit*	E	N
	– *besondere Zuneigung zu jemandem*	H	E
Übersetzer:	– *jemand, der dich mit dem Boot über den Fluss bringt*	U	B
	– *Gerät, das hohe elektrische Spannung in niedrige wandelt*	U	C
	– *jemand, der Texte von einer Sprache in eine andere überträgt*	B	U
Verlag:	– *etwas, das du so gut verlegt hast, dass du es nicht wiederfindest*	H	C
	– *Betrieb, der Bücher herstellt und verkauft*	C	H
	– *deine Haare, wenn du schlecht darauf geschlafen hast*	B	H

9 Setze die Lösungsbuchstaben in deinem Heft zu dem gesuchten Sprichwort zusammen.

5.2 Von Leseratten und Bibliotheken

Roald Dahl

Matilda

Matilda ist ein außergewöhnliches kleines Mädchen.
Im Alter von drei Jahren hat sie sich „das Lesen beigebracht, indem sie Zeitungen und Magazine studierte, die im ganzen Haus herumlagen. Im Alter von vier Jahren konnte sie rasch und fließend lesen und fing natürlich an sich sehnsüchtig nach Büchern umzuschauen.“

An dem Nachmittag, an dem sich ihr Vater geweigert hatte ihr ein Buch zu kaufen, machte sich Matilda ganz allein auf und ging in die Stadtbücherei. Dort stellte sie sich der Bibliothekarin vor, einer Frau Phelps. Sie fragte, ob sie sich ein bisschen hinsetzen und ein Buch lesen dürfe. Frau Phelps, etwas verwirrt, dass so ein kleines Mädchen ohne elterliche Begleitung bei ihr auftauchte, erwiderte ihr trotzdem, dass sie herzlich willkommen sei.

„Wo sind bitte die Kinderbücher?“, erkundigte sich Matilda.

„Sie stehen da drüben auf den untersten Regalen“, erklärte ihr Frau Phelps. „Möchtest du vielleicht gern, dass ich dir ein schönes mit lauter Bildern heraussuche?“

„Nein danke“, antwortete Matilda, „ich kann das schon alleine.“

Von nun an bummelte Matilda an jedem Nachmittag, sobald ihre Mutter zum Bingo gefahren war, zur Stadtbücherei hinunter. Der Weg war nur zehn Minuten lang und so blieben ihr zwei herrliche Stunden, in denen sie friedlich in einer gemütlichen Ecke hockte und ein Buch nach dem anderen verschlang. Nachdem sie alle Kinderbücher gelesen hatte, die es dort gab, begann sie sich auf die Suche nach etwas anderem zu machen.

Frau Phelps, die sie in den vergangenen Wochen gebannt beobachtet hatte, kam nun hinter ihrem Tisch hervor und ging zu ihr.

„Kann ich dir helfen, Matilda?“, fragte sie.

„Ich überleg mir gerade, was ich als Nächstes lesen soll“, antwortete Matilda, „mit den Kinderbüchern bin ich durch.“

„Du meinst, du hast dir alle Bilder angeschaut?“

„Ja, aber gelesen hab ich die Bücher auch.“

Frau Phelps schaute von ihrer großen Höhe zu Matilda hinab und Matilda blickte geradewegs zu ihr empor.

„Ein paar hab ich ziemlich schwach gefunden“, sagte Matilda, „aber ein paar andere waren zu schön. Am besten hat mir „Der geheime Garten“ gefallen. Da gab's so viel Geheimnis drin. Das Geheimnis von dem Raum hinter der verschlossenen Tür und das Geheimnis von dem Garten hinter der hohen Mauer.“

Frau Phelps stand da wie vom Donner gerührt. „Wie alt bist du eigentlich genau, Matilda?“, fragte sie.

„Vier Jahre und drei Monate“, antwortete Matilda.

Das raubte Frau Phelps erst recht die Fassung, aber sie war vernünftig genug, es nicht zu zeigen. „Was für ein Buch würdest du denn gerne als Nächstes lesen?“, fragte sie.

Matilda erwiderte: „Am liebsten ein wirklich gutes, eins, das Erwachsene lesen. Ein berühmtes Buch. Ich kenn aber noch nicht die Namen.“

Frau Phelps musterte die Bücherreihen und ließ sich dabei Zeit. Sie wusste nicht genau, was sie anbieten sollte. Wie wählt man nur, überlegte sie, ein berühmtes Erwachsenenbuch für ein vierjähriges Mädchen aus? Ihr erster Gedanke war ein Jugendbuch herauszuziehen, eine von diesen süßlichen Geschichten, die für fünfzehnjährige Schülerinnen geschrieben werden, aber dann merkte sie, wie sie unerklärlicherweise instinktiv an diesem speziellen Regal vorüberging.

„Versuch es einmal mit diesem", sagte sie schließlich, „es ist sehr berühmt und sehr gut. Wenn's zu dick für dich ist, dann sag mir nur Bescheid und ich suche dir etwas Kürzeres und Leichteres heraus."

„ ‚Große Erwartungen' ", las Matilda, „von Charles Dickens. Da will ich gerne hineinschauen."

Ich muss verrückt sein, sagte sich Frau Phelps insgeheim, aber Matilda entgegnete sie: „Das kannst du natürlich gerne tun."

Im Lauf der folgenden Nachmittage konnte Frau Phelps kaum die Augen von dem kleinen Mädchen lösen, das stundenlang in dem großen Armsessel im hintersten Winkel des Raumes saß und das Buch auf dem Schoß hielt. Es lag ihr nämlich auf dem Schoß, weil es viel zu schwer war, als dass sie es in der Hand hätte halten können, und das bedeutete, dass sie sich vorbeugen musste, um lesen zu können. Es war ein merkwürdiger Anblick, dieses winzige dunkelhaarige Geschöpf, dessen Füße noch längst nicht den Boden berührten und das vollkommen versunken war in die wunderbaren Abenteuer von Pip und der alten Miss Havisham und ihrem spinnwebenumsponnenen Haus und in den Zauber, den Dickens, der große Geschichtenerzähler, mit seinen Worten bewirkt. Die einzige Bewegung des lesenden Kindes bestand darin, dass es von Zeit zu Zeit die Hand hob und eine Seite umblätterte, und Frau Phelps war immer wieder traurig, wenn es für sie an der Zeit war, in den hintersten Winkel zu gehen und zu sagen: „Es ist zehn vor fünf, Matilda."

In der ersten Woche von Matildas Besuchen hatte Frau Phelps sie gefragt: „Bringt dich deine Mutter jeden Tag hierher und holt dich dann wieder ab?"

„Meine Mutter fährt jeden Nachmittag nach Aylesbury und spielt Bingo", hatte Matilda erwidert, „sie weiß nicht, dass ich herkomme."

„Aber das ist sicher nicht richtig", wandte Frau Phelps ein, „ich finde, du solltest sie lieber fragen."

„Das finde ich nicht", antwortete Matilda, „sie hält nichts vom Lesen. Mein Vater auch nicht."

„Und was solltest du jeden Nachmittag in einem leeren Haus machen?"

„Nur so rumhängen und fernsehen."

„Aha."

„Es ist ihr eigentlich egal, was ich tue", setzte Matilda etwas betrübt hinzu.

Frau Phelps machte sich immer Sorgen, wie Matilda heil und sicher durch die ziemlich verkehrsreiche Hauptstraße und über die

große Kreuzung nach Hause kam, aber sie beschloss sich nicht einzumischen.

Innerhalb einer Woche hatte Matilda „Große Erwartungen" ausgelesen, ein Buch, das in dieser Ausgabe vierhundertelf Seiten hatte. „Das hat mir gut gefallen", sagte sie zu Frau Phelps, „hat Herr Dickens noch andere Bücher geschrieben?"

„Ziemlich viele", antwortete die verblüffte Frau Phelps, „soll ich dir noch eins raussuchen?"

Im Lauf der nächsten sechs Monate las Matilda, stets aufmerksam und liebevoll von Frau Phelps beobachtet, die folgenden Bücher:

„Nicholas Nickleby" von Charles Dickens
„Oliver Twist" von Charles Dickens
„Jane Eyre" von Charlotte Brontë
„Stolz und Vorurteil" von Jane Austen
„Eine reine Frau – Tess von D'Urbervilles" von Thomas Hardy
„Kim" von Rudyard Kipling
„Der Unsichtbare" von H. G. Wells
„Der alte Mann und das Meer" von Ernest Hemingway
„Schall und Wahn" von William Faulkner
„Die Früchte des Zorns" von John Steinbeck
„Die guten Gefährten" von J. B. Priestley
„Am Abgrund des Lebens" von Graham Greene
„Farm der Tiere" von George Orwell

Das war eine stattliche Liste, und unterdessen platzte Frau Phelps fast vor Staunen und Aufregung, und es war vermutlich nur gut, dass sie sich nicht gestattete vollkommen den Kopf zu verlieren. Fast jeder andere, der die Fortschritte dieses kleinen Kindes verfolgt hätte, wäre der Versuchung erlegen und hätte einen ungeheuren Wirbel veranstaltet und das Wunder in der ganzen Stadt heraustrompetet. Nicht so Frau Phelps. Sie gehörte zu den Menschen, die sich nur um die eigenen Angelegenheiten kümmern, und sie hatte schon längst entdeckt, dass es sich nicht auszahlte, wenn man sich bei anderer Leute Kindern einmischte.

„Herr Hemingway schreibt vieles, was ich nicht verstehe", sagte Matilda zu ihr, „besonders über Männer und Frauen. Aber es hat mir trotzdem gefallen. So wie er es erzählt, hab ich das Gefühl, ich wäre dabei und schaute zu, wie alles passiert."

„Dieses Gefühl wird dir ein guter Schriftsteller immer vermitteln", entgegnete Frau Phelps, „und kümmere dich nicht um die Kleinigkeiten, die du nicht verstehen kannst. Lehn dich einfach zurück und lass dich von den Wörtern umspielen wie von Musik." – „Ja, das will ich tun."

„Hast du gewusst", fuhr Frau Phelps fort, „dass du dir in öffentlichen Büchereien so wie dieser hier Bücher ausleihen und mit nach Hause nehmen kannst?"

„Das hab ich nicht gewusst", entgegnete Matilda, „dürfte ich das auch machen?"

„Natürlich", sagte Frau Phelps, „wenn du deine Wahl getroffen hast, brauchst du mir das Buch nur zu bringen, dann schreib ich's auf und es gehört dir für zwei Wochen. Wenn du willst, kannst du dir auch mehr als eins ausleihen."

Von da an tauchte Matilda nur einmal in der Woche in der Stadtbücherei auf um sich neue Bücher zu holen und die ausgelesenen zurückzubringen. Ihr eigenes kleines Schlafzimmer verwandelte sich nun in ein Lesezimmer und dort saß sie an den meisten Nachmittagen und las, wobei oft ein Becher mit heißer Schokolade neben ihr stand. Sie war noch nicht groß genug um an alles in der Küche heranzukommen, aber sie bewahrte sich im Schuppen eine kleine Kiste auf, die sie dann hereinschleppte um darauf zu klettern und sich das zu holen, worauf sie Lust hatte. Am liebsten machte sie sich Schokolade, indem sie Milch in ein Töpfchen goss und auf dem Herd erhitzte, bevor sie sie mit dem Pulver verrührte. Sie nahm meistens Bovril oder Ovaltine. Es war gemütlich einen heißen Schluck mit hinauf in ihr Zimmer zu nehmen und neben sich zu haben, wenn sie nachmittags in der stillen Stube im leeren Hause saß und las. Die Bücher führten sie in neue Welten und machten sie mit erstaunlichen Menschen bekannt, die ein aufregendes Leben führten. Sie stach mit Joseph Conrad auf altmodischen Segelschiffen in See. Sie folgte Ernest Hemingway nach Afrika und Rudyard Kipling nach Indien. Sie reiste durch die ganze Welt, während sie in ihrem kleinen Zimmer in einem englischen Städtchen saß.

1 Angenommen, Matilda käme als „Neue" in eure Klasse: Stellt Fragen an Matilda und gebt selbst ihre Antworten. Versucht herauszufinden, warum sie so gern und viel liest.

2 a) In dem abgedruckten Textausschnitt ist nichts von anderen Kindern zu lesen. Stell dir vor, wie Matilda mit anderen Kindern (z. B. mit dir selbst) zusammentrifft.
b) Schreibe deine Geschichte auf.

3 Matildas Mutter kommt einmal, statt Bingo spielen zu gehen, in die Bücherei. Spielt die Szene.

Anne Fine

Der Neue

Anne Fine beschreibt eine englische Familie, in der die Mutter und ihr Freund Gerald, genannt Glubschauge, eine andere Einstellung zur Bibliothek haben als die Töchter: die Erzählerin Kitty und ihre Schwester Jude.

„Wohin gehst du?"
„Zur Bücherei."
Mum runzelte die Stirn. Sie mochte Büchereien nicht mehr, schon seit Wochen, was mir und Jude das Leben ganz schön sauer machte. Früher war sie ganz verrückt darauf gewesen. Wie die meisten Menschen hatte auch sie diese rosarote Vorstellung, dass Büchereien kühle, stille Quellen des in Regalen ordentlich aufgereihten Wissens seien: Tempel des Lernens, Juwelen der Kultur, Höhepunkte der Zivilisation und so weiter. Wenn ich erklärte, dass ich zur Bücherei ging, lächelte sie von heimlichem Stolz erfüllt. Es war ihr anzusehen, wie sie dachte, was immer ihre Fehler seien, ganz versagt konnte sie als Mutter nicht haben: Immerhin gingen ihre Kinder in die Bücherei.
Dann änderte sich ihre Einstellung. Es begann damit, dass Jude eines Tages nach Hause kam und darauf bestand, dass Floss[1] vier verschiedene Spritzen erhielt, damit sie den Winter sicher überstehen könne. Als zwei Wochen später vom Tierarzt eine Rechnung über fünfzehn Pfund kam, erkundigte sich Mum irritiert bei Jude, woher sie von diesen Spritzen wisse. Jude berichtete arglos von einem Plakat in der Bücherei – und das war der Anfang von Mums radikaler Ernüchterung. Ich fürchtete, sie würde geradewegs dorthin marschieren und sich beschweren.
Dann, zwei oder drei Wochen später, kam ich nach Hause, total verstört, weil ich eine halbe Stunde lang wie gebannt auf das grausige Video über das Vorgehen der südafrikanischen Polizei gestarrt hatte, das sie ständig im Foyer[2] der Bücherei laufen ließen. Mum rief deswegen den Leiter der Bücherei an. Vierzehn Tage später litt Jude unter Alpträumen, weil sie das alte Poster

1 **Floss:** die Katze der Familie
2 **Foyer:** Vorhalle

gegen Tierversuche – weiße Mäuse in einem Käfig – durch ein neues ersetzt hatten, das viel realistischer wirkte und herzzerreißend war. Im Mittelpunkt des neuen Plakats stand eine Katze, die unserer Floss aufs Haar glich.

Der Sturm war also bereits im Anzug. Doch wie konnte ich ahnen, dass an jenem Morgen Jude den schwerwiegenden Fehler begangen hatte unseren hochsensiblen Nachbarn mitzuteilen, dass sie ihren Hund häufiger gegen Würmer behandeln lassen müssten (siehe Bücherei-Informationsblatt Nr. 44) – und das, nachdem Mum soeben erst von einem Anlauf, Frieden mit unseren Nachbarn zu schließen, zurückgekommen war.

„Was willst du in der Bücherei?", fragte sie argwöhnisch.

„Ich möchte mir was holen."

„Ein Buch?"

„Nicht direkt."

„Was denn?"

Ich zog es vor, keine Antwort darauf zu geben, damit mir diese nicht zum Vorwurf gemacht werden konnte.

„Ein Computer-Spiel, stimmt's?"

Sie hatte es erraten, also gab ich es zu.

„Jetzt reicht's!", schrie sie. „Jetzt reicht's ein für alle Mal! Finito! Ab sofort ist mit dieser verdammten Bücherei Schluss. Für euch ist sie gestorben!"

Ich drehte die Augen zum Himmel.

Glubschauge brach in Gelächter aus.

„Du hast gut lachen!", fuhr sie ihn böse an. „Du hattest diese Probleme nicht, als deine Jungen klein waren!"

Mir fiel die Kinnlade nur so herunter. Ich hatte nicht geahnt, dass er erwachsene Söhne hatte.

„Du hast Glück gehabt", stöhnte Mum. „Deine Kinder sind in der guten alten Zeit groß geworden, als Büchereien noch Büchereien waren! Ich wette, als deine Jungen dorthin gingen, verbrachten sie da mindestens eine halbe Stunde um sich in aller Ruhe ein richtiges Buch auszusuchen.

Wenn sie dann nach Hause kamen, konntest du ein oder zwei Mußestunden genießen, während sie sich hinsetzten und das Buch von der ersten bis zur letzten Seite lasen."

Glubschauge strahlte noch immer und nickte. Ja, schien sein Gesicht zu sagen, so war es in der guten alten Zeit.

„Heute ist alles anders", beklagte sich Mum weiter. „Innerhalb von zehn Minuten sind sie wieder zu Hause mit irgend so einem albernen Piep-piep-piep-Computer-Spiel unter dem Arm und in den folgenden Stunden hörst du von ihnen nur noch Dinge wie: ‚Sollen wir nicht doch auf Nummer Sicher gehen und uns dem Automobilklub anschließen, Mum?' oder ‚Darf ich in den Abendkursen der Uni Serbokroatisch lernen, Mum?' und ‚Was ist eigentlich Kokain, Mum?'."

Sie beugte sich zu mir rüber und schnippte die Finger vor meiner Nase.

„Jetzt reicht's!", wiederholte sie. „Das Spiel ist aus. Als Mutter und Beitragszahlerin erkläre ich hiermit, dass Büchereien mehr Scherereien machen, als sie wert sind. Ebenso gut kannst du nach oben gehen und deine paar Bücher in alphabetischer Reihenfolge ins Regal stellen."

„In der Bücherei stehen die Bücher nicht mehr in alphabetischer Reihenfolge."

Sie bekam den Mund nicht mehr zu, wirklich, so war es.
„Wie bitte?“ Ihre Stimme war zuckersüß. „Hat mich mein Verstand verlassen? Sag mir, Gerald, habe ich richtig gehört? Was hat meine Tochter gesagt?“
„Es ist wahr“, sagte ich schnell, bevor er sich einmischen konnte. „Alle Kinderbücher haben jetzt Punkte. Bücher mit roten Punkten sind für Jugendliche ab vierzehn Jahren, die mit blauen Punkten für Zehn- bis Vierzehnjährige, die mit rosa Punkten für Kinder im Grundschulalter und Bilderbücher haben grüne Punkte.“
„Du machst Witze! Du machst bestimmt Witze! Punkte?“
„Ja! Kleine, runde Aufkleber.“
Mum verbarg das Gesicht in den Händen.
„Kleine, runde Aufkleber“, stöhnte sie. „Gerald, es ist so weit. Die Barbaren haben gesiegt.“ Sie hob den Kopf. „Aber worauf warten sie eigentlich noch?“, wollte sie plötzlich wissen. „Was hält sie denn auf? Warum reißen sie nicht die Regale alle ab und sortieren die Bücher in vier Riesenhaufen: langweilig, so lala, gut und superstark!“
Glubschauge schüttelte sich vor Lachen. Mum drehte sich zu ihm um.
„Nein, wirklich“, bekräftigte sie. „Ich mach keine Witze! Warum noch so tun als ob? Was macht es schon, dass wir Briten einmal Büchereien hatten, um die uns die ganze Welt beneidete.“
Sie sprach, als stünde sie auf einer der großen Theaterbühnen im West-End. Der arme Glubschauge wischte sich die Lachtränen aus dem Gesicht. Ich drehte wieder einmal die Augen zum Himmel.
Dann streckte Mum mit einer dramatischen Geste die Hand aus: „Gib mir deinen Büchereiausweis! Mach schon! Rück ihn raus!“
Ich schüttelte den Kopf und sprang schnell zurück.
„Mach schon!“, wiederholte sie. „Gib ihn mir! Er ist konfisziert[3].“
„O nein, das ist er nicht!“, rief ich theatralisch.
„O doch, das ist er.“
„O nein, das ist er nicht!“
Die ganze Zeit tastete ich mich Schritt für Schritt verstohlen zur Hintertür, den Tisch zwischen uns haltend. Mum machte plötzlich einen Satz, als wolle sie mich fangen; nur mit großer Mühe gelang es Gerald Faulkner, das Gelächter lang genug einzustellen um sie in seinen Armen zu fangen und aufzuhalten, während ich sicher durch die Tür verschwinden konnte.
„Tschü-üs!“ rief ich zurück, als ich den Gartenweg hinunterflitzte.
Auf dem gesamten Weg zur Bücherei sang ich. Ich konnte nicht anders. Manche Leute starrten mich an (ich bin nicht gerade die weltbeste Sängerin), aber das störte mich nicht. Ich fühlte mich beschwingt und glücklich.

3 **konfiszieren:** beschlagnahmen

1 a) Beschreibt, was Mutter und Töchter über die Veränderungen in der Bücherei denken.
b) Entwerft einen Fragebogen, mit dem ihr die Meinung der Kinder und Erwachsenen, die ihr kennt, über Büchereien herausfinden könnt.

5.3 Bücherspiele

Suchkarten

Was sind „fliegende Hunde“? Suche ein Buch, in dem Einzelheiten darüber stehen, und notiere in Stichworten, was du darüber herausgefunden hast. Schreibe auch Verfasser/in, Titel und Signatur des Buches auf, aus dem deine Informationen stammen.

Gehe zu den Katalogen mit Jugendbüchern und suche ein Buch von Astrid Lindgren, z. B.:

Gehe zu den Regalen mit Jugendbüchern und suche ein Buch von Paul Maar, z. B.:

In welchen Sachgruppen findest du Bücher mit Kriminalfällen zum Selberlösen? Schreibe die Sachgruppenbezeichnung auf. Nenne Verfasser/in, Titel und Signatur des Buches.

1 a) Schreibt und illustriert Bücher-Suchkarten.
b) Die Bücher-Suchkarten werden an Mitschülerinnen und Mitschüler verteilt, die die Bücher dann in der Bibliothek finden müssen.

2 a) Schreibt auch Antwortkarten, die ihr für euch behaltet. Auf diesen Karten stehen alle wichtigen Angaben zu den Büchern: Name des Autors oder der Autorin, Titel des Buches, Verlag, Erscheinungsjahr, Signatur. Auch Schlagwörter für den Inhalt sind zu vergeben.
b) Vergleicht eure Antwortkarten mit den Einträgen eurer Mitschülerinnen und Mitschüler.

Verfasserquiz

1 Wie viele verschiedene Buchtitel von Christine Nöstlinger findest du im Katalog deiner Bücherei?

2 a) Wähle ein Buch der Autorin aus, das dir interessant erscheint. Schreibe den Titel und die Signatur auf.
b) Suche dieses Buch nun im Regal. Ist es ausgeliehen?

3 Nenne wenigstens zwei Verlage, in denen Bücher von Christine Nöstlinger erschienen sind.

4 Versuche etwas über das Leben von Christine Nöstlinger in Erfahrung zu bringen. Notiere in Stichworten, was du herausgefunden hast.

5 In dem Jugendbuch „Maikäfer flieg" schreibt Christine Nöstlinger über ihre eigenen Erlebnisse und Erfahrungen aus der Zeit des Zweiten Weltkrieges. Zu diesem Buch gibt es eine Fortsetzung. Sie spielt während der Nachkriegszeit. Wie lautet der Titel dieser Fortsetzung?

6 Suche einen Erzählung von einem anderen Autor oder einer anderen Autorin, die ebenfalls in der Zeit des Zweiten Weltkrieges spielt.

Lesungen vorbereiten

Büchereien laden häufig Autorinnen oder Autoren von Jugendbüchern zu **„Lesungen"** ein. Diese lesen dann manchmal aus noch nicht veröffentlichten Büchern um zu sehen, ob sie ihren Lesern gefallen. Deswegen schließen sich oft Gespräche an die Lesung an. Nach einer solchen Lesung haben zwei Schülerinnen an den Jugendbuchautor geschrieben:

Sehr geehrter Herr Zitelmann!
Ich möchte mich vielmals für Ihre Vorlesung bedanken! Auch im Namen der Klasse. Ich fand die Lesung echt super. Sie haben uns das Buch: „Bis zum 13. Mond“ richtig gut erzählt. Das hat sich sehr gut angehört, wie Sie Ihre Stimme immer verstellten. An Ihrem Gesichtsausdruck merkte man, dass es Ihnen richtig Spaß macht, Bücher zu schreiben. Über das Buch „Unter Gauklern“ kann man eigentlich nur sagen, dass es super war! Es hat uns allen Spaß gemacht, es zu lesen. Als wir Ihnen Fragen stellten, zum Beispiel wie viel Geld Sie für ein Buch verdienen, nahmen Sie das ganz locker. Das finde ich gut, dass Sie so ehrlich waren und uns jede Frage beantworteten. Ich habe mir „Schriftsteller“ ganz anders vorgestellt, z. B., dass sie in einen Smoking gekleidet sind und dass sie ganz arrogant sind. Aber als Sie in 'ner Bücherei in einer Jeans ankamen, bekam man gleich einen ganz anderen Geschmack. Nun weiß ich, dass nicht jeder Schriftsteller so ist, sondern auch so sein kann wie Sie.

Mit freundlichen Grüßen
Dani B.

Lieber Herr Zitelmann! *Wannweil, den 3.3.97*
Mit diesem Brief möchte ich Ihnen für Ihre tolle Lesung danken. Es war wirklich super und wahnsinnig spannend. Ich habe noch nie jemanden so ergreifend erzählen gehört. Ich konnte es mir richtig vorstellen. Ihr Buch „Unter Gauklern“ ist wirklich Spitze. Es hat mir wahnsinnig gefallen, wie direkt es geschrieben war. Nur eines hat mich verwirrt: Warum war die wörtliche Rede mit Kommas und nicht mit Anführungsstrichen gekennzeichnet? Manchmal blickte ich erst im Nachhinein, worum es ging. Ich habe mir vorgenommen in nächster Zeit wieder ein Buch von Ihnen zu lesen.

Ihre Daniela Franck

P.S.: Es würde mich sehr freuen, wenn Sie die Zeit fänden meine Frage zu beantworten.

1 Verschafft euch Informationen über diesen Autor: Wer ist Herr Zitelmann? Was für Bücher schreibt er? Gibt es Bücher von ihm in eurer Bücherei?

2 a) Informiert euch im Veranstaltungskalender eurer Bücherei über den Autor, der demnächst dort lesen wird.
b) Leiht Bücher von ihm aus und macht euch ein Bild von ihm.
c) Überlegt Fragen, die ihr ihm stellen wollt.

Manchmal kann ein Schriftsteller auch von einer Klasse eingeladen werden.

3 a) Erkundigt euch in der Bibliothek, wie man an die Adressen von Autoren herankommen kann, und überlegt, wie man einen solchen Besuch vorbereitet.
b) Schreibt eine Einladung und begründet, warum ihr gerade an einer Lesung dieses Autors oder dieser Autorin in eurer Klasse interessiert seid.
c) Schaut nach, welche Bücher von dem Autor oder der Autorin in eurer Bibliothek vorhanden sind.
d) Verteilt die Bücher auf Lesegruppen, die die anderen über ihr Buch informieren.
e) Entwerft Fragen für ein Gespräch mit dem Autor oder der Autorin.

6 Allerlei Wörter

6.1 Wortarten unter die Lupe genommen

Wortarten entdecken

Dies ist Friederike Fuchs.
Friederike Fuchs hat sich ein großes Ziel gesetzt: Sie möchte alle Wörter der deutschen Sprache kennen, die großen und die kleinen, ihre Gattungen und Arten, will wissen, wo sie vorkommen und in welchen Formen, kurz: Friederike Fuchs ist eine Sprachforscherin. Tagaus, tagein untersucht sie unsere Sprache. Sie ordnet und sortiert Wörter. Sie beobachtet alles sehr gründlich, doch manchmal geht einiges bei ihr durcheinander. Sogar nachts, wenn sie eigentlich schlafen möchte, träumt sie von Wörtern, die sie als riesige Wörterschlange verfolgen…

1 a) Aus welchen Wörtern besteht die Schlange (S. 93)?
b) Erfindet eine Geschichte, in der alle Wörter vorkommen.

2 Legt in eurem Heft eine Tabelle an um die einzelnen Wörter der Schlange in eine sinnvolle Ordnung zu bringen.

3 Wonach habt ihr die Wörter sortiert?

Friederike Fuchs teilt die Wörter in **Wortarten** ein. Zu diesen Wortarten hat sie sich wichtige Informationen auf Zetteln notiert. Leider ist Friederike Fuchs sehr unordentlich und alle Zettel sind ihr durcheinander geraten.

4 Könnt ihr helfen die Zettel wieder zu ordnen?

5 Sortiert die Wörter aus der Wörterschlange nach diesen Wortarten.
Wenn ihr eure Tabelle schon nach Wortarten unterteilt habt, dann überprüft an Hand der Zettel, ob ihr alle Wörter richtig eingeordnet habt.

Oskar Pastior

ballade vom estaminen klimasch

wo die sonne scheint
wo der buxbam waxt
wö das feiglein murrt

und man gut baden kan
und man fein schupfen kan
unz man hübsch braten kan

man wu schüpfen kan
u kan beden kan
hü feiglan
das mank
schmaxt

6 a) Friederike Fuchs hat einen sehr merkwürdigen Text gefunden. Sie versteht die Bedeutung der einzelnen Wörter nicht richtig. Trotzdem versucht sie die Wörter bestimmten Wortarten zuzuordnen. Helft ihr dabei.

b) Könnt ihr erklären, wieso ihr einzelne Wortarten erkannt habt, auch ohne dass ihr die Bedeutung der Wörter kennt?

Das Nomen

Friederike Fuchs findet sich kaum noch zurecht, so viele Wortarten hat sie entdeckt! Um es sich einfacher zu machen beschäftigt sie sich zunächst mit den **Nomen** (Substantiven). Weil sie eine ziemlich verspielte Sprachforscherin ist, hat sie sich ein Puzzle ausgedacht:

1 a) In welcher Reihenfolge müsst ihr die Puzzle-Teile legen? Schreibt die richtige Anordnung der Nomen als Tabelle in euer Heft.

b) Könnt ihr erklären, warum Friederike Fuchs die Puzzle-Teile so angeordnet hat?

Es gibt noch ein zweites Puzzle, das aber leider unvollständig ist. Nur einige Teile hat Friederike Fuchs zusammengetragen.

2 a) Da ihr das erste Puzzle kennt, könnt ihr leicht herausfinden, welche Teile fehlen und in welcher Reihenfolge sie angeordnet werden müssen. Tragt das vollständige zweite Puzzle in euer Heft ein.
b) Schreibt die gleichnamigen Wörter aus dem ersten und dem zweiten Puzzle nebeneinander und vergleicht ihre Form. Welche Beobachtungen macht ihr?

Um sich einen Überblick zu verschaffen hat Friederike Fuchs begonnen ein Schaubild zu erstellen:

Genus (Geschlecht) / **Numerus** (Anzahl)	**Maskulinum** (männlich)	**Femininum** (weiblich)	**Neutrum** (sächlich)
Singular (Einzahl)	der Mann der Bus der …	die Frau die … …	das … …
Plural (Mehrzahl)	die Männer …	die Frauen …	

3 a) Könnt ihr die Ordnung, in die Friederike Fuchs die Nomen gebracht hat, erklären?
b) Schreibt das Schaubild in euer Heft. Ordnet dabei weitere Wörter aus dem Puzzle ein.

Friederike Fuchs ist bei ihren Überlegungen, wie sich die Nomen ordnen lassen, auf eine neue Idee gekommen:

4 a) Teilt die folgenden Wörter so ein, wie Friederike Fuchs es sich vorstellt:
Pferd, Stuhl, Ball, Idee, Auto, Frieden, Hass, Großmutter, Wut.
b) Überlegt euch weitere Nomen und ordnet sie in euer Schaubild ein.
c) Ergänzt euer Schaubild, indem ihr alle Nomen des folgenden Wörterbuchauszugs zuordnet.
d) Bildet zu allen Wörtern den Plural. Was fällt euch auf?

E

Ebbe die: niedrigster Wasserstand am Meer; *Ggs.* Flut
eben zu ebener Erde; **Ebene** die; **ebenerdig; ebnen**
eben mir kam eben (gerade jetzt) der Gedanke, so ist das eben!; das ist eben so!
Ebenbild das: genaues Abbild
ebenbürtig ein ebenbürtiger (gleichwertiger) Gegner
ebenda; ebendaher; ebendann; ebendarum; ebender; ebendieser; ebendort; ebenfalls; ebenjener
Ebenmaß das: Ausgewogenheit; **ebenmäßig** sie hat ebenmäßige Züge
ebenso genauso, in gleicher Weise; wir mögen es ebenso wie du; **ebenso gut** ich kann ebenso gut bleiben, ich kann das ebenso (im Vergleich mit dir genauso) gut wie du; **ebenso häufig; ebenso lang; ebenso oft; ebenso sehr; ebenso weit; ebenso wenig**
Eber der: männliches Schwein
Eberesche die: Laubbaum mit roten Beeren, Vogelbeere
Ecke die: er spähte um die Ecke, es fehlte an allen Ecken und Enden (überall); **Eckhaus** das; **eckig**
edel edler, am edelsten: „Edel sei der Mensch, hilfreich und gut" *(Johann Wolfgang von Goethe);* **Edelgas** das: Helium, Neon, Argon und andere Gase; **Edelmann** der, die Edelleute; **Edelmetall** das: Platin, Gold, Silber u. a.; **Edelmut** der; **edelmütig**
EDV *Abk. für* elektronische Datenverarbeitung
Efeu der: Kletterpflanze
Effekt der *lat.,* des Effekt(e)s, die Effekte: Folge, Auswirkung, Eindruck; **Effekten** die: Wertpapiere; **effektiv** wirkungsvoll, wirklich; **effektvoll; Effizienz** die: Leistungsfähigkeit, Wirksamkeit
egal *franz.*: ganz egal (gleich), was du denkst
Egel der, die Egel: Blut saugender Ringelwurm, Blutegel
Egge die: Ackergerät zum Lockern des Bodens

Weil Friederike Fuchs sich nun ausgiebig mit dem Nomen beschäftigt hat, ist ihr eine Besonderheit aufgefallen, die sie in folgendem Bild festgehalten hat:

5 Welches Problem hat Friederike Fuchs entdeckt?

Mira Lobe

Deutsch ist schwer

Deutsch ist schwer.
Das kann ich beweisen,
bitte sehr!
Herr Maus heißt zum Beispiel Mäuserich.
Herr Laus aber keineswegs Läuserich.
Herr Ziege heißt Bock,
aber Herr Fliege nicht Flock.
Frau Hahn heißt Henne,
aber Frau Schwan nicht Schwenne.
Frau Pferd heißt Stute,
Frau Truthahn Pute,
und vom Schwein die Frau
heißt Sau.
Und die Kleinen sind Ferkel.
Ob ich mir das merkel?
Und Herr Kuh ist gar ein doppeltes Tier,
heißt Ochs oder Stier,
und alle zusammen sind Rinder.
Aber die Kinder
sind Kälber!
Na, bitte sehr,
sagt doch selber:
Ist Deutsch nicht schwer?

6 Findet ihr den Titel des Gedichts berechtigt? Begründet eure Meinung.

Christian Morgenstern

Der Werwolf

Ein Werwolf eines Nachts entwich
von Weib und Kind und sich begab
an eines Dorfschulmeisters Grab
und bat ihn: „Bitte, beuge mich!“

Der Dorfschulmeister stieg hinauf
auf seines Blechschilds Messingknauf
und sprach zum Wolf, der seine Pfoten
geduldig kreuzte vor dem Toten:

„Der Werwolf“, sprach der gute Mann,
„des Weswolfs, Genitiv sodann,
dem Wemwolf, Dativ, wie mans nennt,
den Wenwolf, – damit hats ein End.“

Dem Werwolf schmeichelten die Fälle,
er rollte seine Augenbälle.
„Indessen“, bat er, „füge doch
zur Einzahl auch die Mehrzahl noch!“

Der Dorfschulmeister aber musste
gestehn, dass er von ihr nichts wusste.
Zwar Wölfe gäbs in großer Schar,
doch „Wer“ gäbs nur im Singular.

Der Wolf erhob sich tränenblind –
er hatte ja noch Weib und Kind!!
Doch da er kein Gelehrter eben,
so schied er dankend und ergeben.

7 Wie versteht der Dorfschulmeister die Aufforderung: „Bitte, beuge mich!“?

Bei der Untersuchung des Gedichts hat Friederike Fuchs ein Frage-und-Antwort-Spiel entwickelt:

Immer derselbe – und doch ein anderer Fall

Wer entwich des Nachts von Weib und Kind? ______ entwich des Nachts von Weib und Kind. –
Wessen Familie blieb des Nachts allein zu Hause zurück?
Die Familie ______ blieb des Nachts allein zu Hause zurück. –
______ erklärte der Dorfschulmeister die Fälle? ______ erklärte der Dorfschulmeister die Fälle. –
______ konnte der Dorfschulmeister trotz großer Gelehrsamkeit nicht trösten? ______ konnte der Dorfschulmeister trotz großer Gelehrsamkeit nicht trösten.

8 Schreibt den Text ab und füllt dabei die Lücken.

Friederike Fuchs ist zwar selbst manchmal ziemlich durcheinander, aber sie liebt die Ordnung in der Sprache. Sie hat deshalb folgende Tabelle angelegt:

Kasus (Fall)	**Kasus-Frage**	**Maskulinum** (männlich)	**Femininum** (weiblich)	**Neutrum** (sächlich)
1. Fall **Nominativ**	„Wer …?“ oder „Was …?“	der Mann	…	
2. Fall **Genitiv**	„Wessen …?“	…	…	
3. Fall **Dativ**	„Wem …?“	…		
4. Fall **Akkusativ**	„Wen …?“ oder „Was …?“			

9 a) Schreibt die Tabelle in euer Heft. Tragt dann die folgenden **deklinierten** (gebeugten) Formen in die Tabelle ein: *dem Mann, der Frau, des Kindes, dem Kind, den Mann, die Frau, das Kind, des Mannes.* Achtung: Einige Formen kommen doppelt vor!
b) Mit Hilfe der Fragen kann man den Kasus leichter bestimmen. Bildet zu jedem Beispiel einen Satz und probiert die Kasus-Frage aus.

Tage- und nächtelang hat Friederike Fuchs sich mit den Nomen beschäftigt. Zu guter Letzt erstellt sie das folgende Schaubild. Auf einen Blick kann man die Eigenschaften des Nomens erkennen:

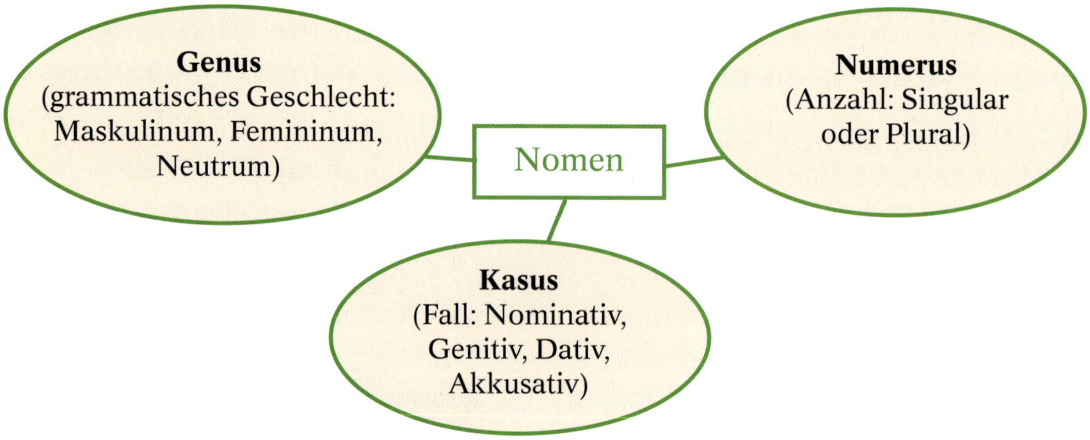

10 Sucht aus einem Text in diesem Buch die ersten zwölf Nomen heraus und bestimmt bei allen Genus, Numerus und Kasus.

Der Artikel

Selbst gemacht

Timon und Leila haben ▢ Bastelanleitung für ▢ Marionette gefunden. ▢ abgebildete Marionette gefällt ihnen so gut, dass sie sie nachbauen möchten. Es soll ▢ Vogelmarionette werden. ▢ Bastelanleitung beschreibt genau, welche Materialien und Teile man zum Basteln ▢ Vogelmarionette benötigt. Sie besteht aus ▢ Kopf, ▢ Körper und ▢ Füßen. ▢ Kopf, ▢ Körper und ▢ Füße werden an ▢ Fadenkreuz bewegt. Zur Herstellung ▢ Spielfigur benötigen Timon und Leila ▢ 3 mm dicke Sperrholzplatte, ▢ Laubsäge, ▢ Kordel, ▢ Holzleiste (ca. 32 cm lang), ▢ Rolle Zwirnsfaden und ▢ Tube Alleskleber. Auf ▢ Sperrholzplatte werden Kopf und Körper aufgezeichnet und anschließend mit ▢ Laubsäge ausgesägt. Entsprechend ▢ Markierungen auf ▢ Bastelplan erhalten Kopf und Körper Löcher für die Aufhängung ▢ Fadenkreuzes. Nachdem Kopf und Körper bemalt worden sind,

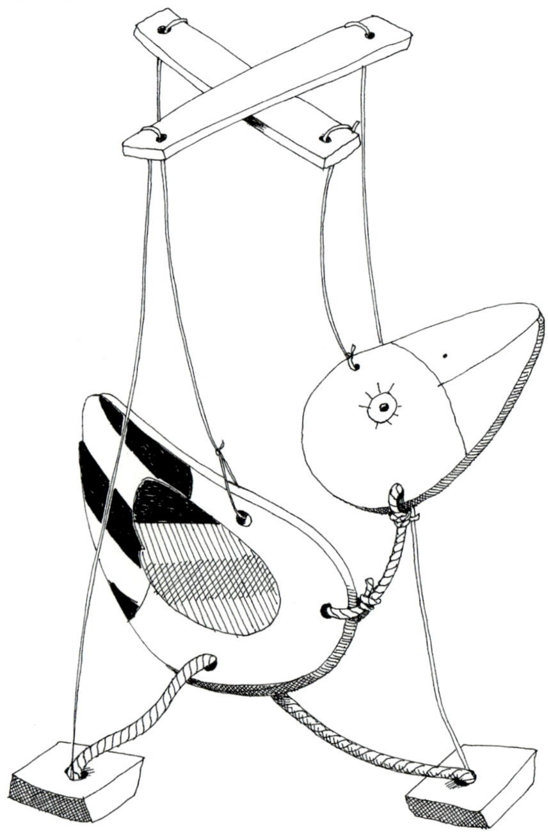

werden ■ beiden Teile mit ■ Stück Kordel zusammengeknotet. Durch ■ Bauchloch ■ Vogels wird ■ restliche Kordelstück (24 cm) geführt. An ■ Kordelenden wird jeweils ■ quadratisches Holzstückchen (4 x 4 cm) für ■ Füße geklebt. ■ Spielkreuz erhält man, indem man ■ lange Holzleiste halbiert und ■ beiden Holzleisten kreuzweise übereinander klebt. ■ Enden ■ Holzleisten besitzen jeweils ■ Bohrung. ■ Bohrungen dienen als Aufhängung für ■ Zwirnsfäden. Spielkreuz und Vogel werden nun mit ■ Fäden verbunden und fertig!

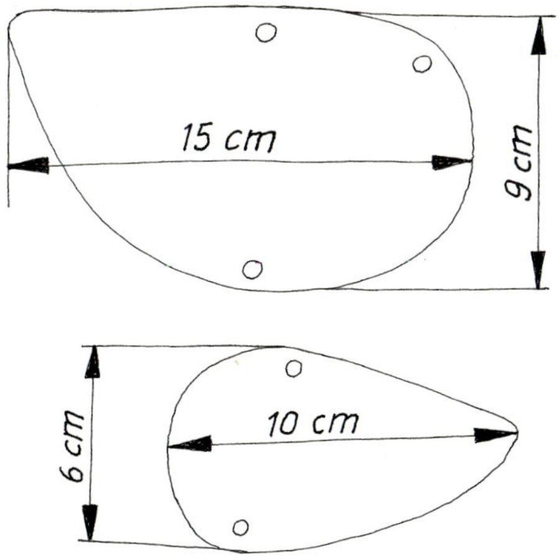

1 Füllt die Lücken im Text.

2 Ihr habt teilweise den **bestimmten Artikel** *(der, die, das)* eingesetzt, teilweise den **unbestimmten Artikel** *(ein, eine)*. Könnt ihr eine Regel aufstellen, wann der bestimmte und wann der unbestimmte Artikel verwendet wird?

3 Ihr könnt die Marionette selbst einmal bauen. Wenn ihr statt Sperrholz dicke Pappe benutzt, ist es einfacher, die Marionette aber nicht so haltbar.

Adjektive

In der Straßenbahn

Claus macht sich wie jeden Morgen ■ auf den Weg zur Schule. Natürlich ist es schon spät. Die ■ Straßenbahn zuckelt ■ durch die Straßen der Stadt. An jeder Ecke hält sie und die Menschen steigen ■ ein und aus. Claus guckt ■ durch die ■ Scheiben der Straßenbahn und träumt. Regenschauer prasseln auf das ■ Dach, als ob eine ■ Elefantenherde mit ■ Getöse darüber marschieren würde. Durch das Fenster kann man noch so gerade ■ Wolken erkennen, die aussehen wie ■ Wolkenelefanten. Endlich! Die Bahn quietscht und bremst. Claus wacht auf und steigt aus. Die Schule ist gleich um die Ecke. Und wie er so durch den Regen schlendert, bemerkt er …

1 a) Wenn ihr den Text abschreibt, könnt ihr die Adjektive aus der Wolke an passenden Stellen einfügen.
b) Wie wirkt der Text jetzt auf euch?
c) Schreibe die Geschichte zu Ende. Achte auf die Verwendung geeigneter Adjektive.

Die drei Schwestern Anna, Melanie und Maria machen nichts lieber, als sich miteinander zu vergleichen. Melanie sagt: „Ich bin älter als Anna, aber jünger als Maria."

Anna	Melanie	Maria
4 Jahre	10 Jahre	13 Jahre
108 cm	146 cm	155 cm
18 kg	45 kg	45 kg

2 Sucht weitere Vergleiche, die die drei anstellen könnten.

3 Welche Wortart spielt bei Vergleichen eine besondere Rolle?

4 Schaut euch die folgenden Fotos an und bildet Vergleiche.

Adjektive (Eigenschaftswörter) werden bei Vergleichen gesteigert:
Man bildet zur Grundform (**Positiv**) den **Komparativ** und den **Superlativ**: z. B. *groß – größer – am größten*.

5 Überlegt euch weitere Adjektive und steigert sie. Findet ihr welche, bei denen der Komparativ und der Superlativ anders gebildet werden als üblich?

Pronomen

Michael geht jetzt schon über einen Monat in seine neue Schule. Der erste Klassenausflug in den Zoo hat ihm sehr gut gefallen. Weniger Freude bereitet ihm der Aufsatz, den er nun über den Ausflug schreiben soll. Michael will Zeit sparen und hat sich vorgenommen sich möglichst kurz auszudrücken.

Unser erster Klassenausflug

Wir trafen uns schon frühmorgens am Eingang. Er machte um neun Uhr auf. Ich war sehr gespannt, was er mit uns vorhatte. „Habt ihr alle einen Kugelschreiber mitgebracht? Teilt euch in Gruppen auf. Wir machen heute eine Zoo-Rallye. Sie ist ganz schön knifflig, aber ich traue euch das zu. Selbst du musst nachdenken“, fügte er grinsend hinzu, aber er blickte nur ärgerlich an ihm vorbei. Dann ging es los. Vor uns rannten sie schon um die Wette. Die erste Aufgabe lautete: „Welches große Raubtier aus Südamerika braucht zum Lesen eine Brille?“ Ich kannte es, deshalb liefen wir zum Kängurugehege. Er las laut vor: „Wie groß ist ein Känguru gleich nach der Geburt?“ Sie wusste es. Als wir die Frage beantworten sollten: „Was ist das größte Säugetier Amerikas?“, kam mir die zündende Idee. Wir teilten sie unter uns auf. Sie rannten immer noch durch den Zoo, als wir sie schon alle gelöst hatten.

1 Könnt ihr die Fragen der Zoo-Rallye beantworten? Wenn ihr im Zweifel seid, fragt eure Biologielehrerin/euren Biologielehrer oder schlagt in einem Lexikon nach.

2 An welchen Stellen hat sich Michael so verkürzt ausgedrückt, dass ihr überlegen müsst, wen oder was er gemeint hat?

Michael hat für zahlreiche Nomen und Wortgruppen mit Nomen **Pronomen** (Stellvertreter) eingesetzt.
Dabei hat er **Personalpronomen** verwendet (z. B. *wir, uns, …*).

3 Legt in eurem Heft eine Liste nach folgendem Muster an:

Nomen	Personalpronomen
der Zoo	er
unser Lehrer	er
…	…

4 Schreibt den Text nun noch einmal neu und verbessert alle Stellen, an denen Michael ein Personalpronomen missverständlich verwendet hat.

Wenn Pronomen missverständlich gebraucht werden, können die Formulierungen auch äußerst lustig sein. Michaels Lehrer hat einige solcher Stilblüten aus allen Aufsätzen der Klasse gesammelt und liest sie seinen Schülerinnen und Schülern vor:

> *Einige Besucher betrachteten die Affen. Sie kratzten sich in den Ohren …*
> *Ein kleines Mädchen betrachtete ein Lama. Plötzlich bespuckte es einen älteren Herrn…*
> *Viele Zoobesucher freuten sich über die Wildschweine; sie wühlten im Schlamm …*

5 a) Verändert die Sätze so, dass sie eindeutig werden.
b) Erfindet weitere Stilblüten dieser Art.

Michaels Freund Peter hat in seinem Aufsatz besonders ausführlich über das Affenhaus erzählt:

> *Am besten hat mir das Affenhaus gefallen. Die Affen schaukelten mit Reifen. Ein Wärter gab den Affen Bananen und Apfelstücke zu fressen, die den Affen sehr gut schmeckten. Wenn ich ganz nah an die Scheibe trat, fletschte ein Affe immer die Zähne. Das Spielzeug des Affen war ein Kletterseil, an dem sich der Affe mit unglaublicher Geschwindigkeit emporhangelte.*

6 a) Peters Aufsatz klingt ziemlich hölzern. Woran liegt das?
b) Schreibt den Text flüssiger, indem ihr dort, wo es sinnvoll ist, Personalpronomen einsetzt.

Glück gehabt!

(1) Am Ende der Zoo-Rallye fuhr Annika der Schreck in die Glieder.
(2) „Mein Portmonee ist weg!“
(3) „Wo könntest du dein Portmonee denn gelassen haben?“, erkundigte sich Lehrer Fröhlich.
(4) „Guckt alle mal in euren Taschen, ob ihr ihre Geldbörse – ich meine natürlich Annikas Geldbörse – aus Versehen eingesteckt habt.“
(5) Fritz krempelte sofort ___ Hosentaschen um, Andrea und Claudia suchten in ___ Rucksäcken, aber vergeblich!
(6) „___ Ausflug darf nicht mit einem solchen Missklang enden!“
(7) „Ich glaube, ich weiß, wo Annika ___ Portmonee liegen gelassen hat, am Eisbüdchen!“, rief Tom.
(8) Sofort stürzte Annika los.
(9) Schon kurze Zeit später war sie zurück.
(10) Glückstrahlend schwenkte sie ___ Portmonee durch die Luft.

7 In diesem Text lernt ihr ein weiteres Pronomen kennen, das **Possessivpronomen.** Lehrer Fröhlich hilft euch eine wesentliche Bedeutung des Possessivpronomens zu erkennen. Lest dazu noch einmal genau Satz 4.

8 a) Schreibt aus den ersten vier Sätzen alle Possessivpronomen heraus.
b) Schreibt die fehlenden Possessivpronomen der Sätze 5–10 in euer Heft und lest den Text dann mit euren Ergänzungen vor.

9 a) Welche Bedeutung hat das Possessivpronomen in den folgenden Ausdrücken: *Unser Ausflug, meine Schule, euer Lehrer …* ?
b) Findet weitere Beispiele.

10 Schreibt den folgenden Text ab und füllt dabei die Lücken sinnvoll mit den Pronomen, die ihr kennen gelernt habt, aus. Setzt in Klammern dahinter die Abkürzungen für das jeweilige Pronomen:
Personalpronomen = PP
Possessivpronomen = PoP

Karla berichtet am Abend *ihrem (PoP)* Vater ausführlich über ___ (?) Erlebnisse auf dem Ausflug. „Das war wirklich toll! ___ (?) Lehrer hat ___ (?) eine Stunde frei gegeben. Da konnten ___ (?) allein durch den Zoo gehen. Das neugeborene Nashorn fand ___ (?) ganz besonders süß. Das war noch ganz tollpatschig. ___ (?) Mutter hat ___ (?) vorsichtig mit ___ (?) Maul beschnuppert. Papi, ___ (?) hättest das Nashornbaby sehen müssen! – Ich habe dann mit ___ (?) Freundin Ute noch eine Fahrt mit der Zoobahn unternommen. Das war aber ziemlich langweilig!“

11 Wenn ihr Lust habt, könnt auch ihr für einen Zoobesuch mit eurer Klasse eine Zoo-Rallye vorbereiten. Dabei müssen die Fragen nicht immer ganz ernst gemeint sein, z. B.:
- Welches Tier ist aus zwei verschiedenen Tierarten zusammengesetzt?
- Wo werden alle Flusspferde geboren?
- Welcher Affe ist stets ordentlich gekleidet?

Präpositionen

Hier seht ihr Xaver. Xaver führt verschiedene Turnübungen vor.

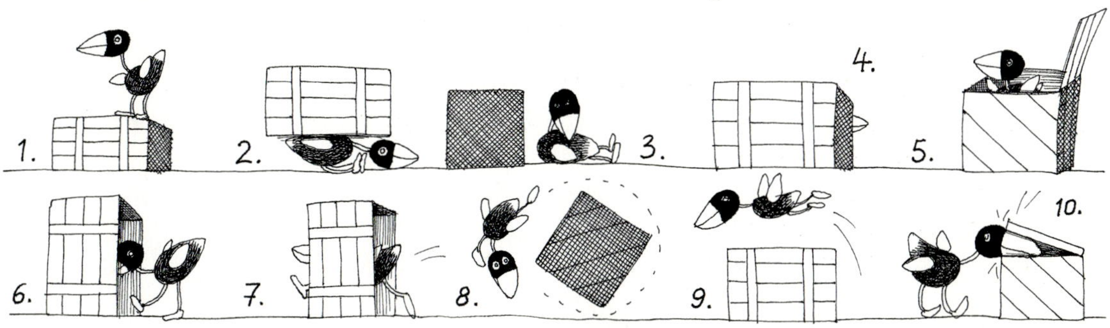

1 Könnt ihr beschreiben, wo sich Xaver bei den Turnübungen befindet? Bildet entsprechende Sätze.

Wörter wie „in“, „auf“, „nach“, „vor“ nennt man **Präpositionen.**
Sie kennzeichnen Beziehungen oder Verhältnisse.

2 a) Markiert die Präpositionen in euren Sätzen zu den Bildern.
b) Schreibt eine Geschichte mit Xaver, in der jede von euch gefundene Präposition mindestens einmal vorkommt.

In euren Sätzen zu Xavers Turnübungen bezeichnen die Präpositionen **räumliche** Verhältnisse. Einige dieser Präpositionen können aber auch **zeitliche** Beziehungen ausdrücken, z. B.: „*vor* der Kiste“ (räumlich) – „*vor* drei Stunden“ (zeitlich).

3 a) Findet weitere Präpositionen mit zeitlicher Bedeutung.
b) Bildet Sätze damit.

Verben

Tante Thea

Konditorin Thea Türwächter besucht wieder einmal die Familie ihres Bruders Hans, dessen sieben Kinder sie alle fest ins Herz geschlossen hat. Natürlich kommt sie nicht mit leeren Händen, sondern wie immer mit fünf großen Sahnetorten vom Vortag. Freudig steht sie in der Haustüre und ruft, als sei es ihr allerneuester Einfall: „Heute essen wir alle zusammen einmal Sahnetorte! Na, ist das keine prima Idee?“ – Der vorlaute Fred zischt zugleich seiner kleinen Schwester laut und vernehmlich zu: „Sie isst immer nur Torte! Ich esse heute jedenfalls keine Torte, damit das klar ist!“
„Du isst Torte“, raunt ihm seine Mutter unmissverständlich zu. Und dann sagt sie zur Tante: „Sie essen deine fantastischen Torten wirklich immer sehr gerne, Thea! Man weiß schon gar nicht mehr, was man ihnen sonst noch bieten kann.“
Sichtlich geschmeichelt verkündet Tante Thea: „Ja, wenn das so ist und ihr meine Torten wirklich so gerne esst, habe ich sicher zu wenig für alle mitgebracht!“

1 Von welcher Tätigkeit ist am häufigsten die Rede? Schreibt alle Sätze, in denen es um die „Lieblingstätigkeit“ der Familie geht, heraus und unterstreicht die Verben.

2 Anstelle von „essen“ könnt ihr auch andere Verben im Text verwenden. Mit welchen der nachfolgenden Verben würde der Text besonders lustig klingen?

verspeisen spachteln kosten mampfen
lutschen knabbern schlecken kauen
löffeln genießen futtern

3 Fügt das Verb „hinunterwürgen“ in den Text ein. Beschreibt, was passiert.

4 a) Erfindet eine Geschichte zu Tante Thea, in der folgende Verben vorkommen:
einkaufen entlanggehen ausrutschen hinfallen auslaufen.
Eure Geschichte könnte zum Beispiel so beginnen:
Heute kauft Tante Thea neue Zutaten für ihre Konditorei ein. Sie ist gerade im Konditoreigroßhandel und ...
b) Umrahmt die Verben in euren Sätzen. Was beobachtet ihr?

Friederike Fuchs beschäftigt sich natürlich auch mit den Verben. Es interessiert sie besonders, wie die Grundform **(Infinitiv)** sich beim Beugen der Verben **(Konjugieren)** verändert. Sie hat einiges beobachtet und anschließend folgendes Schaubild gezeichnet:

Konjugation (Beugung des Verbs)

Singular		**Plural**	
ich ▇	essen	wir ▇	**1. Person**
du ▇	mampfen	ihr ▇	**2. Person**
er/sie/es ▇	kauen	sie ▇	**3. Person**

5 a) Setzt die Verben im Kreis in die Lücken ein. Ihr erhaltet dabei die **Personalformen** der Verben.
b) Beschreibt genau, was sich jeweils verändert.
c) Konjugiert die folgenden Verben:
reden sprechen hören sehen laufen wandern schlafen
Welche Gemeinsamkeiten und welche Unterschiede stellt ihr fest?

6 a) Was könnte die Lehrerin in den Bildern sagen? Formuliert mehrere Möglichkeiten.
b) Was müsste die Lehrerin sagen, wenn sie direkte Befehle erteilen wollte?

7 a) Überlegt euch Situationen, in denen Befehle erteilt werden.
b) Formuliert die Befehle einmal im Singular (Einzahl) und einmal im Plural (Mehrzahl).

Die Befehlsform des Verbs nennt man **Imperativ.**

8 Versucht eine Regel aufzustellen, wie aus dem Infinitiv (Grundform) des Verbs der Imperativ (Befehlsform) gebildet wird.

Tempus des Verbs

Friederike Fuchs erforscht nicht nur gern unsere Sprache, sondern bastelt auch an allen möglichen Erfindungen. Heute ist Nina zu Besuch, ein Mädchen aus der Nachbarschaft. Nina liebt Besuche bei Friederike Fuchs, denn dort ist es immer ziemlich unordentlich und oft gibt es spannende Neuigkeiten. Dieses Mal hat Friederike Fuchs eine Zeitmaschine entwickelt, mit der sie Nina in das Jahr 2500 versetzen will. Sie erklärt Nina alles ganz genau, denn die ist schrecklich aufgeregt:

„Zuerst einmal setze ich den Zeitcomputer mit dem Zeitprozessor in Gang, den du in diesem Raum siehst. Ich boote jetzt den Zeitprozessor hoch, lade das Zeitmaschinenprogramm *Door 2500* und gebe den Zeitkode ein, der das Programm abfragt. Siehst du, Nina, auf dem Bildschirm erscheint die Meldung *Zeitsprung wird berechnet. Bitte warten!* Das geht ja schnell. Da flackert schon die Leuchtschrift auf: *Zeitschleuse ready.* Nina, du gehst jetzt einfach durch die schmale Tür zur Lichtschleuse. Keine Angst, Nina! Wer wagt, gewinnt!“

1 a) Friederike Fuchs spricht über ein Geschehen, das genau in dem Augenblick stattfindet, in dem sie sich mit Nina unterhält. In welcher **Tempusform** (Zeitstufe) stehen die Verben?
b) Wenn ihr euch den letzten Satz genauer anschaut, könnt ihr erklären, wann man sonst noch das Präsens verwendet.

Als Nina die Lichtschleuse betritt, empfängt sie eine gleißende Helligkeit. Alle möglichen Gedanken schießen ihr durch den Kopf. „Was kommt auf mich zu? Ich werde mich bestimmt nicht zurechtfinden. Hoffentlich finde ich auch später den Weg in die Gegenwart zu meinen Freundinnen und Freunden zurück!“

2 a) Auf welchen Zeitpunkt beziehen sich Ninas Fragen und Gedanken?
b) Untersucht die Verbformen. Offensichtlich gibt es verschiedene Möglichkeiten, mit denen man ausdrücken kann, dass sich etwas ereignen wird.

3 Formuliert eine Regel zur Bedeutung der Tempusformen:
Präsens („ich gehe") drückt …, … und … aus.
Futur („ich werde gehen") drückt … aus.

Nina durchschreitet tapfer die Lichtschleuse, öffnet am Ende eine Tür und stutzt. Sie befindet sich in einem Raum, der genauso aussieht wie der, den sie gerade verlassen hat. Nur Friederike Fuchs ist verschwunden. Ist etwas schief gegangen? Nina entdeckt eine weitere Tür, öffnet sie ebenfalls und tritt staunend hinaus in eine fremde Welt …

Nach einigen Wochen – inzwischen ist Nina wieder wohlbehalten aus der Zukunft zurückgekehrt – erzählt sie ihren Freundinnen und Freunden von ihren unglaublichen Erlebnissen: „Ihr müsst mir glauben, ich bin noch jetzt in Gedanken nicht richtig wieder bei euch eingetroffen. Zuerst habe ich vor Aufregung alles verschwommen gesehen. Doch dann habe ich mir ein Herz gefasst und mich genau umgeschaut …"

4 Für Nina ist das, was sie erlebt hat, Vergangenheit. Um darzustellen, dass die Ereignisse vorbei sind, benutzt sie eine Zeitform, die unterschiedlich gebildet werden kann:

„Ich *bin* … *eingetroffen.*"
„Ich *habe* … *gesehen.*"

Schreibt Ninas Erzählung weiter. Bedenkt dabei, dass beim mündlichen Erzählen vorwiegend solche Formen des **Perfekts** verwendet werden.

An Ninas Schule ist die Aufregung groß. Jeder bestürmt sie mit tausend Fragen. Nina wird die Fragerei allmählich lästig. Sie schreibt deshalb einfach einen Bericht über ihre Zeitreise in der Schülerzeitung.

2500 und zurück
Mit der Zeitmaschine von Friederike Fuchs flog ich ins Jahr 2500. Zuerst sah ich alles vor Aufregung ganz verschwommen. Dann fasste ich mir ein Herz und schaute mich genauer um …

5 a) Schreibt den Artikel zu Ende. Achtet dabei auf das Tempus, das Nina verwendet.
b) Nina benutzt in ihrem Artikel ein anderes Tempus, das **Präteritum**, um ihre Erlebnisse der Vergangenheit zu schildern. Wenn ihr den schriftlichen Bericht und die mündlichen Erzählungen vergleicht, werdet ihr feststellen, dass Nina unterschiedliche Wirkungen erzielt.
c) Schreibt alle Formen des Präteritums aus eurem Artikel heraus und versucht sie in zwei Spalten anzuordnen. Könnt ihr jetzt erklären, auf welche Weise das Präteritum gebildet wird?

6.2 Salima und der Deutschunterricht

Salima ist ein türkisches Mädchen, das in die fünfte Klasse einer deutschen Schule geht. Weil Salima in Deutschland geboren wurde, eine deutsche Mutter und viele deutsche Freundinnen hat, spricht sie ausgezeichnet Deutsch. Herr Lehmann, ihr Deutschlehrer, ist sehr stolz auf seine Schülerin.

Doch viele türkische Kinder haben große Schwierigkeiten mit der deutschen Sprache. Onur und Gökhan zum Beispiel werden immer wieder von allen ausgelacht, nur weil sie etwas falsch ausdrücken. Dies ärgert Herrn Lehmann. Und auch Salima platzt jedes Mal der Kragen, wenn die anderen in der Klasse über die Fehler von Onur und Gökhan lachen. „Ihr wisst doch gar nicht, wie schwer es ist, Deutsch zu lernen, wenn man eigentlich Türkisch spricht!“, empört sie sich.

Herr Lehmann sieht das ganz ähnlich: „Salima, bring doch einfach mal eine türkische Geschichte mit in die Schule. Vielleicht wird den anderen dann deutlich, wo die Probleme für türkische Kinder liegen.“

Herr Lehmann gibt nun in einer der nächsten Stunden seiner Klasse sowohl die türkische Geschichte als auch eine wörtliche deutsche Übersetzung. Die Geschichte handelt von Nasreddin, einem türkischen Hodscha (was so viel heißt wie „Gelehrter“); er gilt als der Till Eulenspiegel des Orients.

In der Übersetzung kommen Fehler vor, die häufig bei türkischen Schülerinnen und Schülern auftreten.

Çarşıya giden Nasreddin hoca

Birgün hoca çarşıya gitmeye karar verir. Karşısina kısa bir süre sonra bir papağan satıcısı çıkor. Hoca fiyatını öğrenmeye teşebbüs etmeye yeltenirken, satıcı kendisine papağanın 5 milyon TL değerinde olduğunu söyler.

Buna karşın hoca kuşun neden bu kadar pahalı olduğunu sorar ve „Benim kuşum çok özeldir çünkü konuşmasını bilir,“ diye cevap alır. Hoca biraz düşünür re oradan ayrılır. Ertesi gün bir hindi ile papağan saticısına gider ve hindisinin 10 milyon TL değerinde olduğunu öğrenir. „Nasıl olurda, senin hindin benim papağanım'dan daha poholı oluyor,“ diye sorar hoca.

„Senin papağanım konuşabilir, benim hindim ise kanuşmadan önce düşünür,“ diye cevap verir.

Nach basar ausgeht Nasreddin hodscha

Ein tag Nasreddin hodscha nach basar zu gehen sich entschließt. Kurz ein zeitraum später ihm papageiverkäufer begegnet. Hodscha wahr preis von papagei zu erfahren bemühung anstellt. Verkäufer ihm preis von 5 millionen türkisch Lira nennt. Deshalb Nasreddin hodscha nach grund für so teuer vogel sich erkundigt. „Mein vogel sehr besonders vogel ist, weil er gespräch führen kann", er antwort erhält. Nasreddin hodscha etwas nachdenkt. Von dort er weggeht. Nächste tag er mit truthahn zu papageiverkäufer geht. Truthahn wert von 10 millionen türkisch Lira hat. „Wie möglich dein truthahn mehr teuer als mein papagei ist?", er hodscha fragt. – „Dein papagei sich unterhält, mein truthahn, wenn über sache unterhält, vorher überlegt", papageiverkäufer antwort erhält.

1 Schreibt die Geschichte in einer für Deutsche gut verständlichen Fassung in euer Heft.

2 Vergleicht die Übersetzung mit eurer Fassung. Achtet dabei auf
- die Stellung der Verben,
- die Endungen der Adjektive,
- die Artikel.

3 In welcher Tempusform steht die Übersetzung? – Welche Zeitform benutzt man im Deutschen meist für Erzählungen?

4 Wenn jemand in eurer Klasse die türkische Sprache beherrscht, kann er oder sie die Geschichte einmal vorlesen.

6.3 Wörter in Geschichten

Max Kruse

Professor Tibatong, Wutz und Tim

Vor einigen Jahren bewohnte Professor Habakuk Tibatong ein Häuschen in der Universitätsstadt Winkelberg. Dort hielt man ihn für einen Sonderling, mit dem niemand gern zu tun hatte. Es hat nun einmal nicht jedermann Spaß daran, in der Wohnung einem grunzenden Schwein zu begegnen. Und das konnte einem bei Professor Habakuk Tibatong geschehen. Wutz war, wie viele Schweine, ausnehmend klug. Sie war eine Dame, deswegen muss auch von „ihr"

und nicht von „ihm“ gesprochen werden, obwohl es „das“ Schwein heißt.
Sie war eigentlich schuld daran, dass der Professor sich überlegte, ob man den Tieren nicht das Sprechen beibringen könnte. Denn Wutz sah ihn oft scharfsinniger an als mancher Student in der Universität.
Außer Wutz wohnte bei Professor Tibatong nur noch ein Waisenknabe, der eines Tages in seiner Tür stand. Und der Professor brachte es nicht übers Herz, ihn wegzuschicken. Er hieß mit Vornamen Tim, mehr wusste man nicht. Damit er aber auch einen Nachnamen bekam wie jeder anständige Mensch, nannte Tibatong ihn Tim Tintenklecks. Warum, braucht wohl nicht erklärt zu werden.
Tim Tintenklecks war zwar nicht gerade fleißig, aber er war ein lieber Kerl und das war Professor Tibatong das Wichtigste. Auch Wutz mochte ihn sehr gern. Und Tim störte es nicht, mit ihr in einem Haus zu wohnen.
Während der Nacht war sie allerdings nur im Winter drinnen; im Sommer zog sie in den Garten, denn sie liebte es, in die Sterne zu blicken und die Bäume rauschen zu hören.
Tim Tintenklecks hatte ihr aus einer geräumigen alten Regentonne, die seit Jahren unbenutzt an der Hausecke stand, ein transportables Schlafzimmer gemacht, eine Schweinehütte – oder eine Schlummertonne, wie man will. Sie war wirklich wunderschön! Die Matratze, die ihr der Professor

in der Babyabteilung des Kaufhauses besorgt hatte, war aus feinstem Drillich. Vor der Öffnung hing ein blaugrundiger, mit roten Rosen bedruckter Vorhang und außerdem konnte Wutz die Tür schließen. Der runde Deckel, der mit einem Scharnier seitlich angeschraubt war, lag so fest an, dass selbst bei Wolkenbruch und Hagel kein Tropfen in die Tonne kam. Dann dröhnte es innen ganz gewaltig, wie im Bauch einer Urwaldtrommel.
Dieses Fass stand natürlich nicht aufrecht, es lag – und damit es nicht herumkollerte, wenn Wutz sich von der rechten auf die linke Speckseite wälzte, waren seitlich Keile untergelegt. Und noch etwas: Oben hatte Tim Tintenklecks einen eisernen Handgriff angebracht, was einerseits recht praktisch war, denn es erleichterte das Tragen; aber andererseits ließ sich die Tonne nun nicht mehr so gut rollen …

Nomen lassen sich vertreten

1 In den Augen der Leute von Winkelberg ist Professor Tibatong ein Sonderling. Haben die Nachbarn Recht?

2 a) Wieso ist es wichtig zu wissen, dass Wutz eine Dame ist?
b) Probiert aus: Lest den Text laut in der Klasse vor und setzt statt des Nomens „Wutz“ das entsprechende Personalpronomen und statt der Pronomen ein passendes Nomen ein, z. B. *Wutz, das Schwein, die Dame usw.*

3 Untersucht, welche Nomen des Textes ihr durch Pronomen ersetzen könnt, ohne dass der Text unverständlich wird.

4 Erfindet ein Gespräch zwischen den Bewohnern Winkelbergs über Professor Tibatong, Wutz und Tim Tintenklecks. Achtet darauf, wo ihr statt der Nomen Pronomen verwenden könnt.

5 a) Stellt euch vor, ihr solltet Wutz' Schlummertonne malen. Fertigt dazu eine Liste derjenigen Dinge an, die sich bereits in der Schlummertonne befinden.
b) Sicherlich habt ihr weitere Einfälle, womit man die Schlummertonne noch gemütlicher machen könnte. Ergänzt eure Liste.
c) Welche Artikel habt ihr in eurer Liste als Begleiter der Nomen verwendet?

Präpositionen schaffen Beziehungen

Tim Tintenklecks ist offensichtlich kein besonders ordentlicher Junge. Kein Wunder, dass sein Zimmer so unaufgeräumt ist.

1 a) Beschreibt, wo Tim seine Sachen „aufbewahrt“.
b) Welche Präpositionen habt ihr bei eurer Beschreibung verwendet?

2 Wohin würdet ihr die Sachen tun, wenn ihr Tims Zimmer aufräumen wolltet? (Eure Antworten müssen nicht ernst gemeint sein!) Schreibt in euer Heft:

> *Der Teppich kommt auf den Boden.*
> *Die Bücher kommen ...*
> *...*

3 Setzt andere Verben ein, zum Beispiel: *liegen, stehen, sich befinden ...*
Was fällt euch auf?

Was Verben alles leisten

Wutz möchte, dass Tim sein Zimmer gründlich reinigt. Da ihr Grunzen schwer verständlich ist, muss sie sich behelfen: Sie stellt einen Besen, einen Handfeger mit Kehrblech, einen Staubsauger, einen Eimer mit Putzlappen und vieles mehr mitten ins Zimmer.

1 a) Schreibt auf, was Tim tun soll.
b) Findet weitere Verben, die ausdrücken, wie Tim sein Zimmer in Ordnung bringen kann.

Ihr habt erfahren, dass Tim als Waisenjunge aufgewachsen ist. Wenn er abends allein in seinem Zimmer sitzt, schreibt er Geschichten aus seinem früheren Leben auf. Er möchte Professor Tibatong damit zum Geburtstag überraschen:

„Früher lebte ich in einem kleinen Dorf am Meer bei einem Fischer. Er war der Bruder meines Vaters, der schon sehr früh gestorben ist. Das Häuschen, in dem wir wohnten, stand auf einer hohen Klippe und vom Fenster meines winzigen Zimmerchens blickte ich auf die weite See. Es roch bei uns nach Fisch und Tabakqualm, denn mein Stiefvater paffte den ganzen Tag. Ich habe noch heute diesen Geruch nicht vergessen. Manchmal nahm mich mein Stiefvater zum Fischen mit. Ich hielt dann in der Hand die kleine Angel, die ich euch mitgebracht habe. Einmal passierte etwas Aufregendes …“

2 a) Schreibt alle Verben heraus und ordnet sie dem Tempus **Präteritum** oder dem Tempus **Perfekt** zu.
b) Schreibt die Erzählung weiter und prüft, wann ihr das Präteritum oder das Perfekt verwendet.
c) Stellt euch vor, Tim erzählt Wutz die Geschichte. Welche Tempusform benutzt er beim mündlichen Erzählen?

Die Leute in der Stadt sorgen sich um Tim Tintenklecks und wollen ihn in eine „anständige Familie“ als Pflegekind geben. Tim, dem Professor und Wutz gefällt das gar nicht! Sie beschließen auf eine einsame Insel zu fliehen. Das Leben auf ihrer Insel malen sie sich schon in ihren Träumen und Vorstellungen aus.

3 a) Schreibt auf, was Tim, der Professor und Wutz auf ihrer Trauminsel unternehmen werden.
b) Erfindet weitere Abenteuer, die unsere drei Ausreißer bald erleben werden.
c) Unterstreicht alle Verben. Prüft, wann ihr das **Präsens** oder das mit „werden“ gebildete **Futur** einsetzt um die zukünftigen Erlebnisse Tims und seiner Freunde darzustellen.

7 Mit Sätzen spielen

7.1 Sätze und Satzglieder

Satzarten

Tobias ist Pfadfinder. Morgen, am Sonntag, steht eine große Abenteuerwanderung auf dem Programm. Tobias muss schon sehr früh aufstehen, damit er sich fertig machen und rechtzeitig am Treffpunkt sein kann. Da seine Eltern am Sonntag gerne einmal ausschlafen wollen, muss Tobias allein zurechtkommen. Dies ist auch keine große Schwierigkeit, denn Tobias ist immerhin elf Jahre alt. Damit er dennoch nichts vergisst, hat ihm seine Mutter eine ungewöhnliche Nachricht hinterlassen:

1 Jedes Bildzeichen steht für eine Botschaft von Tobias' Mutter an ihren Sohn. Kannst du die Botschaften entschlüsseln?

a) Erzähle zunächst die Botschaften der Mutter im Zusammenhang.

b) Versuche jedes Bildzeichen durch einen Satz auszudrücken.

Sätze beendet man entweder mit einem Punkt oder mit einem Ausrufezeichen oder mit einem Fragezeichen. Man spricht hier von den **Satzschlusszeichen**.

2 Ordne die einzelnen Sätze nach den Satzschlusszeichen, die du verwendet hast.

3 Die Satzschlusszeichen werden jeweils für bestimmte **Satzarten** verwendet.

a) Formuliert die Regeln in eurem Heft:

Der Aussagesatz schließt ...
Der Fragesatz ...
Der Aufforderungssatz und der Ausrufesatz ...

b) Findet zu jeder Regel ein Beispiel.

4 Ordne die folgenden Sätze nach den Satzarten:

(1) Wann treffen sich die Pfadfinder?
(2) Alle mal herkommen!
(3) Das Wetter scheint sich zu halten.
(4) Tobias und Sven, jetzt hört auf euch zu streiten!
(5) Wo bleibt Anna?
(6) So ein Durcheinander!
(7) Es geht los.
(8) Los geht's!
(9) Wie geht es Ihnen?
(10) Wer hat das gesagt?
(11) Wohin gehen wir eigentlich?
(12) Ihr stellt so viele Fragen.
(13) Wie gut, dass ihr an eure Verpflegung gedacht habt!
(14) Ohne Kompass könnten wir uns verlaufen.
(15) Gib mir mal die Karte!

Wir unterscheiden Satzglieder

Was ist geschehen?

Gerda Gründlich, eine Reporterin, hat erst später von dem Ereignis gehört und befragt nun die Augenzeugen des Vorfalls und die Polizisten auf der Polizeiwache. Weil alles ganz schnell gehen muss, notiert sie sich nur Stichworte.

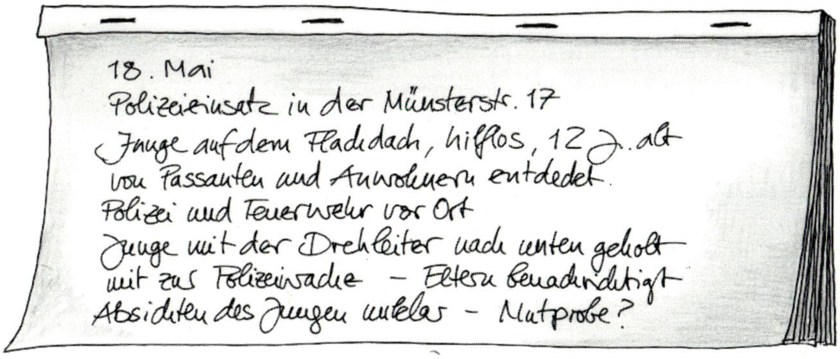

1 Erzählt mit eigenen Worten, was passiert ist.

2 Vergleicht die Stichworte der Reporterin mit dem folgenden Zeitungsbericht. Beschreibt die Unterschiede.

Feuerwehr rettet Jungen vom Dach

Neustadt (gg). Gestern herrschte in der Münsterstraße große Aufregung. Passanten und Anwohner entdeckten auf dem Flachdach des Hauses Nr. 17 einen hilflosen Jungen. Sie alarmierten sofort die Polizei und die Feuerwehr. Die Männer in den blauen Uniformen retteten den Jungen über die Feuerwehrleiter. Die Polizei nahm sich des Jungen an und fuhr mit ihm auf die Wache. Dort übergab sie ihn später den besorgten Eltern. Nach Mitteilung der Polizei war der zwölfjährige Abenteurer von hinten auf das Dach des Hauses geklettert. Oben angekommen, verlor er den Mut. Was er auf dem Dach wollte, konnte nicht ermittelt werden.

Der erste Satz im Bericht der Reporterin lautet:

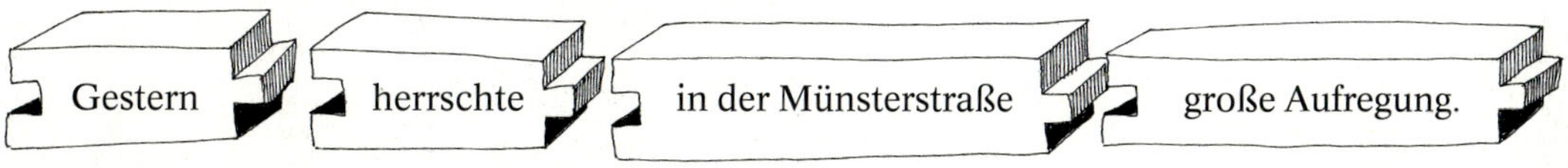

Die Reporterin hätte auch schreiben können:

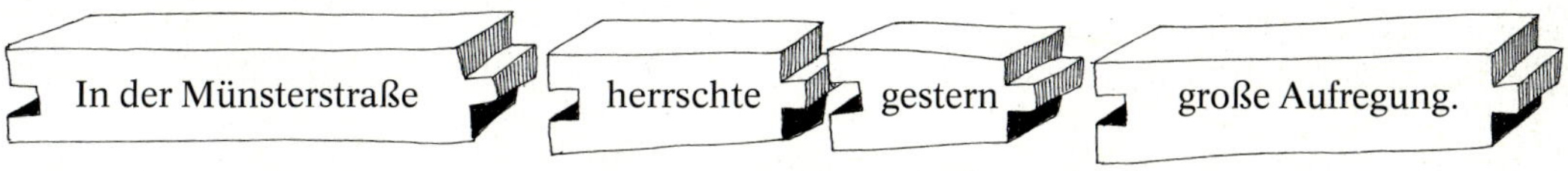

3 a) Vergleicht die beiden Fassungen.
b) Probiert weitere Umstellungen aus.
c) Auch den zweiten Satz des Berichts könnt ihr umstellen ohne dabei den Sinn zu verändern.

Eure Umstellungen zeigen, dass ein Satz aus verschiedenen Bausteinen besteht. Diese Bausteine nennen wir **Satzglieder.** Ein Satzglied kann aus mehreren Wörtern bestehen.
Um zu erkennen, welche Wörter zu einem Satzglied gehören, können wir die Satzglieder umstellen ohne dabei den Sinn des Satzes zu verändern.
Wir nennen dieses Verfahren die **Umstellprobe.**

4 Führt die Umstellprobe bei weiteren Sätzen des Zeitungsberichts durch. Ihr könnt dabei jeden Satz in einer Zeile auf einen Streifen Papier schreiben. Dann zerschneidet ihr diesen Streifen in einzelne Wörter und probiert aus, welche Umstellungen möglich sind.

Eines der Satzglieder konntet ihr bei euren Proben nicht umstellen ohne den Sinn des Satzes zu verändern. Wir bezeichnen dieses Satzglied als **Prädikat.**

Beispiel:
„Gestern *herrschte* in der Münsterstraße große Aufregung."
„In der Münsterstraße *herrschte* gestern große Aufregung."
„Große Aufregung *herrschte* gestern in der Münsterstraße."

5 Schreibt die ersten vier Sätze des Berichts in euer Heft und umrahmt jeweils das Prädikat.

6 Durch welche Wortart wird das Prädikat gebildet?

Auch in der Schule hat die Rettungsaktion große Diskussionen ausgelöst. Katharina, die den Vorgang selbst miterlebt hat, berichtet in ihrer Klasse. Der Deutschlehrer nutzt die Gelegenheit: Alle in der Klasse sollen eine Erzählung schreiben, als wären sie dabei gewesen.

7 Verfasst eine solche Erzählung. Sie könnte z. B. so beginnen: *Gestern schlenderte ich nichts ahnend durch die Münsterstraße. Da erblickte ich eine große Menschenmenge ...*

8 Bestimmt die Prädikate in euren Erzählungen und unterstreicht sie.

Das Prädikat als Kern des Satzes

Die Reporterin Gerda Gründlich hatte sich verschiedene Überschriften für ihren Bericht überlegt:

Noch einmal gut gegangen

Mit dem Schrecken davongekommen

Mutprobe?

Junge über Feuerwehrleiter vom Dach geholt

1 a) Sicher fallen euch noch weitere Überschriften ein. Für welche Überschrift hättet ihr euch entschieden?
b) Ähnlich wie Stichworte sind auch Zeitungsüberschriften oft verkürzte Sätze. Gestaltet aus den Überschriften vollständige Sätze. Was beobachtet ihr?
c) Schreibt aus eurer Tageszeitung weitere Überschriften heraus und gestaltet sie zu vollständigen Sätzen um.

Wie ihr vielleicht bei einigen Überschriften gemerkt habt, kann man Sätze so umformulieren, dass das Prädikat aus **zwei Teilen** besteht.

Beispiel: „Feuerwehrleute *retteten* den Jungen."
zu: „Feuerwehrleute *haben* den Jungen *gerettet.*"
oder: „Der Junge *wurde* von den Feuerwehrleuten *gerettet.*"

2 Schreibt die folgenden Sätze so um, dass wie in dem Beispiel zweiteilige Prädikate entstehen.

- Die Reporterin fragte die Polizisten.
- Passanten und Anwohner alarmierten die Feuerwehr.
- Eine junge Polizistin fragte den Jungen nach seinen Gründen.
- Der Einsatzleiter verständigte die Eltern sofort.

3 Stellt bei den folgenden Sätzen durch die Umstellprobe fest, was zum Prädikat gehört und was beim Umstellen mit den Prädikatsteilen geschieht:

- Der Junge gab seinen Namen an.
- Vor Aufregung konnte der Kleine kaum sprechen.
- Der Einsatzleiter rief die Eltern des Jungen sofort an.
- Vieles war für die Reporterin interessant.
- Auf der Polizeiwache kamen ständig Menschen herein.
- Eine junge Polizistin musste ein Protokoll anfertigen.
- Schließlich sollte der Vater des Jungen das Protokoll unterschreiben.
- Wie in einem Traum dachte der Junge über den aufregenden Tag nach.

Ihr habt gesehen, dass es **Prädikate** gibt, die nur aus einem Teil bestehen, z. B. : „Die Reporterin *fragte* die Polizisten.“
Oft besteht ein Prädikat aber auch aus zwei Teilen, z. B.: „Die Feuerwehrleute *holten* den Jungen *herunter*.“
Das Verb, das das Prädikat bildet („herunterholen“), zerfällt in zwei Teile.
Der Teil des Prädikats, der im Aussagesatz nach dem ersten Satzglied steht, ist die **Personalform** des Verbs („holten“).

4 Schreibt aus dem Bericht der Reporterin (S. 117) alle Prädikate heraus. Unterscheidet dabei zwischen einteiligen und zweiteiligen Prädikaten.

Das Subjekt

Tobias hat mit ein paar seiner Pfadfinder die Rettung des Jungen beobachtet. Zu Hause berichtet er seiner Mutter ganz aufgeregt davon:

„Da war was los!“
„Was denn?“
„Ein Höllenlärm von all den Polizei- und Feuerwehrautos. Und von weitem konnte man schon die Menschen sehen. Da muss was passiert sein, hab ich mir gedacht und bin hingerannt. Aber zu spät!“
„Für was zu spät?“
„Als ich da war, haben sie ihn schon runtergetragen.“
„Ich verstehe nichts. Nun mal schön langsam: Was ist denn überhaupt geschehen? Wer hat da wen nach unten getragen?“
„Die Feuerwehrleute den Jungen natürlich, über die Feuerwehrleiter. Dass du mir auch nie richtig zuhörst!“
„Von einem Jungen hast du nichts gesagt.“
„Na klar, so alt wie ich …“

1 Die Mutter hat Schwierigkeiten ihren Sohn Tobias zu verstehen. Erklärt möglichst genau, worin diese Schwierigkeiten bestehen.

Schwierigkeiten in der Verständigung sind nichts Ungewöhnliches. Wenn wir etwas nicht verstehen, fragen wir nach – wie Tobias’ Mutter. Aber auch wenn wir unsere Sprache untersuchen wollen, stellen wir Fragen. Dabei geht es uns nicht mehr in erster Linie um das Geschehen, sondern darum, den Aufbau von Sätzen zu erkennen.
Wie ihr schon herausgefunden habt, ist der Kern eines Satzes das Prädikat. Um die weiteren Glieder eines Satzes zu erkennen stellen wir ähnliche Fragen wie Tobias’ Mutter. Wir gehen dabei vom Prädikat aus.

Unsere erste Frage lautet **„Wer …?"** oder **„Was …?"**. Als Antwort auf unsere Frage erhalten wir die wichtigste Ergänzung im Satz: das **Subjekt**.

Beispiele:
„*Wer* hat die Polizei benachrichtigt?"
„*Eine Frau aus der Nachbarschaft* hat die Polizei benachrichtigt." –
„*Wer* hat den Jungen gerettet?"
„*Die Feuerwehrleute* haben den Jungen gerettet." –
„*Was* funktionierte nicht?"
„*Die Drehleiter* funktionierte nicht."

2 Fragt in dem Bericht von Gerda Gründlich (S. 117) nach dem jeweiligen Subjekt des Satzes. Schreibt Fragen und Antworten als ganze Sätze. Unterstreicht dann die Subjekte.

Stunden später unterhalten sich die Kinder über das Ereignis in der Münsterstraße. Weil sie durcheinander reden, kann man nicht alles verstehen:

3 Schreibt den Text ab und ersetzt die Lücken durch passende Satzglieder. Mit Hilfe der Fragen „Wer …?" und „Was …?" könnt ihr prüfen, ob es sich bei den Ergänzungen in allen Fällen um Subjekte handelt.

4 Bildet Sätze, die nur aus Prädikat und Subjekt bestehen, z. B.: *Der Junge schrie.*

5 Setzt in den folgenden Sätzen die Subjekte in den Plural (Mehrzahl). Was müsst ihr dann mit den Prädikaten machen?
- *Ein Anwohner hat die Polizei alarmiert.*
- *Der Feuerwehrmann half dem Jungen.*
- *Die Reporterin war sehr interessiert.*
- *Völlig aufgeregt kam ein Mann auf die Polizeiwache.*

Weil die Rettungsaktion alle brennend interessiert, lässt die Deutschlehrerin ihre Klasse einen Bericht über das Ereignis schreiben. Melanie hat den folgenden Bericht verfasst:

Heute Morgen kletterte ein Junge auf das Flachdach eines Hauses. Der Junge wollte wohl seinen Mut beweisen. Doch als der Junge oben war, hatte der Junge plötzlich Angst. Die Nachbarn haben die Feuerwehrmänner angerufen. Die Feuerwehrmänner sind dann in zwei großen Löschzügen gekommen.

Die Feuerwehrmänner haben die große Leiter ausgefahren. Der Junge auf dem Dach war ganz aufgeregt. Deshalb weinte der Junge fürchterlich. Der Junge konnte gerettet werden. Nach seiner Rettung wurde der Junge aufs Polizeirevier gebracht. Der Junge war immer noch aufgeregt. Der Junge versprach so etwas nie wieder zu tun.

6 Der Lehrerin kommen im Bericht von Melanie zu viele Wiederholungen vor. In der Berichtigung sollen andere Wörter oder Wortgruppen als Subjekte eingesetzt werden. Schreibt den Bericht um.

Das Verfahren, das ihr jetzt angewandt habt, nennen wir **Ersatzprobe.**
Jedes Satzglied lässt sich ersetzen.

Beispiel:
„*Die Feuerwehrleute* retteten den Jungen."
durch „*Sie* retteten den Jungen."
oder durch „*Die uniformierten Feuerwehrmänner* retteten den Jungen."

Zu einem vollständigen Aussagesatz gehört neben dem Prädikat das Subjekt.
Subjekt und **Prädikat** sind besonders eng miteinander verbunden:
Sie müssen in **Person** (1., 2., 3. Person) und **Numerus** (Singular, Plural) **übereinstimmen.**

7 a) Stellt euch vor, der Junge wäre zusammen mit einer Freundin auf das Dach geklettert. Schreibt Melanies Bericht entsprechend um.
b) Unterstreicht in jedem Satz Prädikat und Subjekt mit verschiedenen Farben und überprüft ihre Übereinstimmung in Person und Numerus.

Das Objekt

Passanten entdeckten. Feuerwehrleute retteten. Ein Polizist befragte. Eine Polizistin suchte. Ihr Kollege informierte. Die Eltern dankten. Die Mutter umarmte.

Obwohl wir die Geschichte längst kennen, vermissen wir in den Sätzen etwas. Wir fragen unwillkürlich nach: *Wen* entdeckten die Passanten? *Wen* retteten die Feuerwehrleute? *Wem* dankten die Eltern? usw.

1 Vervollständigt die Sätze. Fragt nach den Satzgliedern, die ihr ergänzt habt.

Die unvollständigen Sätze zeigen, dass es neben dem Subjekt noch weitere Ergänzungen im Satz gibt, die wir ebenfalls erfragen können:

Mit **„Wen …?"** oder **„Was …?"** erfragen wir das **Akkusativobjekt.**
Mit **„Wem …?"** erfragen wir das **Dativobjekt**.
Mit **„Über was …?"**, **„Auf was …?"**, **„Für wen …?"**, **„Mit wem …?"** usw. erfragen wir das **Präpositionalobjekt.**

Subjekt „Wer…?" oder „Was … ?"	Prädikat als Satzkern	Dativobjekt „Wem…?"	Akkusativobjekt „Wen … ?" oder „Was … ?"	Präpositionalobjekt „Über was…?", „Für was…?", „Auf was…?" usw.
Ein Polizist	befragte		den Jungen	über den Vorfall.
Die Mutter	umarmte		ihren Sohn.	
Die Polizistin	suchte		einen Bleistift.	
Der Vater	dankte	den Beamten		für ihren Einsatz.
Er	gab	ihnen	die Hand.	
Die Eltern	dankten	den Feuerwehrleuten.		

2 Überprüft die Bestimmung der Satzglieder in der Tabelle: Fragt nach den Ergänzungen und gebt die Antworten in vollständigen Sätzen.

3 a) Ersetzt die Satzglieder in den verschiedenen Rubriken durch andere mögliche Satzglieder.
b) Wenn ihr so viele Satzglieder zusammengetragen habt, wie ihr Schülerinnen und Schüler in eurer Klasse seid, könnt ihr das Satzgliedspiel (S. 124) spielen.

Das Satzgliedspiel

Schreibt jedes Satzglied, das ihr gefunden habt, auf ein großes Stück Packpapier oder Pappe. Räumt danach die Tische in eurer Klasse an den Rand. Jeder nimmt sich ein Satzgliedschild, dann stellen sich alle „Subjekte“ in eine Gruppe, alle „Prädikate“ in eine andere usw. In der Mitte kommen nun solche Satzglieder zusammen, die einen sinnvollen Satz ergeben. Ihr müsst euch so stellen, dass der Satz für die anderen lesbar ist. –
Wie viele verschiedene Sätze könnt ihr bilden? Könnt ihr euch sogar zu einer kleinen Geschichte zusammenstellen?

Im folgenden Text findet ihr in fast allen Sätzen Satzglieder, die ihr weglassen könnt, ohne dass die Sätze unvollständig werden. Dieses Verfahren nennen wir **Weglassprobe.** Mit der Weglassprobe könnt ihr feststellen, welche Satzglieder notwendige Ergänzungen und welche Satzglieder weglassbare Angaben sind.

Auf der Polizeiwache

Der Polizist ermahnte den Jungen scharf: „Du hast wohl völlig den Verstand verloren! Du hättest dir heute Arme und Beine brechen können!“ Die junge Polizistin unterbrach daraufhin ihren Kollegen: „Der Junge kann über seine Tat kaum sprechen. Und du schreist das Kind wie ein Verrückter an. Wir haben uns nicht mal nach seinem Namen erkundigt!“ Zu dem Jungen sagte sie: „Du brauchst keine Angst zu haben. Wir werden jetzt sofort deine Eltern verständigen. Sie holen dich bestimmt ab.“ Der Junge blickte die Polizistin verstohlen an. Sie lächelte ihm zu und er erwiderte ihr Lächeln. Der ältere Polizist verließ das Zimmer. Er hatte Schwierigkeiten mit kleinen Kindern. Der Junge vertraute der Beamtin und berichtete sofort: „Ich wollte es den anderen Jungen zeigen. Sie reden immer über mich: ‚Der Klaus hat Angst, der Klaus, der Klaus, der fürchtet sich vor der kleinsten Maus …‘ “

4 a) Schreibt die gekürzten Sätze in euer Heft.
b) Fragt dann nach allen Ergänzungen im Dativ, im Akkusativ und mit Präpositionen.
c) Lest den gekürzten Text vor und vergleicht die beiden Fassungen.

5 a) Klaus' Eltern sind froh, dass ihrem Sohn nichts passiert ist. Die Mutter erinnert sich auch einmal „eine Dummheit", wie sie sich ausdrückt, begangen zu haben. Schreibt auf, was die Mutter erlebt haben könnte.

b) Prüft zunächst, welche Satzglieder ihr in eurer Geschichte weglassen könnt. Ordnet dann die Satzglieder, die ihr bisher kennen gelernt habt, in die Tabelle ein. Beispiel:

Ich besuchte (als Kind) (einmal) meinen Großvater. Mir passierte (dabei) ein haarsträubendes Missgeschick ...

Subjekt „Wer...?" oder „Was...?"	Prädikat als Satzkern	Dativobjekt „Wem...?"	Akkusativobjekt „Wen...?" oder „Was...?"	Präpositionalobjekt „Über was...?", „Für was...?", „Auf was...?" usw.
Ich	besuchte		meinen Großvater.	
Ein haarsträubendes Missgeschick	passierte	mir.		

Das Genitivobjekt

Ihr habt verschiedene Satzglieder kennen gelernt: das Prädikat als Satzkern; das Subjekt, das bei vollständigen Aussagesätzen nicht fehlen darf; und schließlich das Dativ-, das Akkusativ- und das Präpositionalobjekt. Eine Objektergänzung, die euch auch noch begegnen kann, ist das Genitivobjekt.

Nach dem **Genitivobjekt** fragen wir mit **„Wessen ...?"**
Heute verwenden wir das Genitivobjekt selten, früher kam es viel häufiger vor.

Eine Reise in frühere Zeiten

„Toll, diese Zeitreisen! Einfach per Knopfdruck in vergangene Jahrhunderte – Wahnsinn! Und wie die Leute da reden!", dachte Ilona, klappte ihr Buch zu, löschte das Licht und gähnte ausgiebig. „Mein Gott, schon fast 12 Uhr!" – „Schon fast zwölf Uhr! Wir harren des Boten seit Stunden!" König Wüterich war sichtlich nervös. Er erinnerte sich des Vorfalls im letzten Jahr, als er auch einen Boten zur Burg Schreckenstein entsandt hatte. Graf Fürchterlich, der Burgherr, hatte sich damals des Boten bemächtigt und ihn einer grauenhaften Kitzelfolter unterzogen. Er hatte ihn der Spionage bezichtigt und so war der Bote am Ende eines unrühmlichen Todes gestorben: Er hatte sich totgelacht. Sollte der mächtige König Wüterich auch dieses Mal wieder eines treuen Dieners beraubt worden sein? König Wüterich sah, wie der Posten auf dem Schlossturm schlief. Erst wollte er den Posten ins Verlies werfen lassen, doch dann besann er sich eines Besseren. Er wollte sich der Sache höchstpersönlich annehmen und bestieg den Turm. Auf halber Strecke hörte der König einen fürchterlichen Lärm, der vom Schlosstor herrührte. Wüterich tobte: „Man versteht ja sein eigenes Wort nicht!“ Ein lauter Pfeifton füllte den Raum und eine helle Stimme rief: „Guten Morgen, Ilona! Gut geschlafen?“

1 In der Traumgeschichte kommen viele Genitivobjekte vor. Sucht sie mit Hilfe der Frage „Wessen …?“ heraus.

2 Heute würde man vieles vermutlich anders ausdrücken. Schreibt den Text um und prüft, durch welche Satzglieder ihr die Genitivobjekte ersetzen könnt.

3 Könnt ihr jetzt eine Regel zum Sprachgebrauch formulieren? Sie könnte so beginnen: *Früher wurden häufig Genitivobjekte gebraucht, heute …*

7.2 Der Ton macht's

Stimmführung und Satzzeichen

Gotthold Ephraim Lessing

Die Sperlinge

Eine alte Kirche, welche den Sperlingen unzählige Nester gab, ward ausgebessert. Als sie nun in ihrem neuen Glanze dastand, kamen die Sperlinge wieder, ihre alten Wohnungen zu suchen. Allein sie fanden sie alle vermauert. Zu was, schrien sie, taugt denn nun das große Gebäude? Kommt, verlasst den unbrauchbaren Steinhaufen!

1 a) Gebt den Inhalt der Fabel mit euren Worten wieder. Was haltet ihr von dem Urteil der Sperlinge über die ausgebesserte Kirche?
b) Lest den Text mehrmals laut vor und versucht durch ausdrucksvolles Lesen den Zuhörern das Verständnis zu erleichtern. Achtet auf die Betonung, das Heben und Senken der Stimme, die Pausen usw.

Der Text enthält Aussage-, Frage- und Aufforderungssätze. Ihr erkennt sie an den Satzschlusszeichen. Beim Sprechen hebt und senkt man die Stimme je nach Satzart unterschiedlich.

2 a) Schreibt die Fabel in euer Heft und kennzeichnet durch Pfeile oder Bögen die Hebungen und Senkungen der Stimme, die ihr beim probierenden Lesen erarbeitet habt. Beispiel:

> Zu was, schrien sie, taugt denn nun das große Gebäude?

b) Formuliert Merksätze zur Stimmführung bei den drei Satzarten, z. B.:
Bei Fragesätzen hebt man gegen Ende die Stimme …

3 Übt, auch die folgende Fabel ausdrucksvoll vorzutragen.

Gotthold Ephraim Lessing

Das Ross und der Stier

Auf einem feurigen Rosse floh stolz ein dreister Knabe daher. Da rief ein wilder Stier dem Rosse zu: Schande! von einem Knaben ließ ich mich nicht regieren! Aber ich, versetzte das Ross. Denn was für Ehre könnte es mir bringen, einen Knaben abzuwerfen?

4

Ich könnte deinen Stift gut gebrauchen.

Gib mir mal deinen Stift!

Würdest du mir mal deinen Stift geben?

a) Welche Absicht haben die Sprecher dieser drei Sätze?
Welche Satzarten benutzen sie um ihre Absicht auszudrücken?
b) Überlegt, in welchen Situationen sich welche Satzart empfiehlt.

5 a) Im Aussagesatz steht die **Personalform** des Verbs an der zweiten Satzgliedstelle. Untersucht, an welcher Stelle die Personalform im Aufforderungssatz und im Fragesatz zu finden ist.
b) Denkt euch weitere Aufforderungs- und Fragesätze aus und überprüft eure Ergebnisse.

6 Aus welchen Situationen könnten die folgenden Sätze stammen? Sprecht sie je nach Sprecherabsicht:

Wir fangen an.
Wir fangen an? *Gehen wir?* *Alles in Ordnung?*
Wir fangen an! *Gehen wir!* *Alles in Ordnung!*

Herr und Hund

Pfiffi, wo steckst du
Ah, da hinten läuft er ja
Pfiffi, komm hierher
Kommst du jetzt her
Willst du wohl kommen
Wenn du jetzt nicht sofort kommst
Na endlich
So ist es gut
Ja, du bist ein braver Hund
Hier geblieben
Du bist ja ganz nass
Wo hast du dich denn herumgetrieben
Wo ist der Stock
Such, Pfiffi, such

7 a) Lest die Sätze laut vor. Probiert verschiedene Sprechweisen aus.
b) Schreibt den Text in euer Heft. Tragt dabei die Satzschlusszeichen und eure Betonungszeichen ein.
c) Bei einigen Sätzen weichen Satzart und Sprecherabsicht voneinander ab. Formuliert sie um, sodass sie eindeutig sind.
d) Wie könnte das „Gespräch" zwischen Herr und Hund weitergehen?

Franz Mon

man muss was tun

man muss was tun
muss man was tun
was muss man tun
tun muss man was

man hätte was getan
hätte man was getan
was hätte man getan
hätte man was getan

tun was man muss
was man tun muss
tun muss man was
was muss man tun

8 a) Lest das Gedicht.
b) Schreibt es in euer Heft und setzt die erforderlichen Satzschlusszeichen ein.
c) Überlegt, warum der Verfasser die Satzschlusszeichen weggelassen hat.
d) Ist es ein Text zum stillen Lesen oder Vorlesen?

Texte verändern – den Stil verbessern

Nachdem sie einige Fabeln gelesen haben, versuchen Schülerinnen und Schüler einer 5. Klasse selbst Fabeln zu verfassen. Sie wissen: **Fabeln** sind kurze Geschichten, die eine Lehre enthalten und in denen meist Tiere menschliche Eigenschaften verkörpern. Nachdem man sich auf den Inhalt geeinigt hat, geht es an die schriftliche Ausarbeitung. Hier ein erster Versuch:

Der Marder und das Huhn

Ein Marder kam in einen Hühnerhof. Er sagte zu einem Huhn: Ich tue dir nichts. Ich will mir nur deine schönen Federn ansehen. Das Huhn kam näher. Da ging der Marder auf das Huhn los und tötete es.

1 Die Kritik der Mitschülerinnen und Mitschüler an dem Text lautet: „Die Ausarbeitung klingt steif und eintönig. Zu viele Wortwiederholungen, gleichförmige Sätze, wenig anschaulich …“ Was haltet ihr von dieser Kritik?

Sicher habt ihr Ideen, wie man den Text verbessern kann. Vielleicht können euch eure neuen Grammatikkenntnisse dabei helfen, wenn ihr die Probeverfahren anwendet. Mit Hilfe der **Ersatzprobe** könnt ihr einzelne Satzglieder austauschen (Prädikate, Subjekte, Objekte usw.) und so die vielen Wiederholungen beseitigen, z. B. so:

Ein Marder	kam	in den Hühnerhof.		
Er	drang	" " "		ein.
"	schlich	" " " .		
Der Räuber	tötete		das Huhn.	
Der Einbrecher	"		sein Opfer.	
" "	biss	seinem Opfer	die Kehle	durch.

2 Probiert das Verfahren an weiteren Sätzen aus und bestimmt die Satzglieder, die ihr ersetzt habt.

Anhand der **Weglassprobe** habt ihr an Sätzen und Texten Kürzungen vorgenommen. Mit Hilfe der **Erweiterungsprobe** könnt ihr einen Text ausgestalten, ausschmücken oder spannender machen, z. B. so:

Eines schönen Tages kam ein hungriger Marder auf der Suche nach Beute auf einen großen Hühnerhof mit vielen laut gackernden Hühnern …

3 Fahrt in gleicher Weise fort.

Mit Hilfe der **Umstellprobe** könnt ihr die Satzgliedfolge ändern und damit Satzglieder hervorheben, die ihr besonders betonen wollt, z. B.:

Ein Fuchs sprang plötzlich den Marder von hinten an.
Plötzlich sprang …
Von hinten sprang …

oder:

Der Marder überließ kampflos dem Fuchs die Beute.
"   "   "   "   die Beute dem Fuchs.
"   "   "   die Beute dem Fuchs kampflos.

4 a) Seht euch die Umstellungen genauer an: Prüft als Erstes, ob auch keine Umstellung gegen die Regeln der Sprache verstößt.
b) Prüft dann, ob sich durch die Umstellungen der Sinn der Sätze verändert hat. Achtet dabei besonders auf den Satzanfang und das Satzende.
c) Zieht weitere Beispiele heran.

Als Denis in der Klassenarbeit eine Fabel schreiben sollte, ist folgender Text entstanden:

Der Elefant, die Katze und die Maus

Eines schönen Tages in aller Frühe trat ein Elefant, der im Elefantenhaus des Zoos wohnte, aus seinem Gehege und ging fest entschlossen auf Wanderschaft. Da begegnete ihm plötzlich und unerwartet, als er an gar nichts Böses dachte, eine Katze, aus deren Augen die blanke Mordlust glitzerte. Denn sie hielt eine Maus, die laut quiekte, in ihren Krallen. Die Maus sagte, als sie den Elefanten sah, mit ängstlicher Stimme zu dem Elefanten: „Hilf mir bitte sofort und ohne zu zögern! Ich werde dir bestimmt eines Tages, wenn du in großer Gefahr bist, auch schnell helfen."
Da schüttelte der Elefant voller Verwunderung sein mächtiges Haupt und sprach nach einigem Überlegen …

5 a) Wahrscheinlich ist euch aufgefallen, dass der Text für eine Fabel zu ausschweifend geschrieben ist. Schreibt den Text ab und lasst alle Satzglieder oder Teile von Satzgliedern weg, die euch nicht notwendig erscheinen **(Weglassprobe).**
b) Schreibt die Fabel zu Ende.

In der **gesprochenen Sprache** können wir durch Betonung und Stimmführung Sätzen besonderen Ausdruck geben.
In der **Schriftsprache** können wir die grammatischen Proben nutzen um unsere Texte auszugestalten:
Durch die **Umstellprobe** können Satzglieder hervorgehoben werden.
Mit Hilfe der **Ersatzprobe** lassen sich Gleichförmigkeit und Wiederholungen vermeiden.
Wir können Texte auch ausschmücken, indem wir sie um ganze Satzglieder erweitern **(Erweiterungsprobe)**, oder wir können Texte kürzen, indem wir einzelne Satzglieder weglassen **(Weglassprobe)**.

6 Denkt euch eine weitere Fabel aus, in der ein Schwächerer und ein Stärkerer zusammentreffen. Wendet bei der schriftlichen Ausgestaltung alle vier Proben an.

7.3 Übung macht den Meister

Satzarten im Gespräch

„Hallo! Kommst du mit? Ich gehe zum Abenteuerspielplatz." – „Ich kann nicht." – „Was hast du denn so Wichtiges zu tun?" – „Ich will mein Fahrrad putzen." – „Weiter nichts? Ist das alles? Sei kein Frosch! Komm mit! Das Fahrrad kannst du auch morgen putzen."– „Morgen Nachmittag haben wir Sport. Außerdem finde ich den Abenteuerspielplatz ziemlich öde." – „Öde? Ich glaube, du hast bloß Angst vor den Großen …"

1 a) Lest den Text mit verteilten Rollen. Das Gespräch ist eine Abfolge von Sätzen. Woran erkennt ihr die einzelnen Sätze
- in der gesprochenen Rede,
- im geschriebenen Text?

b) Ordnet die einzelnen Sätze nach Satzarten.
c) Manche Äußerungen sind verkürzte Sätze, z. B.: „Weiter nichts?" Formuliert sie in vollständige Sätze um. Was ist damit gewonnen?
d) Wie könnte das Gespräch weitergehen? Schreibt den Text zu Ende und versucht dabei alle Satzarten, die ihr kennt, zu verwenden.

Frau Garbor, die Lehrerin der Klasse 5 b, versucht nochmals zusammenzufassen, was alle über die Satzarten gelernt haben. Tobias schreibt wörtlich mit, ist sich aber manchmal nicht sicher, welches Satzschlusszeichen er setzen soll:

Die meisten Sätze, die wir bilden, sind Aussagesätze ■ Nach einem Aussagesatz steht immer ein Punkt ■ Habt ihr das alle verstanden ■ Merkt euch das ■ Ein Aufforderungssatz endet mit einem Ausrufezeichen ■ Das ist doch klar, oder ■ Was steht am Ende eines Fragesatzes ■ Richtig ■ Ein Fragezeichen ■ Ist doch gar nicht so schwer, oder ■ Die Stimme geht am Ende hoch ■ Hat jemand noch eine Frage ■ Gut, dann packt jetzt eure Sachen und geht nach Hause ■

2 Schreibt den Text ab und ersetzt alle ■ durch die passenden Satzschlusszeichen.

Manchmal sind Aussage-, Aufforderungs- und Fragesätze nicht als Aussagen, Aufforderungen oder Fragen gemeint, z. B.:

(1) Gleich passiert was. – Gleich passiert was!
(2) Lehrer zu einem Schüler: Hier liegt Papier auf dem Boden.
Schüler: Ich hab's nicht hingeworfen.
Lehrer: Hab ich das gesagt?
(3) Lehrer: Hier ist es viel zu laut. Man versteht ja sein eigenes Wort nicht mehr. Ruhe jetzt! Wollt ihr endlich ruhig sein?
(4) Würden Sie bitte aufstehen?
(5) Vater: Wann kommst du endlich? Mutter wartet schon.
(6) Lehrerin: Kann mir jemand sagen, wie spät es ist?
Tobias: Ja, kann ich.
(7) Lehrerin: Seht ihr, dass das Fenster offen ist?
Die Klasse *(im Chor)*: Ja.

3 a) Sicher habt ihr erkannt, was mit den Sätzen 1 bis 5 gemeint ist. Beschreibt die jeweilige Situation, in der die Sätze gesagt werden, und formuliert sie in unmissverständliche Frage-, Aussage- und Aufforderungssätze um.
b) In den Beispielen 6 und 7 werden Fragen der Lehrerin von der Klasse wörtlich genommen. Eigentlich wollte die Lehrerin etwas anderes erreichen. Glaubt ihr, dass die Schülerinnen und Schüler wussten, was die Lehrerin meinte?
c) Schreibt ähnliche Situationen, in denen jemand etwas „wörtlich" versteht, was eigentlich anders gemeint war.

In den folgenden Situationen beabsichtigen die Sprecher etwas ganz Bestimmtes:

(1) Vor einigen Tagen wurde Uli beim Fahrradfahren auf einem Parkplatz von einem Auto angefahren und leicht verletzt. Nun will Sven von Ulis bestem Freund Ben wissen: *„Hat sich Uli schon von seinem Unfall erholt?“*

(2)

„Hierher, Anzo! Platz!“

(3) In der Schule müssen alle Gasleitungen der Heizung überprüft werden. Die Arbeiten sollen bereits gegen Mittag beginnen und sie sind nicht ungefährlich. Außerdem würde der Lärm den Unterricht stören. Die Direktorin macht deshalb folgende Durchsage: „Morgen werden in unserer Schule Heizungsarbeiten durchgeführt. *Der Unterricht schließt für alle Schülerinnen und Schüler nach der vierten Stunde.*“

4 a) Ordnet den hervorgehobenen Sätzen passende Sprecherabsichten aus dem Kasten zu:

feststellen	bitten	befehlen	warnen	auffordern	versprechen
sich erkundigen	berichten	ermahnen	anordnen	drohen	empfehlen

b) Für einige der im Kasten aufgeführten Sprecherabsichten fehlen noch typische Situationen. Erfindet kleine Geschichten und schreibt sie auf ohne dabei die Sprecherabsicht zu nennen. Die anderen in der Klasse können dann erraten, welche Absicht ihr gemeint habt.

5 a) Ihr habt sicher schon oft bemerkt, dass ihr mit Fragesätzen viel mehr machen könnt als einfach nur Fragen stellen. Schreibt vier kurze Situationen, in denen ein Fragesatz eine andere Bedeutung bekommt, z. B. als Ratschlag, Warnung usw.

b) Überlegt anhand eurer Beispiele, warum man manchmal Sätze verwendet, die wörtlich genommen etwas anderes ausdrücken, als man sagen will.

6 a) Viele Verkehrs- und Hinweisschilder sind verkürzte Sätze. Schreibt zu den vier Abbildungen Sätze, aus denen eindeutig hervorgeht, was das jeweilige Schild meint.
b) Sucht weitere Schilder, die ihr in vollständige Sätze „übersetzen“ könnt.
c) Überlegt, warum vor allem Verbots- und Hinweisschilder oft Verkürzungen enthalten.

Übungen zu den Satzgliedern

Räuber und Gendarm

Die Verfolger täuschen die Verfolgten.
Die Verfolgten täuschen die Verfolger.

1 a) *Wer* täuscht hier *wen?* Wer ist der Täter, wer ist das Opfer? Wer ist **Subjekt**, wer ist **Objekt?**
b) Probiert die beiden Sätze umzuformulieren, zum Beispiel:
– *Die Verfolgten werden von den Verfolgern …*
– *Die Verfolger werden …*
– *Der Verfolger täuscht …*
Ist damit das Problem gelöst?

Josef Reding
Verrat

früher oder
später
verrät
der verräter
des verräters
dem verräter
den verräter
früher oder
später

2 a) Wie viele Verräter sind in den Verrat verwickelt?
b) Ersetzt den bestimmten durch den unbestimmten Artikel und den Singular durch den Plural. Zu welchen Ergebnissen kommt ihr?
c) Versucht mit anderen Wörtern Gedichte so zu bilden, wie es Reding hier gemacht hat.

Verrätselung

Ein Hund (Prädikat) in die Küche
und stahl dem Koch (Akkusativobjekt).
Da nahm (Subjekt) die Kelle
und (Prädikat) den Hund entzwei.

Da kamen (Subjekt)
und (Prädikat) ihm ein Grab
und setzten (Dativobjekt) ein Grabmal,
darauf geschrieben (Prädikat):

Ein (Subjekt) (Prädikat) in die Küche
und (Prädikat) …

3 Schreibt das Gedicht ab und ergänzt dabei die fehlenden Satzglieder. Wer kennt die Melodie zu dem Text?

4 a) Sebastians Großmutter hat elf Enkelkinder. Alle schreiben ihr jedes Jahr Urlaubskarten. Sebastians Karte findet die Großmutter dieses Mal besonders langweilig. Warum wohl?

b) Mit Hilfe der Umstellprobe und der Ersatzprobe könnt ihr den Text wesentlich abwechslungsreicher gestalten.

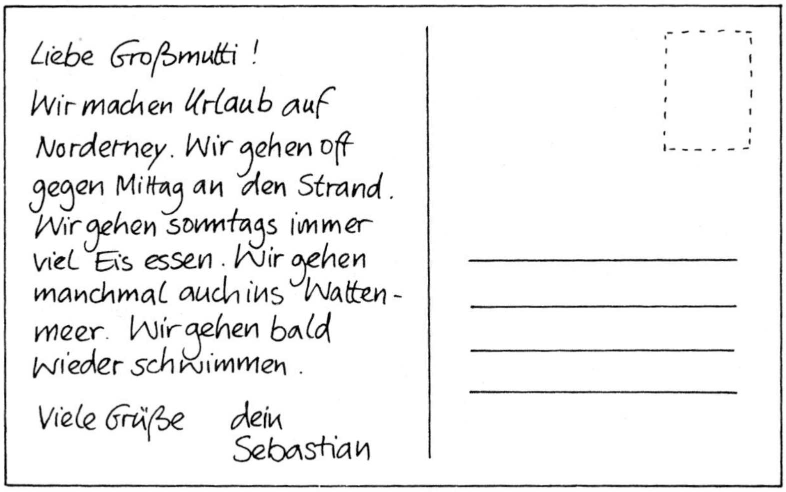

Andreas soll als Hausaufgabe den Anfang eines Western schreiben und er hat dazu äußerst wenig Lust. Einfallsreich, wie faule Menschen manchmal sind, kommt ihm eine Idee: Wenn er einzelne Nomen oder Wortgruppen mit Nomen durch Pronomen ersetzt, muss er wesentlich weniger schreiben. Andreas beginnt:

Langsam schlenderte er sie entlang. Auf dem Marktplatz angekommen sah er sie und sie, wie sie an dem Brunnen herumlungerten. „Klasse!", dachte er, ihn locker in der Hand. „Wenn sie ihm ihn machen, können sie was erleben!" Plötzlich drang es an sein Ohr. Er zuckte nur kurz, dann erkannte er sie und ihn …

5 a) Der Text ist unverständlich, weil er zu viele Pronomen enthält. Bestimmt zunächst mit Hilfe der Fragen nach den Satzgliedern, welche davon durch die Pronomen gebildet werden.

b) Mit der Ersatzprobe könnt ihr den Text sinnvoll umgestalten. An welchen Stellen könnt ihr die Pronomen stehen lassen, an welchen Stellen müsst ihr sie ersetzen?

c) Schreibt den Text mit möglichst vielen Pronomen weiter. Die anderen müssen erraten, was ihr gemeint haben könntet.

Rafik Schami

Rätsel

Sie ist in Arabien geboren, aber inzwischen in allen Ländern der Erde zu Hause. Sie macht oft *Politik* und ohne sie kommt kein Computer aus. Ihre Artgenossen verachten *sie*. Wenn sie sich aber zu ihnen stellt – vor allem auf die richtige Seite –, dann fühlen *sie* sich großartig und mächtig.

Wie heißt sie?

6 a) Wie lautet die Lösung des Rätsels?
b) Fragt nach allen Subjekten des Textes. Aus welchen Wortarten werden sie gebildet?
c) Durch die richtigen Fragen könnt ihr alle hervorgehobenen Satzglieder bestimmen.

Anna und Bernd

Anna hatte ihren Bruder schon stundenlang geärgert. Deshalb faucht Bernd Anna plötzlich an: „Gib endlich Ruhe, sonst rufe ich Charly!“ Anna wollte sich totlachen. Sie fand den Einfall lustig, denn Charly war ein Zwergpinscher. Er gehörte der Nachbarstochter. „Ich werde dir deine gute Laune noch versalzen“, giftete Bernd und schaute sein Opfer grimmig an. Er rieb nachdenklich seine Nase. Irgendwie musste er Anna doch bestrafen. Da kam ihm plötzlich eine glänzende Idee …

7 a) Bestimmt mit Hilfe der Kasusfragen alle Subjekte des Textes.
b) Ordnet alle Prädikate danach, ob sie einteilig oder zweiteilig sind.
c) Bestimmt mit Hilfe der Kasusfragen alle Objekte, die ihr kennt. Wenn ihr die Anfangsbuchstaben der Akkusativobjekte aneinander reiht, ergibt sich der Name einer großen europäischen Stadt.
d) Schreibt die Geschichte weiter.

8 Sprache gezielt verwenden

8.1 Gezieltes Sprechen in Alltagssituationen

Achim Bröger

Bruno als Ausreden-Erfinder

Achim Bröger, der Verfasser der Geschichte, schreibt: „Wenn ich Zeit habe, setze ich mich an meine Schreibmaschine, denke mir Geschichten aus und schreibe sie auf. Geschichten-Ausdenken ist etwas, was mir Spaß macht. Weil ich oft Spaß haben will, denke ich oft mir welche aus."

Fünfzehn Männer saßen auf ihren Stühlen hinter Bleistiftanspitzmaschinen. Einer davon war Bruno. Er arbeitete noch nicht sehr lange in dieser Abteilung.

Vor den Tischen, auf denen die Bleistiftanspitzmaschinen standen, ging der Abteilungsleiter Pracke hin und her. Voller Stolz erzählte er, dass er nie eine Mine abgebrochen hätte. Herr Pracke nannte sich ein Naturtalent im Bleistiftanspitzen. Und was er genauso wichtig fand, er war sehr gut im Pünktlichkommen.

Leider kam Bruno morgens meistens etwas zu spät. Herr Pracke stand dann vor der Tür und fragte: „Na, schon wieder verschlafen?"

Bruno sah auf den Fußboden und gab keine Antwort. Was sollte er auch sagen? Die anderen vierzehn Bleistiftanspitzer saßen auf ihren Stühlen vor den Maschinen und

spitzten. So schnell er konnte, rannte Bruno zu seinem Platz und begann mit dem Arbeiten. Und weil er manchmal sogar noch schneller arbeitete, als er eigentlich konnte, brachen dazwischen Minen ab.
Eines Morgens kam Bruno wieder zu spät. Herr Pracke stand an der Tür und sah streng aus. Seine Stimme klang so, dass sie wehtat. „Herr Bruno, Sie sind bisher 23-mal zu spät gekommen. Ich notierte das genauestens. Insgesamt waren das 38 Minuten. Auch das notierte ich genauestens. Außerdem halten Sie den absoluten Rekord im Minenabbrechen. 24 Stück bisher. Da, in diesem Buch steht alles“, sagte Herr Pracke und schlug mit seiner großen Hand auf ein rotes Notizbuch. „Ja, Pracke ist wachsam. Und falls Sie noch einmal zu spät kommen sollten, möchte ich eine Entschuldigung hören. Ohne Entschuldigung werde ich Sie das nächste Mal beim Oberabteilungsleiter melden. Sie wissen ja, was das bedeutet.“
Bruno bemühte sich. Er stellte seinen Wecker zehn Minuten vor und rannte fast zur Straßenbahn. Ich darf mich nicht verspäten, dachte er ständig. Auf keinen Fall. Zwei Wochen klappte das prima. Herr Pracke sagte schon: „Na, sehen Sie, man muss nur wollen.“
Aber dann verspätete sich Bruno wieder. Herr Pracke stand an der Tür und hielt seine Stoppuhr in der Hand. „Sie sind zwei Minuten zu spät gekommen, Herr Bruno“, sagte er. „Was denken Sie sich eigentlich?“
Bruno ließ die Schultern hängen. Aber plötzlich hatte er einen Einfall. „Herr Pracke, es tut mir ja Leid, dass ich mich verspäte. Aber der Wind hat mir meinen Hut vom Kopf gerissen und ich musste ihm nachlaufen. Deswegen konnte ich die Straßenbahn nicht erwischen.“
„Ihr Hut soll davongeflogen sein, Herr Bruno? Ach was, das ist nur eine Ausrede. Sie denken, der Pracke, der glaubt das schon? Der Pracke glaubt aber nur Ausreden, die glaubwürdig klingen. Sehen Sie sich doch Ihren Hut an. Nicht die geringste Dreckspur. Und der soll auf der Straße gelegen haben? Überlegen Sie sich das nächste Mal eine bessere Ausrede!“
„Es stimmt“, sagte Bruno, „die Ausrede war wirklich schlecht. Ab morgen werde ich mir bestimmt bessere Ausreden einfallen lassen.“
Am nächsten Morgen kam Bruno 1 ¼ Stunden zu spät. Jetzt lohnt es sich wenigstens, wenn Herr Pracke sich aufregt, dachte er. Die anderen Bleistiftanspitzer saßen mit eingezogenen Köpfen hinter ihren Maschinen. Herr Pracke tobte fürchterlich.
„75 Minuten sind Sie zu spät gekommen!“, schrie er und zerbrach fast seine Brille vor Wut. „Ist Ihnen klar, dass Sie damit einen einzigartigen Rekord aufgestellt haben?“
„Wirklich?“, fragte Bruno. „Das freut mich aber. Sie müssen wissen, das ist der erste Rekord in meinem Leben.“
„Was tragen Sie zu Ihrer Entschuldigung vor, Herr Bruno?“ Herrn Prackes Stimme klang jetzt sehr laut.
„Sie sind doch Kassierer im Tierschutzverein“, sagte Bruno. „Als Tierfreund wissen Sie, dass bei Regen die Regenwürmer aus der Erde kommen. Und viele dieser kleinen Tierchen kriechen auf die Straße. Und alle wären heute Morgen elend zugrunde gegangen, wenn nicht ich, Bruno, sie vor den grausamen Reifen der Autos gerettet hätte. Sie sollten sich schämen, Herr Pracke, als Kassierer des Tierschutzvereins pünktlich zu kommen, während draußen die Regenwürmer totgefahren werden. So, jetzt wissen Sie, warum ich zu spät gekommen bin. Als Beweis schenke ich Ihnen vier von mir eigenhändig gerettete Regenwürmer.“
Bruno machte das Zuspätkommen jetzt sehr viel Spaß. Abends setzte er sich gemütlich in seinen Sessel und überlegte schöne Ausreden. Er stellte einen Zuspätkommrekord nach dem anderen auf und die Ausreden wurden immer besser.
„Ich habe heute Morgen eine fliegende Untertasse gesehen“, war seine letzte Ausrede. „Wie sah sie denn aus?“, fragte Herr Pracke.

„Na, wie eine Untertasse eben, nur größer." „Mir reicht's!", schrie Herr Pracke. „Ich habe schon mit dem Herrn Oberabteilungsleiter über Ihre unverschämten Ausreden gesprochen. Kommen Sie mit, Sie werden entlassen!"

„Sie können verschwinden!", brüllte der Oberabteilungsleiter, „ein für alle Mal. Sich jeden Tag neue Ausreden einfallen zu lassen ist eine Unverschämtheit!"

„Sie schreien mir aus dem Herzen", stellte Herr Pracke fest und ging aus dem Zimmer.

Bruno zuckte mit den Schultern und wollte auch gehen. Aber der Oberabteilungsleiter zupfte ihn am Ärmel. „Moment", sagte er und grinste. „Ich hätte da etwas für Sie. Eine neue Stelle. Wir würden zusammenarbeiten und Sie bekämen 50 Mark mehr Gehalt."

„Was soll ich denn tun?", fragte Bruno.

„Psst", machte der Oberabteilungsleiter. „Sie dürfen mit niemandem darüber sprechen. Ab morgen sollen Sie sich Ausreden einfallen lassen, und zwar für mich. Mir fallen nämlich nie welche ein. Und ich brauche massenweis Ausreden. Für alle möglichen Dinge. Sie sind genau der richtige Mann für mich, Herr Bruno."

Seit diesem Tag hat Bruno eine Arbeit, die ihm Spaß macht. Er ist Ausreden-Erfinder.

1 Seid ihr Leuten wie Bruno, Herrn Pracke und den Bleistiftanspitzern schon einmal begegnet? Berichtet darüber.

2 a) Auf die Ausrede Brunos, ihm sei der Hut weggeflogen, antwortet Herr Pracke nicht etwa: „Das ist gelogen!", sondern: „Ach was, das ist nur eine Ausrede. […] Überlegen Sie sich das nächste Mal eine bessere Ausrede!"
Was sind gute, was sind schlechte Ausreden?

b) „Die Ausreden wurden immer besser", heißt es im Text. Seid ihr auch der Meinung?

3 Nehmt euch Bruno zum Vorbild und erfindet selbst „für alle möglichen Dinge" Ausreden:

- Denkt euch Situationen aus, in denen man eine gute Ausrede brauchen könnte; vielleicht habt ihr einen wichtigen Termin versäumt oder habt bei anderen etwas kaputtgemacht und werdet zur Rede gestellt …
- Legt euch passende Ausreden zurecht und gestaltet sie inhaltlich und sprachlich aus, wie es Bruno zum Beispiel bei seiner haarsträubenden Ausrede mit den Regenwürmern getan hat.
- Berücksichtigt euer Gegenüber: Ist es ein Gleichaltriger oder ein Erwachsener, ein Freund oder eine Amtsperson?
- Macht euch auf Rückfragen eures Gegenübers gefasst.
- Überlegt euch, wie ihr eure Ausreden notfalls durch zusätzliche Erklärungen stützen könnt.
- Arbeitet eure Ausreden schriftlich als Geschichte oder mündlich als Rollenspiel aus und tragt sie der Klasse vor. Diese bildet die Jury, die die besten Ausreden prämiert.

„Nur ein Radiergummi“

Ein Kunde (K) betritt einen Schreibwarenladen. Der Verkäufer (V) ist betont freundlich.

K: Guten Tag.
V: Einen wunderschönen guten Tag. Was darf es sein?
K: Nur ein Radiergummi. *(Er hält einen Fünfzig-Mark-Schein in der Hand.)*
V: Radiergummi ist nicht gleich Radiergummi, wenn Sie verstehen...
K: Nein.
V: Zum Beispiel dieser hier. *(Er nimmt einen Radiergummi.)* Er sieht aus wie ein Lutscher, ist aber ein – Radiergummi. Toll, nicht wahr?
K: Aha.
V: Oder hier: ein kleiner Computer mit Tastatur, aber in Wirklichkeit ...
K: ... ein Radiergummi.
V: Genau. Woher wussten Sie das?
K: Vermutung. – Ich suche einen einfachen, billigen Radiergummi.
V: Einfach? Billig? Soso. Mein Ratschlag als Fachmann: Machen Sie sich nicht unglücklich!
K: Wieso unglücklich?!?
V: Nun ja. Einfache Radiergummis sind nur scheinbar billig. Sie schmieren oder sie brechen ab. *(Er bricht einen Radiergummi durch.)* Sehen Sie. Dann brauchen Sie einen neuen. Billig ist also manchmal teuer.
K: Was raten Sie mir nun?
V: Nehmen Sie diesen. Radiert garantiert bei jedem Wetter, absolut sauber und zuverlässig ...
K: Also gut. Was bekommen Sie?
V: Drei Mark fünfundsiebzig, bitte.
K: So teuer?
V: So wertvoll, mein Herr. Nicht teuer – wertvoll. Dies ist ein besonderer Radiergummi. Sie können natürlich auch den einfachen, billigen kaufen ...
K: Schon gut. *(Er bezahlt und will gehen.)*
V: Haben Sie denn auch einen Bleistift?
K: Natürlich habe ich ...
V: ... ich meine: einen richtigen Bleistift. – Hab ich Ihnen denn nicht gesagt, dass dieser besondere Radiergummi auch nur besondere Bleistifte ausradiert?
K: Nein.
V: Nun ja, das ist eben das Besondere. Zum Beispiel diesen Bleistift hier.
K: O.k., geben Sie mir auch den Bleistift.
V: Sie meinen: das Set.
K: Welches Set?
V: Diesen Bleistift gibt es nur im Vierer-Set. Vier verschiedene Dicken, wenn Sie verstehen. HH, HB, B und BB.
K: Gut, also das Set. Das kostet?
V: Genau sieben Mark – und zwei Mark fünfzig für die Schutzhülle. Sie nehmen doch auch die Schutzhülle? Alle nehmen die Schutzhülle. Sonst brechen ja die Minen durch.
K: Ja, bitte. *(Zahlt unwillig, will gehen.)*
V: Den Turbo-Soft-Anspitzer haben Sie sicher zu Hause?
K: Den ... was? Nein, ich brauche keinen Turbo-Soft-Anspitzer.
V: Ich denke doch. Wie wollen Sie denn sonst Ihre Bleistifte anspitzen? Ein normaler Anspitzer wäre viel zu grob. Also? Einen Turbo-Soft-Anspitzer, oder Sie nehmen gleich zwei.
K: Wieso zwei?
V: Im Doppelpack ist's billiger.
K: Und warum, bitte, sollte ich zwei Anspitzer kaufen?
V: Nun ja, vielleicht hat ja bald jemand Geburtstag, ein guter Freund ...
K: ... oder jemand, den ich nicht ausstehen kann.
V: ... dem schenken Sie dann den zweiten Anspitzer.
K: ... und der muss dann bei Ihnen einen Bleistift, Pardon: ein Bleistift-Vierer-Set kaufen und einen besonderen Radiergummi ...
V: Warum sind Sie denn so aggressiv? Ich wollte Ihnen doch nur helfen.

1 Warum kauft der Kunde den teuren Radiergummi samt Zubehör, obwohl er eigentlich nur einen preiswerten Radiergummi haben wollte?

2 Stellt Äußerungen des Verkäufers zusammen, die ihr für besonders wirkungsvoll haltet. Erläutert Absicht und Wirkung.

3 Spielt das Verkaufsgespräch als Rollenspiel mit Abänderungen. Der Kunde könnte zum Beispiel auf dem Kauf eines einfachen Radiergummis bestehen.

Werbung

1 a) Könnt ihr erklären, warum Werbesprüche manchmal gereimt sind?
b) Probiert aus, wie die Werbesprüche laut vorgetragen am besten zur Wirkung kommen, z. B. durch mehr oder weniger starke Betonung, durch Sprechgesang, gesprochen von einem Einzelnen oder von mehreren Sprechern usw.
c) Die Werbesprüche enthalten keine Kaufaufforderung. Ersetzt die Aussagesätze durch klare Aufforderungssätze. Welcher Satzart gebt ihr den Vorzug?
d) Wie beurteilt ihr die ständige Wiederholung von Werbesprüchen in den Medien: Nützen sie sich dadurch ab oder gewinnen sie auf diese Weise an Wirksamkeit?

2 a) Beschreibt die sprachlichen Besonderheiten der folgenden Werbesprüche:
- Nussgenuss im Schokoguss
- Milch macht müde Männer munter
- Wir wissen, was wir wollen: Orangensaft
- Hits für Kids
- Erst gurten, dann spurten
- Nicht rasen – reisen

b) Sammelt weitere Beispiele.
c) Verfasst selbst Werbesprüche.

3 Werbung als **Streitgespräch:** Bildet zwei Gruppen und führt Streitgespräche über Markenartikel, die sich gegenseitig Konkurrenz machen, z. B. bei Jeans, Uhren, Kosmetikartikeln usw. Jede Gruppe streicht die Vorteile ihres Produkts heraus und versucht dabei die andere Gruppe zu übertrumpfen.
Anstelle wirklicher Markenartikel könnt ihr auch Fantasieprodukte nehmen.

Der folgende Spendenaufruf, eine Anzeige in der Tagespresse, will auffallen und Aufmerksamkeit erregen. Ähnlich wie die Werbesprüche hebt sich der **Aufruf** durch gezielte sprachliche Gestaltung von der Alltagssprache ab.

4 Beschreibt die Gestaltungsmittel des Textes im Einzelnen:
- Welche Wörter werden herausgehoben?
- Wer spricht, wer wird angesprochen?
- Wie wird der Zweck deutlich gemacht?
- Welche Informationen werden gegeben?
- Welche Rolle spielen das Bild, die verschiedenen Schrifttypen und die Druckanordnung?

5 a) Sammelt weitere Spendenaufrufe, z. B. des UNICEF-Kinderhilfswerks, der Aktion Sorgenkind oder der Hilfsorganisation SOS-Kinderdörfer. Ihr findet sie zum Beispiel in Zeitungen und Illustrierten.
b) Vergleicht die Aufrufe.

6 Überlegt euch einen guten Zweck, zu dem ihr selbst einen Aufruf gestalten könnt:
- Sammelt passende Abbildungen aus Zeitungen und Zeitschriften.
- Verfasst einen wirkungsvollen Text.
- Wählt zur Ausgestaltung eures Bild- und Textmaterials große Bögen Papier.

8.2 Eulenspiegeleien

Till Eulenspiegel

Till Eulenspiegel, der berühmte Spaßmacher, lebte in der Gegend von Braunschweig und starb 1350 in Mölln. Die Streiche, die er ausgeführt haben soll, waren vor allem beim einfachen Volk ein beliebter Gesprächsstoff. Sie wurden um 1500 aufgeschrieben, sodass wir sie auch heute noch nachlesen können. Eulenspiegel legte es darauf an, seine Mitmenschen, besonders Leute von gesellschaftlichem Ansehen, in ihren Gewohnheiten zu verunsichern und lächerlich zu machen.

Eulenspiegel kam nach Berlin und verdingte sich als Schneidergeselle. Als er in der Werkstatt saß, sagte der Meister zu ihm: „Geselle, wenn du nähst, so nähe gut und nähe so, dass man es nicht sieht.“ Eulenspiegel sagte Ja, stand auf, nahm Nadel und Gewand und kroch damit unter eine Bütte[1]. Er steppte eine Naht übers Knie und begann darüber zu nähen. Der Schneider stand, sah das an und sprach zu ihm: „Was willst du tun? Das ist ein seltsames Nähwerk.“ Eulenspiegel sprach: „Meister, Ihr sagtet, ich sollte nähen, dass man es nicht sieht; so sieht es niemand.“ Der Schneider sprach: „Nein, mein lieber Geselle, höre auf und nähe nicht mehr also! Beginne so zu nähen, dass man es sehen kann!“

Das währte etwa drei Tage. Da geschah es am späten Abend, dass der Schneider müde wurde und zu Bett gehen wollte. Ein grauer Bauernrock lag noch halb ungenäht da. Den warf er Eulenspiegel zu und sagte: „Sieh her, mach den Wolf[2] fertig und geh danach auch zu Bett.“ Eulenspiegel sprach: „Ja, geht nur, ich will es schon recht tun.“ Der Meister ging zu Bett und dachte an nichts Böses. Eulenspiegel nahm den grauen Rock, schnitt ihn auf und machte daraus einen Kopf wie von einem Wolf, dazu Leib und Beine und spreizte alles mit Stecken auseinander, dass es wie ein Wolf aussah. Dann ging er zu Bett.

Des Morgens stand der Meister auf, weckte Eulenspiegel und fand den Wolf im Zimmer stehen. Der Schneider war bestürzt, doch sah er wohl, dass es ein nachgemachter Wolf war. Unterdessen kam Eulenspiegel dazu. Da sprach der Schneider: „Was, zum Teufel, hast du daraus gemacht?“ Er sagte: „Einen Wolf, wie Ihr mich geheißen habt.“ Der Schneider sprach: „Solchen Wolf meinte ich nicht. Ich nannte nur den grauen Bauernrock einen Wolf.“ Eulenspiegel sagte: „Lieber Meister, das wusste ich nicht. Hätte ich aber gewusst, dass so Eure Meinung war, ich hätte lieber den Rock gemacht als den Wolf.“ Der Schneider gab sich damit zufrieden, denn es war einmal geschehen.

Nun ergab es sich nach vier Tagen, dass der Meister wieder abends müde war und gerne zeitig geschlafen hätte. Ihm dünkte jedoch, es sei noch zu früh, dass auch der Geselle zu Bett ging. Und es lag da ein Rock, der war fertig bis auf die Ärmel. Der Schneider nahm den Rock und die losen Ärmel, warf sie Eulenspiegel zu und sagte: „Wirf noch die Ärmel an den Rock und geh danach zu Bett.“ Eulenspiegel sagte Ja. Der Meister ging zu Bett und Eulenspiegel hing den Rock an den Haken. Dann zündete er zwei Lichter an, auf jeder Seite des Rockes ein Licht, nahm einen Ärmel und warf ihn an den Rock, ging dann auf die andere Seite und warf den zweiten auch daran. Und wenn zwei Lichter heruntergebrannt waren, so zündete er zwei andere an und warf

1 **Bütte**: große Wanne
2 **Wolf**, hier: Kleidungsstück aus Wolfsfellen

die Ärmel an den Rock die ganze Nacht bis an den Morgen.

Da stand sein Meister auf und kam in das Zimmer, aber Eulenspiegel kümmerte sich nicht um den Meister und warf weiter mit den Ärmeln nach dem Rock. Der Schneider stand, sah das an und sprach: „Was, zum Teufel, machst du jetzt für ein Gaukelspiel?" Eulenspiegel sagte ganz ernst: „Das ist für mich kein Gaukelspiel, ich habe diese ganze Nacht gestanden und die widerspenstigen Ärmel an diesen Rock geworfen, aber sie wollen daran nicht kleben. Es wäre wohl besser gewesen, dass Ihr mich hättet schlafen gehen heißen, als dass Ihr mich hießet sie anzuwerfen. Ihr wusstet doch, dass es verlorene Arbeit war." Der Schneider sprach: „Ist das nun meine Schuld? Wusste ich, dass du das so verstehen würdest? Ich meinte das nicht so, ich meinte, du solltest die Ärmel an den Rock nähen."

Da sagte Eulenspiegel: „Das soll Euch der Teufel lohnen! Pflegt Ihr ein Ding anders zu nennen, als Ihr es meint, wie könnt Ihr das zusammenreimen? Hätte ich Eure Meinung gewusst, so wollte ich die Ärmel gut angenäht haben und hätte auch noch ein paar Stunden geschlafen. So mögt Ihr nun den Tag sitzen und nähen, ich will gehen und mich hinlegen und schlafen." Der Meister sprach: „Nein, nicht also, ich will dich nicht als einen Schläfer unterhalten."

So zankten sie miteinander. Und der Schneider sprach im Streit Eulenspiegel wegen der Lichter an: Er solle ihm die Lichter bezahlen, die er ihm verbrannt hätte. Da raffte Eulenspiegel seine Sachen zusammen und wanderte davon.

1 Sucht Überschriften für die einzelnen Abschnitte der Erzählung und nutzt sie als Stichwortzettel für eine mündliche Nacherzählung.

2 a) Wieso kommt es zwischen Eulenspiegel und dem Schneidermeister zu Missverständnissen?

b) Obwohl der Schneidermeister die seinerzeit im Schneiderhandwerk üblichen Fachausdrücke gebraucht, sagt Eulenspiegel: „Pflegt Ihr ein Ding anders zu nennen, als Ihr es meint?"
Wer ist im Recht, der Schneidermeister oder Eulenspiegel? Begründet euer Urteil.

Nach Eulenspiegels Vorbild nennen wir das scheinbar arglose Wörtlichnehmen von Redewendungen heute noch **Eulenspiegeleien.** Beispiele:

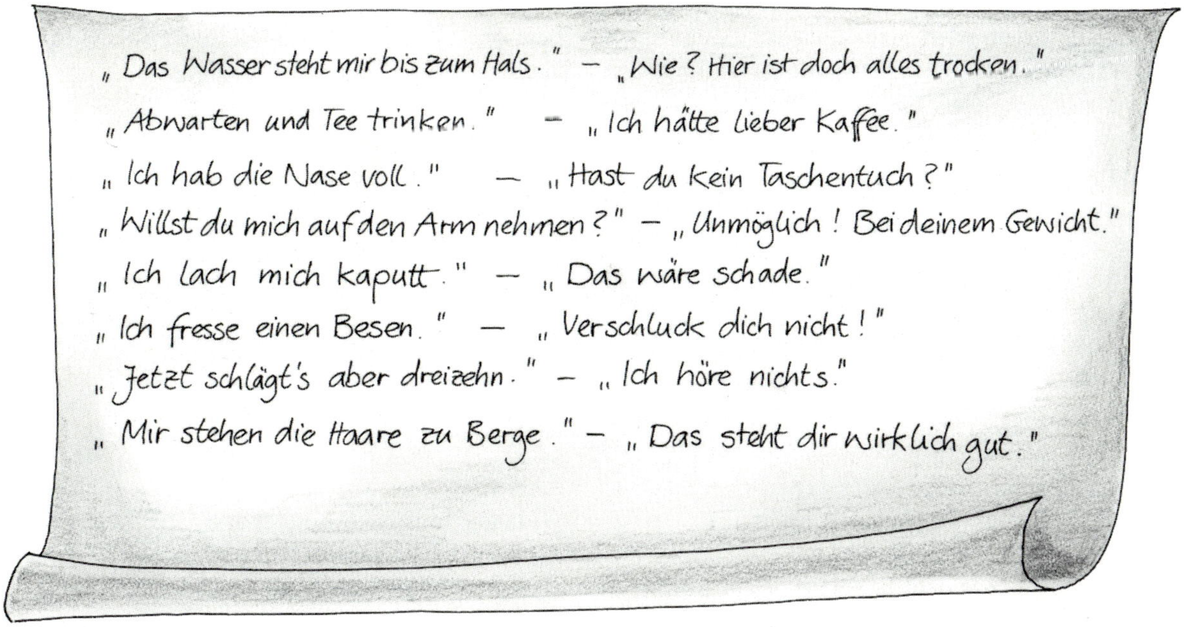

3 Sammelt weitere Beispiele.

4 Denkt euch Situationen aus, in denen derartige Eulenspiegeleien zur Wirkung kommen. Schreibt eine Geschichte dazu und gliedert sie nach Einleitung, Hauptteil und Schluss.

8.3 Sprachliche Taktik

Mark Twain

Der kluge Anstreicher

Eine Geschichte von Tom Sawyer, dem Jungen aus einer amerikanischen Kleinstadt am Mississippi, der wegen seiner Streiche bekannt ist, findet ihr schon im Kapitel „Miteinander sprechen" auf Seite 35/36. Dort prügelt er sich mit einem anderen Jungen. Zur Strafe befiehlt ihm seine Tante Polly, bei der er aufwächst, ihren Gartenzaun anzustreichen, was ihm ziemlich schwer fällt.

Bald mussten die Jungen, die frei waren, auf allen möglichen herrlichen Expeditionen hier vorbeigesprungen kommen, und sie würden ihn furchtbar auslachen, weil er arbeiten musste – schon der Gedanke daran brannte wie Feuer. In diesem düsteren, hoffnungslosen Augenblick durchfuhr ihn eine Eingebung. Nicht mehr und nicht weniger als eine grandiose, fabelhafte Eingebung. Er nahm seinen Pinsel zur Hand und begab sich ruhig an die Arbeit. Kurze Zeit darauf kam Ben Rogers in Sicht, genau der Junge, vor dessen Spott er sich am meisten gefürchtet hatte. Bens Gang war ein einziges Hüpfen, Tanzen und Springen – Beweis genug, dass sein Herz leicht und voll hochgespannter Erwartungen war. Er aß einen Apfel und stieß in regelmäßigen Abständen ein langes, melodisches Heulen aus, dem ein tief tönendes Bim-bam-bam, Bim-bam-bam folgte, denn er stellte einen Dampfer dar. Als er heranzog, drosselte er die Geschwindigkeit, hielt sich in der Straßenmitte, lehnte sich weit nach Steuerbord über und drehte gemessen, umständlich und mit großem Aufwand bei, denn er verkörperte den Dampfer „Big Missouri" und war sich bewusst, neun Fuß[1] Tiefgang zu haben. Er war Dampfer, Kapitän und Schiffsglocke in einem und so musste er sich einbilden, er stehe auf seinem eigenen Hurrikandeck, erteile Befehle und führe sie auch aus.

„Stopp, Sir! Bim-bim-bim." Die Vorwärtsbewegung hörte fast gänzlich auf und er steuerte langsam den Bürgersteig an. „Maschine volle Kraft rückwärts! Bim-bim-bim!" Er streckte die Arme steif an den Seiten hinab. „Steuerbord achteraus[2]! Bim-bim-bim! Tschuk-tsch-tschuk-tschuk-tschuk!" Seine rechte Hand beschrieb stattliche Kreise, denn sie stellte ein vierzig Fuß hohes Schaufelrad dar. „Backbord achteraus[3]! Bim-bim-bim! Tschuk-tsch-tschuk-tschuk!" Nun begann die linke Hand, Kreise zu beschreiben.

„Steuerbord stopp! Bim-bim-bim! Backbord stopp! Steuerbord langsame Fahrt voraus! Stopp! Das äußere Rad langsame Fahrt! Bim-bim-bim! Tschuk-uk-uk! Bugleine heraus! Los jetzt! Kommt – raus mit dem Spanntau – was macht ihr denn da? Vertäut doch das Doppelpart[4] über den Poller[5]. Ran an die Landungsbrücke jetzt – los! Alle Maschinen stopp jetzt, Sir! Bim-bim-bim!"

1 **Fuß**: englisches Längenmaß = 30,48 cm
2 **Steuerbord achteraus**: rechte Schiffsseite nach hinten
3 **Backbord achteraus**: linke Schiffsseite nach hinten
4 **Part**: Teil eines Schiffstaus
5 **Poller**: Pfosten zum Befestigen der Taue

„Scht! Scht! Scht!" (Ausprobieren der Dampfhähne.)

Tom tünchte weiter – er kümmerte sich nicht um den Dampfer. Ben starrte ihn einen Augenblick an und sagte dann:„Heda! Du steckst in der Patsche, was?"

Keine Antwort. Mit dem Auge des Künstlers begutachtete Tom seinen letzten Strich; dann fuhr sein Pinsel noch einmal mit leichtem Schwung darüber hinweg und er begutachtete das Ergebnis von neuem. Ben bezog neben ihm Stellung. Beim Anblick des Apfels lief Tom das Wasser im Munde zusammen, er blieb jedoch bei seiner Arbeit. Da sagte Ben: „Hallo, alter Junge; musst arbeiten, was?"

„Ach, du bist's, Ben. Hab's gar nicht gemerkt."

„Ich geh schwimmen, hörst du? Würdest du nicht auch lieber mitkommen? Aber natürlich, du möchtest lieber schuften, nicht wahr?"

Tom betrachtete den Jungen ein Weilchen und fragte dann: „Was nennst du denn Arbeit?"

„Na, ist das vielleicht keine Arbeit?"

Tom machte sich wieder ans Tünchen und meinte gleichgültig: „Na, vielleicht, vielleicht auch nicht. Ich weiß nur eins: Tom Sawyer gefällt's."

„Du willst mir doch nicht etwa einreden, dass es dir Spaß macht?"

Der Pinsel fuhr weiter. „Ob's mir Spaß macht? Na, ich wüsste nicht, weshalb es mir keinen Spaß machen sollte. Bekommt ein Junge vielleicht jeden Tag einen Zaun zu streichen?"

Das ließ die Sache in neuem Licht erscheinen. Ben hörte auf an seinem Apfel zu knabbern. Tom schwang seinen Pinsel mit behutsamer Eleganz hin und her – trat dann zurück um die Wirkung festzustellen – setzte hier und da noch einen Tupfer hinzu – kritisierte die Wirkung von neuem, während Ben jede seiner Bewegungen beobachtete. Nach einer Weile sagte er: „Du, Tom, lass mich auch mal ein bisschen streichen."

Tom dachte nach, war schon drauf und dran zuzustimmen, überlegte sich's dann aber wieder anders: „Nein, nein, geht nicht, Ben. Schau, Tante Polly nimmt's arg genau mit dem Zaun hier, er steht ja direkt an der Straße – wenn's der hinten wär, mir würde es nicht drauf ankommen und ihr auch nicht. Ich glaube, kaum einer von tausend Jungen ist imstande, es so zu machen, wie es sich gehört – vielleicht nicht mal einer von zweitausend."

„Tatsächlich? Ach, komm schon! Lass mich bloß mal versuchen, bloß ein kleines bisschen. An deiner Stelle würd ich dich lassen, Tom."

„Ben, ich würd's ja gerne tun, aber Tante Polly – weißt du, Jim wollte und sie hat ihn nicht gelassen. Wenn du dich dranmachst und es passiert was damit ..."

„Ach, Quatsch; ich mach's genauso vorsichtig. Komm, lass mich mal versuchen. Ich geb dir ein Stück von meinem Apfel, ja?"

„Nun – ach, Ben, lieber nicht, ich hab Angst ..."

„Ich lass dir den ganzen!"

Tom gab den Pinsel her, Widerstreben im Antlitz, aber frohe Bereitwilligkeit im Herzen. Und während der vormalige Dampfer „Big Missouri" in der Sonne arbeitete und schwitzte, ließ sich der in den Ruhestand getretene Künstler daneben im Schatten auf einem Fass nieder, baumelte mit den Beinen, verdrückte den Apfel und schmiedete Pläne, wie er noch weitere Unschuldige zur Strecke bringen könnte. An Material mangelte es nicht, immer wieder schlenderten Jungen vorbei; sie kamen um zu spotten und blieben um zu weißeln. Als Ben abgekämpft war, hatte Tom bereits die nächste Gelegenheit sich zu beteiligen für einen gut erhaltenen Drachen an Billy Fisher verhandelt, und als der verschnaufen musste, kaufte sich Jonny Miller ein mit einer toten Ratte samt einer Schnur, mit der man sie herumschwingen konnte; so ging es weiter und immer weiter, Stunde um Stunde. Und als der Nachmittag zur Hälfte vorüber war, da war aus dem am Morgen noch armen Tom ein Junge geworden, der sich buchstäblich in Reichtum wälzte. Neben den Dingen, die ich bereits erwähnt habe, besaß er zwölf Murmeln, ein Stück von einer Mundharmonika, einen Scherben blaues Flaschenglas, durch den man hindurchschauen konnte, einen Revolver, einen Schlüssel, der nichts aufschloss, ein Stück Kreide, einen Glasstöpsel von einer Karaffe, einen

Zinnsoldaten, zwei Kaulquappen, sechs Knallfrösche, ein einäugiges Kätzchen, einen Türgriff aus Messing, ein Hundehalsband – aber keinen Hund –, einen Messergriff, vier Orangenschalen und einen verrotteten alten Fensterrahmen. Die ganze Zeit über hatte er hübsch behaglich gefaulenzt und eine Menge Gesellschaft gehabt – und den Zaun bedeckte eine dreifache Schicht Farbe! Wäre Tom nicht der Weißkalk ausgegangen, so hätte er sämtliche Jungen des Ortes Bankrott gemacht.

Tom sagte sich, die Welt sei doch nicht so hohl und leer. Er hatte ohne es zu wissen ein wichtiges Gesetz entdeckt, welches das menschliche Handeln bestimmt: dass nämlich um das Begehren eines Mannes oder eines Jungen nach etwas zu wecken weiter nichts nötig ist als die Sache schwer erreichbar zu machen.

1 Tom, der den Spott seiner Altersgenossen fürchtet, weil er arbeiten muss, hat „eine grandiose, fabelhafte Eingebung“. Worin besteht diese Eingebung?

2 Macht vor, wie Tom den Zaun anstreicht und in welchem Ton er mit Ben Rogers spricht.

3 a) Schreibt die Fragen heraus, die Tom und Ben sich in ihrem Gespräch gegenseitig stellen. Was fällt euch an den Fragen auf?
b) Was wollen die beiden mit ihren Fragen jeweils erreichen?

4 Später heißt es im Text: Tom „schmiedete Pläne, wie er noch weitere Unschuldige zur Strecke bringen könnte“. Spielt in Rollenspielen die Gespräche Toms mit Billy Fisher und Jonny Miller.

Witze erzählen

Stellt euch vor, ihr fahrt eine größere Strecke im Bus. Die Zeit wird lang. Da erzählt einer einen Witz, ein Zweiter folgt dem Beispiel, ein Dritter usw. Sofort kommt Stimmung auf. Lachen steckt an, sagt man, Witze erzählen offenbar ebenso. Einige Beispiele:

Die Kinder spielen gerade Zoo, als Tante Erika zu Besuch kommt. „Au fein, Tante Erika, dass du kommst. Spielst du mit uns? Wir sind lauter kleine Bären.“
„Na gut“, sagt Tante Erika, „und was soll ich sein?“
„Du bist die liebe Dame, die den Bären immer Bonbons zuwirft.“

Zwei Fische treffen sich im Meer.
„Hei!“, sagt der eine.
„Wo?“, fragt der andere.

Zwei Flöhe kommen aus dem Kino. Sagt der eine: „Was ist, gehen wir zu Fuß oder nehmen wir uns einen Hund?“

„Du Kamel“, sagt Gertie zu ihrem großen Bruder Ralf.
„Und du? Du bist ein noch viel größeres Kamel“, entgegnet Ralf.
„Ruhe, Kinder. Was soll das Gestreite“, mischt sich der Vater ein. „Ihr vergesst wohl, dass ich auch noch da bin.“

Tünnes (eine Kölner Witzfigur) führt einen Amerikaner und macht auch eine Dombesteigung mit ihm.
„Von hier aus kann man am weitesten sehen“, erklärt Tünnes.
„Bis Holland?“, meint der Kunde ironisch.
Tünnes: „Noch viel weiter.“
Darauf der Amerikaner: „Bis England?“
Tünnes: „Noch viel weiter.“
Der Amerikaner: „Bis Amerika?“
Tünnes: „Noch viel weiter.“
Der Amerikaner: „Wieso?“
Tünnes: „Bis zum Mond!“

„Wissen Sie eigentlich, warum Bienen summen?“ –
„Weil sie den Text vergessen haben.“

Was fliegt in der Luft und macht „mmus“, „mmus“? – Eine Biene im Rückwärtsgang.

1 Worüber wird gelacht? Über Unwissenheit und Einfalt? Darüber, dass jemand sich blamiert? Über Unmögliches? Über Überraschendes?
Erläutert mit Hilfe der Fragen die angeführten Witze.

Es gibt Leute, die haben immer Witze auf Lager und können sie vor allem gut erzählen. Worauf kommt es an? Darauf, die **Pointe** des Witzes sprachlich klar und gezielt herauszuarbeiten. „Pointe“ heißt „Zuspitzung“. Sie besteht beim Witz darin, durch eine kurze Erzählung oder Frage die Zuhörer in Spannung zu versetzen, die sich durch eine völlig unerwartete komische Wendung der Erzählung oder eine völlig unerwartete komische Antwort in Lachen entlädt.

2 Bestimmt die Pointe in den Witzbeispielen.

Es kommt vor, dass jemand einen Witz nicht versteht oder dass er beim Erzählen die Pointe verdirbt. Ein Beispiel:

Ein Mädchen gibt seinem Freund ein Rätsel auf: „Wie viel Brötchen kannst du morgens nüchtern essen?“ Er sagt: „Ich denke, vier.“ Sie: „Falsch, denn wenn du eins gegessen hast, bist du nicht mehr nüchtern.“ – Er will den Witz weitergeben und erzählt ihn seinem Freund: „Wie viel Brötchen kannst du morgens auf nüchternen Magen essen?“ Der Freund meint: „Sechs.“ – „Schade“, sagt der junge Mann, „wenn du vier gesagt hättest, hätte ich dir einen schönen Witz erzählen können.“

3 Worin besteht die Pointe dieses Witzes?

4 a) Oft genügt ein Stichwort und uns fallen sofort weitere ähnliche Witze ein, z. B. zu bestimmten Witzfiguren wie Klein Erna, Fritzchen, Graf Bobby, Tünnes und Schäl oder zu bestimmten Witzarten wie Kinderwitzen, Schottenwitzen, Tierwitzen, Irrenwitzen usw. Erzählt sie.

b) Es gibt immer wieder bestimmte Witzmoden. Welche ist zur Zeit bei euch „in"? Berichtet darüber.

Eine besondere Gruppe sind die **Sprachwitze.** Wie die Sprachspiele und so manche Unsinnsgedichte regen sie an, die Möglichkeiten der Sprache auf lustige Weise auszuprobieren.

5 Unter den oben aufgeführten Witzen könnt ihr einige Sprachwitze finden. Nennt sie.

Hier sind weitere Beispiele:

„Wie geht's?", fragte der Blinde den Lahmen.
„Wie Sie sehen", antwortete der Lahme dem Blinden.

In der Schule fragt der Pfarrer die Kinder nach ihren Namen: „Hans." – „Du heißt eigentlich Johannes." – „Seppl." – „Du heißt eigentlich Joseph." Als Kurt drankommt, sagt er gleich: „Ich weiß schon; eigentlich müsste ich Joghurt heißen."

Was ist paradox (widersinnig)?
Paradox ist, wenn man einen Betrunkenen nicht für voll nimmt;
wenn ein Angeklagter sitzen muss, weil er gestanden hat;
wenn die Jugend das schönste Alter sein soll;
wenn ein Bruder seine Schwester unverwandt ansieht;
wenn ein Kreisarzt um die Ecke geht …

6 Erläutert die sprachliche Pointe der einzelnen Beispiele.

7 Sammelt weitere Sprachwitze und tragt sie in der Klasse vor. Eine Jury prämiert die besten Sprachwitze.

9 Laute und Buchstaben

9.1 Tipps zum Rechtschreiben

Nicola, Andreas, Sonia und Filippo sind dicke Freunde, schon seit der Grundschule. Jetzt gehen sie gemeinsam in die 5. Klasse. Filippo ist sogar zum Klassensprecher gewählt worden. Darauf sind sie alle vier ein bisschen stolz.

Sie treffen sich nachmittags regelmäßig zum Spielen im nahen Wäldchen. Ihr großes Geheimnis ist ein gut getarntes Baumhaus, in dem man es auch bei Regen aushalten kann.

Doch eines Nachmittags entdecken sie empört, dass irgendein unverschämter Mensch den Platz an *ihrem* Baum als Müllkippe benützt hat. Alte Farbeimer, ein aufgerissenes Kopfkissen, rostige Gartenstuhlgerippe, leere Benzin- und Ölkanister und Sachen, die man gar nicht untersuchen mag, weil sie so stinken. Alles liegt wüst durcheinander. Sie haben eine Riesenwut und schimpfen wie die Rohrspatzen über diesen brutalen Umweltverschmutzer, bis Filippo sagt: „Unsere ganze Meckerei bringt doch nichts – der Mistkerl ist sowieso über alle Berge. Aber guckt euch doch mal richtig um – überall fliegt irgendwelcher Dreck rum: Colabüchsen und leere Zigarettenschachteln und all das andere Zeug. Wenn wir weiter hier spielen wollen, müssen wir schon selbst aufräumen. Und für den Wald wäre es auch gut." Die anderen nicken. Da hat Filippo mal wieder Recht – er ist eben nicht umsonst Klassensprecher.

Bei ihren Eltern und in ihrer Klasse finden die vier Kinder bald Unterstützung für ihren Plan und zwei Wochen später treffen sich alle zu einem „Waldputzsamstag". Sogar ihre „Paten" aus der 10. Klasse, die ihnen beim Eingewöhnen in der neuen Schule helfen sollen, beteiligen sich. Die vier sind mächtig stolz auf den Erfolg ihrer Idee. – Aber wie kann man verhindern, dass bald alles wieder genauso aussieht wie vorher? Man kann doch nicht jeden Tag im Wäldchen stehen und mit den Spaziergängern reden! „Wenn wir noch mal eine Aktion machen, holen wir die Presse. Ein richtiger Zeitungsartikel mit Foto macht die Leute aufmerksam", schlägt Nicola vor. „Das ist gut", nickt Andreas, „aber wie lange wirkt das?" – „Stimmt", räumt Sonia ein, „man müsste die Leute ständig daran erinnern, dass der Wald keine Müllkippe ist. Plakate müssen her! Wenn die Spaziergänger die sehen, lassen sie vielleicht nicht so einfach ihre Kippen oder ihre Chipstüten fallen. Und die mit dem großen Müll fangen hoffentlich auch an zu denken."

Gemeinsam brüten sie über einem Text, aber es will ihnen heute nichts wirklich Gutes einfallen. Am nächsten Morgen in der Schule haben dann alle einen Zettel dabei. Sonia schlägt vor:

Wilst du im Müll leben???
Die Beume auch nicht!!!

Bei Andreas steht:

Wenn du deinen Dreck im Wald entsorgst,
hast du bald große Sorgen mit dem Wald!

(Er hat mit seinem Vater gemeinsam an dem Spruch gebastelt.)

Filippo hat sogar gedichtet:

Im Walt Müll und Gestank,
das macht mich Krank.
Im Wald Kippen und Dräck,
das mus weck.

Nicola will schreiben:

Nur 15 Minuten bis zum
Spermüllplatz.
Der Wech lont sich.

Eigentlich finden sie ihre Sprüche ganz schön gut. Aber schreibt man denn nun „Wald" oder „Walt"?

Filippos Text sieht an manchen Stellen etwas seltsam aus, denken die Kinder, nicht nur wegen seiner Schrift. Sonia schlägt vor einen von den Großen zu fragen, die beim Aufräumen mitgeholfen haben, denn darüber sind sich alle einig: Wenn sie mit ihren Plakaten ernst genommen werden wollen, dann muss der Text nicht nur witzig, sondern auch richtig geschrieben sein. Sonst tun die Erwachsenen die ganze Aktion als Kinderkram ab – statt nachzudenken.

Martina, Sonias „Patin", hilft ihnen gerne. Sie hat einige Tipps auf Lager, mit denen sich die vier selber helfen können:

Schreibweisen ausprobieren

1. Wenn du bei einem Wort, das du eigentlich schon kennst, unsicher bist, hilft es manchmal, einfach auf einem Blatt das Wort in unterschiedlichen Schreibweisen aufzuschreiben. Was dir fremd erscheint, scheidet aus. Wenn dir Zweifel bleiben, lieber im Wörterbuch nachsehen!

2. Um zu durchschauen, wie Wörter geschrieben werden, kannst du **verschiedene Proben** anwenden:
   - das Wort verlängern, z. B. *Wald – Wälder, Weg – Wege*
   - ein verwandtes Wort suchen, z. B. *Baum – Bäume, willst – wollen*
   - ein zusammengesetztes Wort in seine Bestandteile zerlegen, z. B. *Sperrmüllplatz – Sperr + müll + platz*

Das leuchtet den Kindern ein. Aber was macht man mit Wörtern, zu denen keine von den Proben passt? Auch da weiß Martina Rat:

Das Wörterbuch – dein starker Helfer

Man kann nicht alles wissen, man muss nur wissen, wo es steht. Das gilt auch für die Rechtschreibung. Jeder kann Fehler vermeiden, wenn er bei Zweifeln über die richtige Schreibweise im Rechtschreibwörterbuch nachsieht.

1 a) Gemeinsam wenden die Kinder diese Tipps auf ihre Sprüche an. – Schreibe die verbesserten Texte auf.
b) Erfindet selbst wirksame Aufforderungen den Wald zu schonen.

Andreas, Sonia, Filippo und Nicola benutzen diese Tipps jetzt auch bei den Hausaufgaben und stellen fest: Die helfen wirklich. Bei der nächsten Gelegenheit fragen sie Martina, ob sie noch andere Tipps anzubieten hat. Sie muss ein bisschen nachdenken, denn schließlich liegen die Zeiten, als sie in der Rechtschreibung noch sehr unsicher war, doch schon einige Jahre zurück. Aber sie erinnert sich noch, was ihr besonders gut geholfen hat. Sie hat sich damals vier große Karteikarten angelegt, auf denen steht:

Richtiges Abschreiben

So machst du beim Abschreiben von schwierigen Wörtern oder Texten möglichst wenig Fehler:

1. Lies dir das **ganze Wort** genau durch.
2. Überlege, was dir daran **schwierig** erscheint.
3. **Gliedere** das Wort in Teile, die du schon kennst; präge dir besonders die Teile ein, die neu für dich sind. Könntest du es jetzt ohne Stocken aufschreiben?
   Wenn du an einer Stelle unsicher bist, schau noch einmal auf das Wort.
4. Schreibe das Wort jetzt **auswendig** hin.
5. **Kontrolliere** deine Schreibung, indem du sie Buchstabe für Buchstabe mit der Vorlage vergleichst, zur Sicherheit auch einmal von hinten nach vorn.

Mit Texten kannst du genauso verfahren. Dabei solltest du ganze Sätze allerdings in kleinere Sinneinheiten aufteilen.
Nimm dir immer nur Teile vor, die du auswendig aufschreiben kannst.

Die Silbentrennung

Eigentlich reicht es, sich die Grundregel zur Silbentrennung zu merken: Mehrsilbige Wörter trennt man nach **Sprechsilben**, die man bei langsamem, betontem Sprechen hören kann, z. B.: *A-bend-spa-zier-gang, Kas-ten, Lap-pen.* Das bedeutet auch: Einsilbige Wörter kann man nicht trennen.

2 a) Lest die folgenden Wörter so, dass man die Sprechsilben deutlich hört:
Klassensprecher, Baumhaus, Gartenstuhlgerippe, Rohrspatzen, Umweltverschmutzer, Müllkippe.

b) Schreibt die Wörter mit Silbentrennstrichen auf. Beachtet dabei die Tipps zum Abschreiben.

c) Jeder verbessert anschließend die Wörter seines Nachbarn oder seiner Nachbarin.

Das Partnerdiktat

Im Partnerdiktat könnt ihr testen, ob ihr neue Wörter, Regelungen und Rechtschreibtipps wirklich behalten habt.
Wichtig ist, dass ihr beim Partnerdiktat wirklich **als Partner** zusammenarbeitet. Das funktioniert so:

1. Ihr schreibt und diktiert abwechselnd.
2. Zuerst lest ihr euch gemeinsam den Diktattext durch und besprecht, welche Wörter euch Schwierigkeiten bereiten könnten.
3. Treten beim Schreiben Unsicherheiten auf, helft ihr euch gegenseitig: Der Schreiber fragt nach, wenn er ein Wort nicht schreiben kann; der Diktierer stoppt den Schreiber, wenn er sieht, dass etwas falsch geschrieben wird.
   Versucht gemeinsam zu klären, warum der Fehler zustande gekommen ist.
4. Am Ende kontrolliert jeder seinen Teil, anschließend den Text des Partners.

3 Ihr könnt das Partnerdiktat mit einem Abschnitt der Geschichte von Nicola, Andreas, Sonia und Filippo üben (S. 151/152).
Die Sprüche der vier schreibt ihr natürlich in euren verbesserten Fassungen auf.

Die Rechtschreibkartei

Eine Rechtschreibkartei ist eine Wörtersammlung, die du auf **Karteikarten** oder **Ringbuchblättern** führen kannst. Am besten verabredet ihr in der Klasse eine gemeinsame Form. Ihr könnt mit eurer Kartei Rechtschreibregelungen und Tipps erarbeiten und sie auch zum Üben benutzen – in der Klasse, in Partnerarbeit oder allein zu Hause.
Wichtig ist immer, dass du in der Kartei sorgfältig und fehlerfrei schreibst, damit du dir nichts Falsches einprägst. Sieh dir dazu nochmals die Tipps zum richtigen Abschreiben an.
Wie funktioniert die Arbeit mit einer Rechtschreibkartei?
Du kannst sie verwenden

- als **persönliche Fehlerkartei,** in die du Wörter aufnimmst, bei denen du häufig Fehler machst;
- als **Regelkartei,** in der Wörter zusammengestellt werden, die zu einer bestimmten Rechtschreibregelung passen. Die Regelung solltest du dazu notieren.

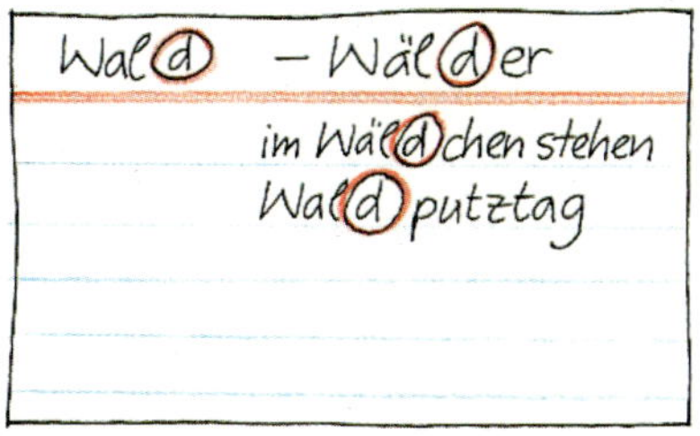

Nicola, Sonia, Filippo und Andreas nehmen sich vor, die sechs Tipps auf Karteikarten zu schreiben um sie dann mit einem Griff zur Hand zu haben. Wenn ihr nicht immer im Buch blättern wollt, könnt ihr es genauso machen.
Die Zeichen, die ihr auf den folgenden Seiten bei einigen Aufgaben findet, zeigen euch, wo ihr welchen Tipp gut gebrauchen könnt.

9.2 In alphabetischer Reihenfolge

James Krüss

Das Männer-ABC

Adam war der erste Mann.
Also fang ich mit ihm an.
Riesen sind auch Männer. Bloß –
Sie sind unwahrscheinlich groß.
Herkules, der große Held,
Steht des Nachts am Sternenzelt.
Cäsar hatte alle Macht.
Brutus hat ihn umgebracht.
Tutanchamun (wie bekannt)
Herrschte im Ägypterland.
Wilhelm von Oranien
Kämpfte gegen Spanien.
Knigge sagt uns würdevoll,
Wie man sich verhalten soll.
Peter Pan, der Bube klein,
Wollte nie erwachsen sein.
Urian fuhr ohne Geld
Ganz alleine um die Welt.
Franklins Name stimmt uns heiter:
Er erfand den Blitzableiter.
Brutus fand es gar nicht fein,
Zweiter Mann in Rom zu sein.
Varus starb, besiegt und alt,
In dem Teutoburger Wald.
Gulliver fuhr einst umher
Zwischen Inseln, fern im Meer.
Yankees gibt's in USA,
Also in Amerika.
Einstein trieb Mathematik
Und zuweilen auch Musik.
Sindbad hatte ungeheuer
Viele Meeresabenteuer.
Xerxes war ein König, der
Peitschte einst aus Zorn das Meer.
Iwan aus dem Kreml war
Russlands allerschlimmster Zar.
Onkel Tom, der Neger, ward
Oft geschlagen, bös und hart.
Lohengrin kam mit dem Schwan
Prompt zu Elsas Rettung an.
Dickens schrieb (wie ihr wohl wisst)
Den Roman „Oliver Twist".
Mozart, der berühmte Mann,
Schrieb die Oper „Don Juan".
Jonas saß mit trübem Sinn
In dem Bauch des Walfischs drin.
Noah rettete im Boot
Tiere vor der Wassernot.
Querkopf nennt man einen Mann,
Den man nicht belehren kann.
Zeus, vergib mir (wenn es geht)
Dieses Männer-Alphabet.

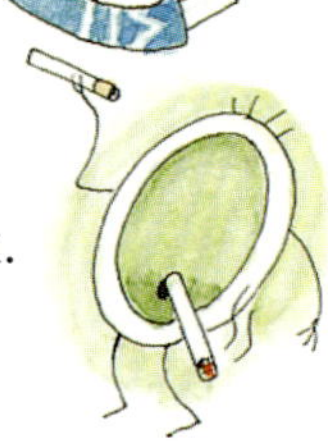

1 a) Im Gedicht von James Krüss ist einiges durcheinander geraten. Schaut euch die Überschrift an. In welcher Reihenfolge erscheinen die Zeilen des Gedichts wohl im Original?
b) Lest das Gedicht in der richtigen Reihenfolge. Wer schafft es ohne zu stocken?
c) Kennt ihr die Männer, die hier erwähnt werden? Tauscht eure Kenntnisse aus. Schlagt bei Bedarf im Sachlexikon nach.
d) Versucht ein „Frauen-ABC" zu dichten.

2 a) Ordnet die folgenden Wörter nach dem Alphabet und schreibt sie dann auf:

Geburtstag vielleicht Schmutz dann nichts ausprobieren meist Angst eigentlich irgendwo selbstständig Dienstag nämlich interessant Abendbrot ziemlich Theater Taxi kriegen

b) Vergleicht eure Ergebnisse. Könnt ihr euch auf eine Reihenfolge einigen, die für alle gilt?

3 a) In einem Telefonbuch reicht die alphabetische Anordnung nach dem ersten Buchstaben des Nachnamens nicht mehr aus. Beschreibt, nach welchen zusätzlichen Regeln die Namen sortiert sind.
b) Nennt andere Listen oder Bücher, die alphabetisch geordnet sind.
c) Sucht die Telefonnummern von einigen eurer Klassenkameraden aus eurem örtlichen Telefonbuch heraus.

Habelt Hildegard Landsberger-485		58 5
Habemann U. KleineStoppenberger-3		32 64
Habendorf Walli Vogelheimer-138		34 2
Habenicht Joachim LindkenshoferWeg 56		54 20
Habenick Maria Paulinen-107		77
Haber Bernd Schmachtenberg-233	(Ke)	86
- **Charlotte** Schweriner-42		70 4
- **E.** Langenberger-496		58 0
- **E.** Werder-40		28 7
- **Hans** Pörtingsiepen 32		4
- **Walter** Tersteegenweg 1		71 3
Haberecht Günter Mosel-21	(Ke)	84
- **Helene** Dinnendahl-83		51 1
- **Helmut** Breslauer-60		70
- **Uwe** Volckmar-14	(Ke)	84
Haberer Erwin Bergknappenweg 25		59

4 a) Was könnt ihr auf der unten stehenden Seite aus einem Wörterbuch alles über die Wörter erfahren?
b) Wozu dient das Wort oben links auf der Seite?
c) Was bedeuten die Abkürzungen? Stellt fest, ob euer Wörterbuch ein Abkürzungsverzeichnis hat.

Etikett

Etikett das *franz.*, die Etiketten / Etiketts: Hinweisschild, Warenaufkleber; **etikettieren; Etikettierung** die

Etikette die *franz.*: gesellschaftliche Umgangsform

etliche er rief etliche (einige) Leute an, er verursachte etlichen (ziemlich viel) Wirbel; **etliche Mal** er rief etliche Mal(e) an

Etui [ätwi] das *franz.*, die Etuis: kleiner Behälter, Futteral

etwa das kostet etwa (ungefähr) zehn Mark; **etwaig** eine etwaige (eventuelle) Verzögerung

etwas gib mir etwas zu trinken, sie hatte das gewisse Etwas (eine besondere Ausstrahlung)

Eucharistie die *griech.*: Messopfer, Abendmahl der Katholiken

euer euer Haus, das eure / Eure, das eurige / Eurige, die eurigen / Eurigen; **euerseits; euersgleichen; euerthalben; euertwegen; euertwillen; eurerseits**

Eukalyptus der *griech.*: immergrüner Baum

Eule die: Nachtvogel

Euphorie die *griech.*: übersteigerte Begeisterung, Hochgefühl; **euphorisch**

Euro der, die Euro(s): neue Währungseinheit, die in allen Ländern der Europäischen Union gelten soll

Europa; Europäer der; **Europäerin** die, die Europäerinnen; **europäisch; Europäische Union** die, *Abk.* EU: Zusammenschluss europäischer Staaten zu wirtschaftlicher thäus, Markus, Lukas, Johannes); **Evangelium** das *griech.*, des Evangeliums, die Evangelien: die Heilsbotschaft Jesu Christi: er verkündete sein Evangelium

eventuell vielleicht, *Abk.* evtl.

Evergreen [äwergrin] der/das *engl.*, die Evergreens: beliebte, immer wieder gespielte Melodie

Evolution die *lat.*, die Evolutionen: stammesgeschichtliche Entwicklung von niederen zu höheren Lebensformen, allmähliche geschichtliche Entwicklung (*Ggs.* Revolution); **evolutionär; Evolutionstheorie** die

ewig das ewige Leben, auf ewig, für immer und ewig, *aber:* das Ewige (Unvergängliche), der Ewige Vater (Gott); **Ewigkeit** die

exakt *lat.*: genau, präzise; **Exaktheit** die

Examen das *lat.*, des Examens, die Examen / Examina: Prüfung; **Examensangst** die; **examinieren**

Exekution die *lat.*, die Exekutionen: 1. Hinrichtung eines zum Tode Verurteilten 2. Ausführung einer Aktion

Exempel das *lat.*: Beispiel; die Probe aufs Exempel machen (etwas am praktischen Fall auf seine Richtigkeit prüfen); **Exemplar** das: Einzelstück, *Abk.* Expl.; **exemplarisch** musterhaft

Exil das *lat.*: Verbannung; Heine lebte in Frankreich im Exil

existent *lat.*: vorhanden, wirklich; **Existenz** die: eine sichere Existenz (Lebens-

5 **Wörterbuchquiz:** Stellt euch gegenseitig Suchaufgaben, z. B.:
- Heißt es „der Joghurt“ oder „das Joghurt“? Und wie heißt der Plural dazu?
- Schreibt man „groß   schreiben“ in einem oder in zwei Wörtern?
- Wie heißt der Plural zu „Biskuit“? Was ist das genau?
- Wie schreibt man das Fremdwort für „Geldbörse“? – „Port …“
- Aus welcher Sprache stammt das Wort „Mansarde“?
- Wird „logisch“ eigentlich mit kurzem oder mit langem o gesprochen?
- Wie heißt der Genitiv zu „Loipe“?
- Schreibt man „rü men“ mit „h“? Und wie ist es bei „dö sen“?

Euch fallen bestimmt noch mehr Fragen für das Quiz ein.

Das **Alphabet** wird zum Ordnen der Wörter in Wörterbüchern, Lexika, Telefonbüchern usw. verwendet. Darum ist es wichtig, dass du dich im Alphabet gut auskennst.
Wenn Wörter den gleichen Anfangsbuchstaben haben, werden sie nach dem zweiten Buchstaben, wenn nötig sogar nach dem dritten oder vierten Buchstaben usw. geordnet.

6 Stoppt mit der Uhr, wie lange ihr braucht um das Alphabet verständlich und zügig aufzusagen. Wer kann es schließlich am schnellsten?

9.3 Was hält der Held in der anderen Hand? – Gesprochen ist noch nicht geschrieben

Christian Morgenstern
Der Seufzer

Ein Seufzer lief Schlittschuh auf nächtlichem Eis
und träumte von Liebe und Freude.
Es war an dem Stadtwall, und schneeweiß
glänzten die Stadtwallgebäude.

Der Seufzer dacht an ein Maidelein
und blieb erglühend stehen.
Da schmolz die Eisbahn unter ihm ein –
und er sank – und ward nimmer gesehen.

1 a) Gefällt dir das Gedicht? Versuche deine Meinung den anderen zu erklären.
b) Lest im Gedicht am Ende der Zeilen jeweils die Wörter, die sich reimen. Wodurch kommt der Reim zustande?
c) Achtet darauf, wie die Reimwörter geschrieben werden. Was fällt euch auf?

Mit Hilfe der Reimwörter könnt ihr zwei wichtige Grundsätze der deutschen Rechtschreibung erkennen. Der erste Grundsatz lautet:

> Im Deutschen wird vieles so geschrieben, wie man es spricht. Das nennt man das **Lautprinzip** der Schreibung.
> Darum ist es wichtig, genau hinzuhören, wenn man etwas aufschreibt.

2 Stellt aus den Zeilenenden des Gedichts von James Krüss (S. 156) Beispiele für das Lautprinzip zusammen, z. B.: *Macht/umgebracht.*

Aber es gibt auch viele **Unterschiede** zwischen der **gesprochenen** und der **geschriebenen** Sprache.

3 a) Sucht Reimwörter aus dem Gedicht von James Krüss (S. 156), in denen gleich klingende Laute unterschiedlich geschrieben werden, z. B.: *Mann/an, umher/Meer.*
b) Ordnet die Wörter danach, ob es sich bei den Lauten um Konsonanten (Mitlaute) oder Vokale (Selbstlaute) handelt.

4 a) Sucht möglichst viele Wörter, die mit dem Wort „Mann" gebildet werden können, z. B.: *Ehemann, Mannschaft, männlich ...*
b) Macht ein Wettspiel daraus: Wer notiert in einer vorher festgelegten Zeit die meisten Wörter zu: „kalt", „Tag", „Hand", „lachen" ...?
c) Sammelt eure Ergebnisse an der Tafel und unterstreicht in den Wörtern den Teil, der (fast) gleich geblieben ist. Welche Veränderungen gibt es?

Bei euren Übungen seid ihr von dem zweiten Grundsatz der deutschen Rechtschreibung ausgegangen:

> Den gleich bleibenden Wortbestandteil nennt man **Wortstamm,** alle Wörter mit demselben Wortstamm bilden eine **Wortfamilie.**
> Jetzt könnt ihr viele Unterschiede zwischen Aussprache und Schreibung eines Wortes erklären: Sie ergeben sich aus der Regelung, dass man Wortstämme möglichst überall gleich schreibt.
> Das nennt man **Stammprinzip** in der Rechtschreibung.
> Also schreibt man „We**g**" und „We**g**e" mit **g**, auch wenn die Laute am Wortende unterschiedlich gesprochen werden; also schreibt man „Geb**äu**de" mit **äu**, weil es zu „**bau**en" gehört.
> Darum gilt: Wenn du bei der Schreibung unsicher bist, mache eine der **Proben:** Verlängere das Wort oder suche ein verwandtes Wort.

5 Führt ein **Partnerdiktat** mit den folgenden Wörtern durch:
Held, Geld, Wald, bald, Räuber, säubern, läuten, Häuser, Mäuse.
Der Schreibende erklärt die Schreibung, indem er eine passende Probe durchführt.

6 In anderen Sprachen ist der Unterschied zwischen der Aussprache und der Schreibung oft noch deutlicher als im Deutschen. Besprecht Beispiele aus anderen Sprachen, die ihr kennt, weil sie eure Muttersprache sind oder weil ihr sie gerade als Fremdsprache lernt.

9.4 Groß oder klein?

1 Zerlege den Wörterschal durch probierendes Lesen in einzelne Wörter. Warum ist das so schwierig?

2 a) Sicher ist euch beim Zerlegen des Wörterschals aufgefallen, dass immer zwei Wörter zusammengehören. Schreibt diese Wortpaare auf. Aus welchen Wortarten sind die Paare zusammengesetzt?
b) Welche Wörter müssen groß-, welche kleingeschrieben werden?

Rechtschreibregelung – zur Erinnerung

Aus der Grundschule weißt du schon, dass alle **Nomen** und **Satzanfänge** **großgeschrieben** werden.

3 Was fällt euch an den Nomen des Wörterschals auf? Achtet auf die **Endungen.**

4 Sucht weitere Nomen mit den Endungen, die ihr gefunden habt, und nennt jeweils das zugehörige Verb oder Adjektiv. Ordnet die Nomen nach ihrer Endung an der Tafel.

Aus alter Ritterzeit ...

In einer kleinen Ortschaft am Rande des Fürstentums des Fürsten Fridolin und der Fürstin Rosalind wohnte der reiche Ritter Theobald, der in seiner Verwandtschaft für seine Großzügigkeit bekannt war. Bei jeder Gelegenheit lud er Verwandte und Freunde in die Wirtschaft zum zünftigen Schmaus ein. Alle freuten sich darauf, denn es war immer ein großes Ereignis: Der Wirt hatte für reichliche Verpflegung zu sorgen, Lautenspielerinnen begleiteten das Mahl mit Musik und Sängerinnen sorgten für die Unterhaltung der Gäste. Wenn sich die Festgesellschaft am Ende des Tages von Theobald verabschiedete, waren sich alle einig: Es war wieder eines der Erlebnisse, die in bester Erinnerung bleiben.

5 In diesem Text stecken viele Nomen mit typischen Endungen. Schreibt diese Nomen nach Endungen geordnet heraus.

6 a) Einige dieser Nomen stehen im Plural (Mehrzahl). Bilde den Singular (Einzahl) dazu und vergleiche die Schreibungen, z. B.: *die Erlebnisse – das Erlebnis*
die Lautenspielerinnen – die Lautenspielerin ...

b) Sammelt für ein Partnerdiktat weitere Nomen mit den Endungen **-in** und **-nis.**
Hilfe: Wörter auf **-in** sind oft weibliche Berufsbezeichnungen.

c) Bildet Sätze, in denen die gesuchten Nomen im Plural verwendet werden, und diktiert sie euch. Beispiel: *[Ärztinnen] helfen Kranken. [Lehrerinnen] ...*
Vor den Sommerferien gibt es [Zeugnisse.] [Geheimnisse] ...

d) Umrahmt die Nomen wie in den Beispielsätzen und notiert sie auch in der Singularform.

e) Formuliert eure Beobachtung als Rechtschreibregelung.

7 a) Kann man alle Nomen mit den typischen Nomenendungen in den Plural setzen? Probiert aus, bei welchen Nomen der Plural sinnvoll ist und wo nicht, z. B.:
Ortschaft – Ortschaften; Ereignis – Ereignisse; Großzügigkeit ...?

b) Versucht eure Beobachtungen zu erklären.

c) Zu den gebräuchlichen Nomen, die nur im Singular vorkommen, gehören:
Durst, Hunger, Ruhe, Schutz, Überfluss ...
Welche fallen euch noch ein?

8 a) Überlegt gemeinsam, wie ein Festtag bei Ritter Theobald ablaufen könnte.
b) Beschreibe einige Höhepunkte dieses Ereignisses; achte dabei besonders auf die Großschreibung der Nomen, mit der du dich hier befasst hast:

Rechtschreibregelung

Wörter, die auf *-heit, -keit, -nis, -ung, -tum, -schaft, -in* enden, sind **Nomen** und werden daher **großgeschrieben.**

9.5 Kann man Schokolatten essen? – Kurz oder lang gesprochen

Svens Oma feiert ihren 70. Geburtstag. Sie hat die ganze Familie zum Essen in ein feines Restaurant eingeladen.
Sven freut sich besonders auf den Nachtisch, doch als er die Speisekarte liest, steht da:

Sven ist verwirrt. Kann man das essen? ... Gartenzäune aus Schokolade ... Schmeckt der Pudding etwa nicht? ...

1 a) Was genau stellst du dir unter den Bezeichnungen auf der Speisekarte vor?
b) Fallen euch auch für andere Speisen oder Getränke Namensabwandlungen ein?

2 a) „Übersetzt" die Nachtisch-Karte in richtiges Speisekarten-Deutsch, also:

Klassierte Früchte : glasierte Früchte
... ...

b) Notiert die Ausdrücke in zwei Listen nebeneinander und vergleicht sie möglichst genau: Was ändert sich an der Schreibung der Begriffe und wie verändert sich dadurch ihre Aussprache?

c) Jetzt könnt ihr den Kunstgriff, durch den die Speisekarte witzig wirkt, genau beschreiben.

9.6 Fette Hennen schmecken besser: Kurze Vokale

Irina Piwowarowa

Wie der Schmetterling auf den Ball ging

Der Schmetterling wurde auf einen Ball geladen. Er freute sich sehr, flog nach Hause und suchte das schönste von all seinen Kleidern aus. Doch plötzlich fiel ihm ein, dass er in der Eile vergessen hatte zu fragen, wo der Ball stattfinde.

Ich werde zu den Blumen fliegen, dachte der Schmetterling, die Blumen werde ich fragen.

Und er zog das Ballkleid an und flog auf die Wiese, wo die Blumen stehn.

Sagt mir bitte, wenn ihr's wisst, wo der Ball sein wird, sagte der Schmetterling und flog von einer Blume zur anderen.

Nein, sagten die Blumen und schüttelten den Kopf, wir wissen's nicht.

So irrte der Schmetterling in seinem Ballkleid von einer Blume zur anderen bis in den Herbst hinein, weil es auf der Wiese viele Blumen gab.

1 Vergleicht den Schmetterling in der Geschichte mit den Schmetterlingen in der Natur.

2 a) Lest den Text noch einmal laut und achtet dabei besonders auf den Klang der Wörter.

b) Welche Vokale werden lang und welche kurz gesprochen?
Schreibt die Wörter in getrennten Spalten auf. Teilt euch die Arbeit, indem eine Gruppe alle Nomen mit kurzen, eine andere alle Nomen mit langen Vokalen notiert; zwei andere Gruppen beschäftigen sich mit den Verben.

Es hilft euch in der Rechtschreibung, wenn ihr darauf achtet, ob die **Vokale** (Selbstlaute) **kurz** oder **lang gesprochen** werden. Denn die Aussprache der Vokale bestimmt oft die Aussprache und Schreibung der nachfolgenden Konsonanten (Mitlaute).

3 Untersucht in euren Wortlisten aus Aufgabe 2 die Konsonanten, die auf die betonten kurzen Vokale folgen. Was hört ihr? Was schreibt man?

4 a) Bildet eine **Reimkette** aus Wörtern mit kurzem betontem Vokal: Jeder hat ein Blatt vor sich und schreibt das Leitwort auf, das einer von euch angibt. Der nächste Spieler sucht ein Reimwort dazu und diktiert es für alle. Wem keines einfällt, der erhält einen Strafpunkt, aber er darf ein neues Reimwort vorgeben, z. B.:
Klasse, Masse, Tasse, … brennen, rennen …
b) Kontrolliere anschließend zusammen mit deinem Nachbarn die Schreibung.

Rechtschreibtipp

Nach **betonten kurzen Vokalen** folgen fast immer **zwei Konsonanten.** In den meisten Fällen kann man sie beim Hören gut unterscheiden, z. B. bei *Hu**nd**, To**pf**, Ka**rt**e, de**nk**en …*
Hört man nur einen Konsonanten, wird der beim Schreiben **verdoppelt**, z. B. bei *kna**bb**ern, Pu**dd**ing, Ko**ff**er, Ba**gg**er, Ba**ll**, schwi**mm**en, Bru**nn**en, Su**pp**e, i**rr**en, verge**ss**en, schü**tt**eln …*

Josef Reding
Schmetterling, schön in allen Sprachen

In Norwegen heißt
ein Schmetterling
Sommervogel
und in Frankreich
Papillon
und in Italien
Farfalla.
Puste diese Worte an;
fliegen sie nicht von selbst?
Aber warum heißt bei uns
der Schmetterling
Schmetterling?

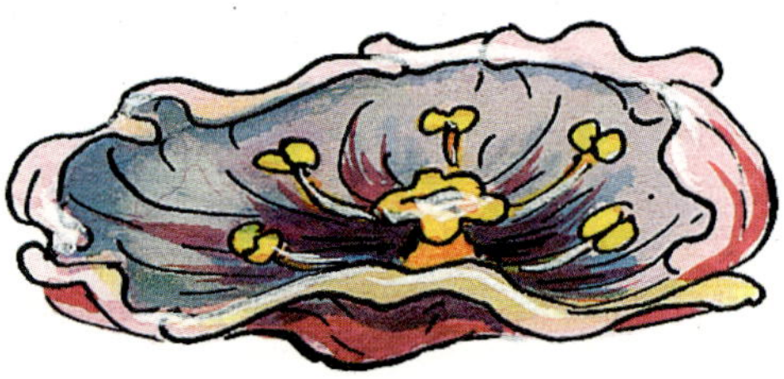

Weil er so hellgelb
aussieht wie früher die
Butter, wenn sie im Fass unter
dem Stampfer aus der Milch
„geschmettert“
wurde.
Darum Schmetterling.
Auch schön, nicht wahr?

5 a) Lest das Gedicht laut. Probiert, wie man die Zeilen sprechen muss, damit der Text am besten zur Geltung kommt.
b) Wie würdest du die beiden Fragen in den Zeilen 9 und 20 beantworten? Achte bei deiner Antwort darauf, dass du die Doppelkonsonanten richtig schreibst.

6

Flasche	lutschen	singen	Drachen	acht
T...	r...	br...	R...	N...
...	...	...	...	...

a) Ergänze die Reimwörter und füge noch weitere zu jeder Spalte hinzu. Vielleicht habt ihr bei der Wörterkette auch schon solche Beispiele genannt.
b) Passen diese Wörter eigentlich zu der Regel über die Schreibung nach kurzen betonten Vokalen? Überlegt: Wie viele Laute sind bei **ch, sch, ng** zu hören?

7 a) Lest die markierten Wörter und achtet auf den Klang: Welche Laute werden hier mit Doppelkonsonanten geschrieben?
b) Schreibt die kleine Geschichte über Fritz und die Pflaumen zu Ende. Versucht dabei möglichst viele Wörter mit **ck** und **tz** zu verwenden. Unterstreicht anschließend in eurem Text diese Doppelkonsonanten.

Ihr habt es hier mit den beiden Ausnahmen bei der Konsonantenverdoppelung zu tun:

Rechtschreibregelung

Es gibt zwei Sonderfälle bei der Konsonantenverdoppelung nach kurzem betontem Vokal:
Statt verdoppeltem **k** wird **ck** geschrieben.
Statt verdoppeltem **z** wird **tz** geschrieben.

8 a) Vergleiche die Trennungen im folgenden Satz mit der Grundregel zur Silbentrennung:
Wa-cke-re Zu-cker-bä-cker rü-cken di-cke Sä-cke in die E-cke.
b) Suche die Wörter mit **ck** aus deiner Geschichte heraus und schreibe sie mit Silbentrennungsstrichen auf.

9 Versuche mit einer fantasievollen Geschichte bestimmte Verhaltensweisen von Tieren zu erklären, z. B: Warum weben Spinnen Netze?
oder: Warum tanzen Mücken bei Hitze?
Denke daran, deiner Erzählung eine passende Überschrift zu geben.

Kurzwörter mit kurzen Vokalen

Am Abend vor der Mathematikarbeit

Jan packt seine Schultasche. Allmählich wird er nervös: Morgen steht eine Mathearbeit an und sein Zirkel ist weg. Da kann man schon kribbelig werden! Das Ding steckt nicht im Etui, auch nicht in der Schreibtischschublade. Jan schiebt seine Hefte hin und her und tastet hektisch alles ab, was auf dem Tisch liegt. Er überlegt, ob er den Zirkel vielleicht vom Schreibtisch gestoßen hat, aber auf dem Boden liegen nur seine Kassetten verstreut herum. Beim Suchen schubst er vor lauter Ungeduld auch noch seine Lampe um. Sie kippt auf das Ringbuch mit den Matheaufgaben, das er am Nachmittag zum Üben aufgeschlagen hat. Was blinkt ihm da zwischen den Seiten entgegen? Sein Zirkel! „Bin ich ein Trottel", stöhnt Jan, „wie konnte ich das vergessen? Hoffentlich bin ich bis morgen wieder fit, sonst wird es nichts mit einer guten Arbeit."

1 a) Ist dir etwas Ähnliches auch schon passiert? Erzähle davon.
b) Sucht aus dem Text alle Wörter heraus, bei denen auf einen kurz gesprochenen Vokal nur ein einfacher Konsonant folgt, und erstellt eine alphabetisch sortierte Liste.

Rechtschreibtipp

Es gibt eine Reihe häufig gebrauchter einsilbiger Wörter, bei denen man sich einfach merken muss, dass auf einen kurz gesprochenen Vokal ein einfacher Konsonant folgt.

2 a) Jan hat schlechte Laune. Es ist einfach

> *„Ein Morgen, an dem alles schief geht"*
> *Sein Lieblingshemd liegt nicht in der Schublade. Der Schnürriemen reißt beim Binden ab.*
> *Am Kakao verbrennt er sich die Zunge. Im Müsli sind zu wenig Nüsse ...*

Du kennst solche Tage bestimmt auch. Setze Jans Nörgelei fort und benutze dabei die einsilbigen Wörter aus deiner Liste.

b) Markiere sie anschließend.

c) Was tut ihr gegen schlechte Laune? Tauscht eure „Rezepte" aus.

9.7 Qual der Wahl im Saal: Lange Vokale

Lange Vokale mit nachfolgendem „h"

1 a) Wählt euch in kleineren Gruppen je einen Text aus diesem Buch, der ungefähr eine halbe Seite lang ist. Einer liest jeweils einen Abschnitt laut vor. Schreibt dann alle Wörter heraus, in denen die Vokale **a, e, o, u** lang und betont gesprochen werden. Ihr werdet bald merken, dass ihr die Wörter in zwei Spalten ordnen könnt.

b) Arbeitet euch bis ungefähr zur Textmitte vor. Was beobachtet ihr?

2 a) Vergleicht eure Listen mit denen der anderen Gruppen.

b) Überprüft euer Ergebnis, indem jede Gruppe ihren Text bis zum Ende bearbeitet.

Rechtschreibtipp

Konzentriere dich beim Üben auf die Gruppe von Wörtern, bei denen nach dem **betonten langen Vokal** ein **h** folgt.

3 *Draht gewöhnen Bohne fühlen Fahne Hahn kehren Lohn Ohr Wahl mähen froh drehen Schuh ohne versöhnen Naht Sahne kühlen Zahn wehren Sohn Rohr Kuh nähen kahl gehen Floh lahm Bahn lehren Mohr Stahl geschehen Stroh zahm*

a) Ordnet die Wörter, die sich reimen, einander zu. Versucht lustige Zweizeiler damit zu dichten.

b) Wähle fünf Wörter aus und bilde dazu möglichst viele Wörter, die denselben Wortstamm haben: z. B. *Wahl – Wähler – wählen – wählerisch – Wahltag ...*

c) Sucht die Wörter heraus, in denen auf das **h** ein Konsonant folgt, und markiert beide Buchstaben, z. B. *Bohne – nehmen – rühren ...* Was fällt euch auf?

d) Formuliert eure Beobachtung als Rechtschreibtipp:
*Das **h** erscheint sehr oft – aber nicht immer! – in Verbindung mit ...*

4 a) Bilde Sätze, die möglichst viele verwandte Wörter mit **h** (z. B. wählen, Wahl …) enthalten.
b) Diktiert euch eure Sätze gegenseitig. Denkt dabei an die Verlängerungs- und an die Verwandtschaftprobe.

5 CVREHNWNAHIRFSCHUHLOPFRÜHSBANZEHPOUPE
GEWEIHTRENKUHFRECSAHDIFROHMMOWEHSEVIFLOHPIT

a) In diesem Wörterversteck sind elf Wörter verschiedener Wortarten verborgen, die mit **h** enden. Sucht sie heraus und schreibt sie nach Wortarten geordnet untereinander auf.
b) Schreibt neben jedes der Wörter aus dem Wörterversteck eine sinnvolle Wortverlängerung oder eine verwandte Wortform. Sprecht beide Silben, als wolltet ihr das Wort trennen.
c) Erfinde eine lustige Geschichte, in der alle Wörter vorkommen.

Lange Vokale mit Vokalverdopplung

Ferienplanung

Die Familie sitzt gemütlich beim Sonntagsfrühstück. Kaffee und Tee dampfen in den Bechern. Plötzlich fragt die Mutter: „Was wollen wir eigentlich im nächsten Urlaub unternehmen? Habt ihr darüber schon nachgedacht?“ Der Vater nickt: „Ich denke, da uns die Dolomiten im Schnee so gut gefallen haben, sollten wir sie auch im Sommer kennen lernen. Ich stelle mir das sehr erholsam vor: ein hübscher See, in dem sich die Berge spiegeln; Spaziergänge durch den schattigen Wald auf moosweichem Boden. Wir finden bestimmt ein paar Himbeeren oder Brombeeren, die wir direkt vom Strauch essen können. Das haben wir früher bei meiner Oma oft gemacht. Oder wir wandern auf die Almen, wo glückliche Kühe ihren Klee fressen …“
Svenja stehen allmählich die Haare zu Berge. „Das ist doch alles doofer Kinderkram!“, mault sie. „Da können wir ja gleich zu Hause bleiben und in den Streichelzoo gehen. Ich hab eine viel bessere Idee: Wir fahren ans Meer und nehmen unser Schlauchboot mit. Und wenn ich ein Paar neue Flossen kriege, kann ich vom Boot aus schnorcheln.“
Die Mutter stellt ihren leeren Kaffeebecher ab und erklärt: „Ich finde Svenjas Gedanken verlockend. Morgen gehe ich in der Mittagspause ins Reisebüro und hole ein paar Kataloge. Dann werden wir weitersehen.“

1 a) Welches Reiseziel würde dich locken? Stelle es kurz vor und beschreibe, warum es für dich interessant ist.
b) Schreibt aus der Geschichte alle Wörter mit Doppelvokal heraus. Lest laut: Wie werden die Vokale gesprochen?
c) Ordnet die Wörter nach den Doppelvokalen.

Rechtschreibtipp

Viele der Wörter, bei denen der **betonte lange Vokal** durch **Vokalverdopplung** gekennzeichnet wird, kommen schon in der Geschichte „Ferienplanung“ vor.
Es gibt also gar nicht so viele davon. Denk daran, wenn du beim Schreiben einmal unsicher sein solltest.

2 a) Fallen dir noch andere Wörter mit Doppelvokal ein? Ordne sie in deine Listen ein.
b) Ergänze deine Listen, wenn dir später beim Schreiben oder Lesen noch weitere Wörter mit Doppelvokal begegnen.

3 Bilde zusammengesetzte Wörter mit den Begriffen aus deiner Liste, z. B.:
Beere : Beerenobst, Erdbeeren, Erdbeerbeet ...

4 Überprüfe bei allen Wörtern aus deinen Wortlisten mit den Doppelvokalen, ob sich Ableitungen bilden lassen, bei denen ein Umlaut entsteht, z. B.: *Saal – Säle; Boot – Bötchen.*
Achte auf die Veränderung der Doppelvokale: Es entstehen **einfache Umlaute.**

5 Erzähle eine kleine Geschichte mit der Überschrift: *„Sommerfest im Reich der Winzlinge“.*
Benutze dabei möglichst viele Wörter mit Doppelvokalen.

Franz Fühmann

Am Schneesee

Es war einmal ein See, der war immer voll Schnee, darum nannten ihn alle Leute nur Schneesee. Um diesen Schneesee wuchs Klee, der Schneeseeklee, der wuchs rot und grün, und darin äste ein Reh, das Schneeseekleereh, und dieses Schneeseekleereh wurde von einer Fee geliebt, die fast so schön war wie Scheherezade, der überaus anmutigen Schneeseekleerehfee.
Diese Fee hatte, wie alle Feen dieser Gegend, sechsundsechzig Zehen, fünfundsechzig zum Gehen und einen zum Drehen, und dieser sechsundsechzigste Zeh war natürlich der Schneeseekleerehfeedrehzeh.
Zehendrehen macht schrecklich Spaß, doch einmal drehte die Fee im Übermut ihren Zeh zu sehr und da tat der Drehzeh schrecklich weh.
Zum Glück wohnte am Schneesee eine weise Frau.
Die weise Frau, eine Heckenhexe mit zwei schrecklichen Hackenhaxen, hockte grade vor einer Hucke Kräutern, als die kleine Fee gehumpelt kam.
„Guten Tag, beste Heckenhexe mit den Hackenhaxen!“
„Guten Tag, nette Schneeseekleerehfee mit den sechsundsechzig Zehen! Doch was seh ich: Du humpelst? Was hast du denn?“
Da antwortete die Schneeseekleerehfee: „Schneeseekleerehfeezehweh!“
„Gehzehweh oder Drehzehweh?“
„Drehzehweh!“

„Dann ist es nicht schlimm: Gehzehweh ist zäh und hält sich, doch Drehzehweh kommt und vergeht jäh – und wodurch vergeht es? Natürlich durch der Heckenhexe herrlichsten Tee, den hellgelben Schneeseekleerehfeedrehzehwehtee! Und einen solchen hellgelben Schneeseekleerehfeedrehzehwehtee werde ich dir jetzt brauen."

Die Heckenhexe mit den Hackenhaxen nahm Blätter von sieben mal sieben Bäumen und Blüten aus sieben mal sieben Träumen und brachte sie mit Milch aus sieben Eutern und Wurzeln von sieben Kräutern zum Schäumen, und als der Sud sich abgeklärt hatte, wallte im Kessel der hellgelbe Tee.

Na, wenn *der* nicht bitter schmeckte!

„Trink das aus, nette Schneeseekleerehfee!"

„Auf einen Zug, beste Heckenhexe?"

„Auf einen Zug, nette Schneeseekleerehfee!"

Da trank die Schneeseekleerehfee auf einen Zug den Schneeseekleerehfeedrehzehwehteekessel aus, und als der Schneeseekleerehfeedrehzehwehteekessel ausgetrunken war, hatte der hellgelbe Schneeseekleerehfeedrehzehwehtee das Schneeseekleerehfeedrehzehweh aus dem Schneeseekleerehfeedrehzeh der Schneeseekleerehfee weggehext, und da stieß die glückliche Fee ein lautes Juchhe aus, das rings durch alle Wälder schallte.

„Ich danke dir, beste Heckenhexe!"

„Ist schon gut, du nette Schneeseekleerehfee. Nun dreh aber nicht mehr so toll deinen kleinen Drehzeh!"

„Werd's bedenken, beste Heckenhexe."

„Lerne, lerne, nette Rehfee!"

Und die Schneeseekleerehfee lief auf ihren fünfundsechzig Schneeseekleerehfeegehzehen von der Heckenhexe mit den Hackenhaxen in der Hocke vor der Hucke in den Wald zurück und freute sich ganz toll, dass das brennende Schneeseekleerehfeedrehzehweh durch den hellgelben Schneeseekleerehfeedrehzehwehtee aus dem Schneeseekleerehfeedrehzeh weggehext war, und sie lachte und klatschte in die Hände und freute sich und streichelte sacht mit ihrem sechsundsechzigsten Zeh, dem Drehzeh, das Schneeseekleereh im Schneeseeklee am See voll Schnee.

1 a) Am schönsten wirkt die Geschichte, wenn man sie laut vorliest. Ihr könnt euch darauf vorbereiten, indem ihr die besonders langen Wörter zuerst einzeln übt.

b) Beschreibt, wie Fühmann in der Geschichte mit der Sprache spielt.

9.8 Viehdiebe verlieren ihre Ski im Kino: Langes „i“

Langes „i“ als „ie“

Wiegen sieben Zwiebeln viel?

Bienen lieben Flieder.

Hier liegt kariertes Papier.

Die Diener schrieben ziemlich viele Briefe.

Nie wieder spielen sie Krieg.

Dienstags bieten sie hier Bier.

Die Tiere schliefen tief.

1 Lies diese sieben Sätze laut. Was haben sie gemeinsam?

2

siegen	Bier	tief
b...	T...	schl...
kr...	h...	l...
fl...	v...	r...
w...	G...	M...
Anl...	P...	...
ged...	...	

a) Vervollständigt die Wörter in den Listen. Sucht neue Leitwörter, die ihr nach diesem Muster ergänzen könnt.
b) Ist es schwierig, Wörter für diese Übungen zu finden? Begründe deine Antwort.

3 Entwickelt an der Tafel eine Wörterkette: Einer schreibt ein Wort an, in dem das lange **i** als **ie** geschrieben wird. Der Nächste fügt ein neues Wort hinzu, das mit dem Endbuchstaben des vorherigen beginnt, z. B.: *Diener – riechen – niedlich ...*
Wenn ihr unsicher seid, schlagt das Wort im Rechtschreibwörterbuch nach.

Rechtschreibtipp

Mehr als drei Viertel aller Wörter mit **lang gesprochenem i** werden im Deutschen mit **ie** geschrieben. Das ist also die häufigste Schreibweise. Denke im Zweifelsfall daran.

Langes „i“ als „ih“

Franz Hohler

Der kranke, kranke Regenwurm

Es war einmal ein Regenwurm, der war sein ganzes Leben lang krank. Kaum hatte ihn seine Mutter auf die Welt gebracht, war er schon krank. Man merkte es an seiner unlustigen Art, dass ihm etwas fehlte. Der Wurmdoktor kam mit seinem Köfferchen gekrochen und fühlte ihm den Puls.
„Was fehlt ihm?“, fragte die Mutter ängstlich.
„Er ist krank“, sagte der Wurmdoktor und machte ein besorgtes Gesicht.
Die Mutter wickelte ihn in warme Sauerampferblätter ein und brachte ihm Schneckenschleim. Aber der Regenwurm blieb krank und zeigte keine Lebensfreude. Wenn die andern Würmer spielen gingen, lag er krank in seinen Sauerampferblättern unter der Erde, er wusste nicht einmal, was Sonne und Regen ist. Er blieb auch krank, als er größer wurde. Nie verließ er sein Plätzchen unter der Erde, sondern lag immer in seinen Sauerampferblättern und aß traurig seinen Schneckenschleim. Drum wurde er auch nie von einer Amsel gefressen wie fast alle seine Kameraden und blieb die längste Zeit am Leben.
Aber sagt mir selbst –
ist das ein Leben?

1 a) Überlegt euch eine Antwort auf die Schlussfrage.
b) Sucht aus dem Text alle Wörter mit langem i-Laut heraus und ordnet sie nach den verschiedenen Schreibweisen des i-Lauts in eine Tabelle ein.

2 Stelle dir vor, die Geschichte handele von einem Regenwurm*mädchen*. Schreibe den Text entsprechend um. Beachte dabei:

> Ein Mädchen ist ein weibliches Wesen; das Wort steht im Deutschen aber mit dem Artikel „das“. In der Sprache der Grammatik-Fachleute heißt das: Das **natürliche Geschlecht** (weiblich) stimmt nicht mit dem **grammatischen Geschlecht** (Neutrum) überein. Das kann zu Schwierigkeiten beim Gebrauch der Pronomen führen. Darum gilt folgende Regelung: In dem Satz, in dem das Wort „Mädchen“ steht, benutzt man die sächliche Form des Pronomens („es“). Bei den nachfolgenden Pronomen benutzt man die weibliche Form („sie“).

Die Geschichte von Franz Hohler beginnt umgeformt dann so:
Das kranke, kranke Regenwurmmädchen
Es war einmal ein Regenwurmmädchen, das war sein ganzes Leben lang krank. Kaum hatte ihre Mutter sie auf die Welt gebracht, war sie schon krank. Man merkte es ...

3 Unterstreiche alle Wörter, in denen das lang gesprochene **i** als **ih** geschrieben wird. Was fällt dir auf?

4 Stellt in einer Liste alle Ableitungsformen zu den Pronomen **ihm/ihr/ihnen** zusammen. Nur in diesen Formen wird das lang gesprochene **i** als **ih** geschrieben.

Langes „i" als „ieh"

fl- l- z- gesch- s- gel- V-	- ieh - ieh -	- en - t

1 Bilde aus den Wortbestandteilen möglichst viele Wörter.

2 Ordnet die Verbformen dem Infinitiv (Grundform) zu und bildet weitere abgeleitete Formen, z. B.: *leihen: lieh, liehen; verliehen, ausgeliehen ...*

3 *„Der Cowboy hat sich Vieh geliehen ...":*
Verfasst zu zweit einen Unsinnstext. In jedem Satz soll ein Wort mit **ieh** vorkommen. Schreibt dazu sechs verschiedene Wörter mit **ieh** unten auf ein Blatt. Einer formuliert einen Satz mit einem ieh-Wort (die Form kann man sich aussuchen), streicht das verwendete Wort in der Liste aus, faltet seinen Satz weg und der Zweite erfindet einen weiteren Satz. Wenn alle Wörter verbraucht sind, lest ihr euren Klassenkameraden die Texte vor.

4 Wer schafft es, die meisten ieh-Wörter in einem Satz unterzubringen?

Rechtschreibtipp

Es gibt nur wenige Wörter, in denen das **lang gesprochene i** mit **ieh** geschrieben wird.
Unter den häufig gebrauchten Wörtern wird nur *ein* Nomen mit **ieh** geschrieben, die anderen Wörter sind Verben oder Verbformen.

Langes „i“ als einfaches „i“

Langer Samstag in der City

Sven ist mit seinem Vater ins Kaufhaus gefahren. Zuerst bringen sie die schwere Küchenmaschine zur Reparatur. Als der Vater den Schaden erklärt hat, meint der Verkäufer: „Die Maschine muss zur Fabrik eingesandt werden. Wir melden uns, wenn sie abgeholt werden kann. Geben Sie mir Ihre Telefonnummer.“ – Danach kauft Sven für die Schule ein. Er braucht ein Lineal, neue Bleistiftminen und mehrere Hefte, eins für Mathematik, eins für Musik und ein Vokabelheft. Im Erdgeschoss gehen sie in die Lebensmittelabteilung. Sven schiebt den Wagen, der Vater sagt mit Blick auf seinen Zettel: „Wir brauchen zwei Liter Milch, einmal Margarine, ein Kilo Apfelsinen und einen großen Salat – dann gibt es auch ein paar Blätter für dein Kaninchen.“ Im Regal an der Kasse entdeckt Sven seinen Lieblings-Schokoriegel. Er blickt seinen Vater fragend an. Der murmelt: „Weil Samstag ist… Nimm dir einen. Ich muss auf meine schlanke Linie achten.“

Zum Abschluss des Einkaufs gönnen die beiden sich noch einen Blick in die Sportabteilung. Sven soll zu Weihnachten seine ersten eigenen Ski bekommen. Ein Verkäufer berät sie: „Dir würde ich dieses neue Modell empfehlen – ein toller Ski für einen sportlichen Jungen“, und er zeigt auf ein paar Bretter mit wildem Tigermuster in Lila. Sven erhebt laut Widerspruch, während der Vater nur kopfschüttelnd zum Verkäufer sagt: „Wir kommen lieber später wieder.“ Draußen bittet Sven: „Wenn wir jetzt noch ins Kino gingen – das würde mir gefallen.“ Aber der Vater erwidert: „Wir bringen erst einmal die Einkäufe nach Hause. Unterwegs müssen wir noch tanken, im Auto ist kein Benzin mehr. Wenn wir wollen, können wir heute Abend alle zusammen ins Kino gehen.“ Damit ist Sven einverstanden.

1 Wie verhaltet ihr euch beim Einkaufen, wenn euch ein Verkäufer etwas anbietet, was euch gar nicht gefällt? Diskutiert die verschiedenen Möglichkeiten.

2 a) Lest den Text laut. Er enthält viele Wörter, die mit einem einfachen **i** geschrieben werden. In welchen davon wird das **i** lang gesprochen?

b) Legt eine Liste an, in der ihr diese Wörter alphabetisch sortiert aufschreibt.

c) Seid ihr euch bei allen Wörtern einig? Manchmal färbt die Umgangssprache der Gegend, in der man wohnt oder lange gelebt hat, auf die Sprechweise ab. Das führt dann zu den Unterschieden in der Aussprache. Im Wörterbuch steht jeweils die Ausspracheregelung, die im Hochdeutschen gilt. Schaut bei den strittigen Wörtern dort nach.

Rechtschreibtipp

Wörter mit **lang gesprochenem i,** die nur mit einfachem **i** geschrieben werden, sind eigentlich Ausnahmen. Deine Liste enthält bereits viele dieser Wörter, einige davon werden sehr oft benutzt *(wir, mir, dir, gibt)*.
Durch den häufigen Gebrauch prägen sie sich leicht ein.
Die anderen Wörter dieser Gruppe stammen meist aus fremden Sprachen.

3 a) Ordnet die Wörter in euren Listen nach Wortarten.
b) Einige Nomen könnt ihr auch noch nach typischen Endungen ordnen.
c) Bastelt zu zweit aus den Nomen ein Silbenrätsel.

4 Schreibe mit deinem Nachbarn oder deiner Nachbarin ein **Hördiktat.** Das geht so: Dein Nachbar beginnt den Text „Langer Samstag ..." vorzulesen. Jedes Mal, wenn ein Wort mit lang gesprochenem **i** als einfachem **i** vorkommt, rufst du „stopp". Dann schreibst du das Wort auf. Danach wechselt ihr.

Bertolt Brecht

Drachenlied

Fliege, fliege, kleiner Drache
Steig mit Eifer in die Lüfte
Schwing dich, kleine blaue Sache
Über unsre Häusergrüfte!

Wenn wir an der Schnur dich halten
Wirst du in den Lüften bleiben
Knecht der sieben Windsgewalten
Zwingst du sie, dich hochzutreiben.

Wir selbst liegen dir zu Füßen!
Fliege, fliege, kleiner Ahne
Unsrer großen Aeroplane[1]
Blick dich um, sie zu begrüßen!

1 **Aeroplane:** Flugzeuge

5 a) Lest das Gedicht laut.
b) Mit welchen Namen redet der Sprecher hier den Drachen an? Könnt ihr diese Namen erklären?
c) Schreibt alle Wörter mit langem Vokal in euer Heft. Ordnet sie nach Vokalen und Schreibweise.

9.9 Der tragische Tausendfüßler: Stimmhaftes und stimmloses „s“

Franz Hohler

Der tragische Tausendfüßler

Der alte Tausendfüßler saß vor seiner Höhle und wollte endlich einmal seine Füße zählen. Sein ganzes Leben lang hatte er das schon vorgehabt, aber immer war ihm etwas dazwischengekommen. Jetzt hatte er endlich ein bisschen Zeit und begann seine Füße zu zählen. Aber das Tausendfüßlerleben ist hart. Als er beim 218ten Fuß war, musste er sich mit einem Sprung vor einer Haubenmeise retten. Dabei wäre das gar nicht nötig gewesen, denn wie jeder weiß, sind Haubenmeisen vegetarisch gesinnt. So musste der alte Tausendfüßler ärgerlich von neuem mit Zählen beginnen und kam bis 432, da juckte es ihn am 810ten Fuß so fürchterlich, dass er sich mit dem folgenden Dutzend daran kratzte, was ihn so verwirrte, dass er drausfiel und wieder beginnen musste. Diesmal kam er bis 511, da brachte ihm seine Frau die Schuhmacherrechnung. Wütend schmiss er das Papier zu Boden, trat es mit Füßen und ging dann wieder vor die Höhle, entschlossen sich durch nichts mehr stören zu lassen. Als ihn die Haubenmeise fraß (irrtümlich, das ist ja das Tragische), war er erst bei 203, und so hat er nie erfahren, wie viel Füße er eigentlich hatte.

1 Findest du die Geschichte lustig oder traurig?

2 Lest den Text laut. Achtet besonders auf die **s-Laute.** Könnt ihr Unterschiede in der Aussprache hören?

Unerwartete Probleme

Die 5c beschäftigt sich gerade mit den verschiedenen Schreibweisen der s-Laute. Ihr Deutschlehrer, Herr Sasse, liest den Text vom „Tragischen Tausendfüßler“ vor und sagt dazu: „Achtet mal darauf, wie das s in den verschiedenen Wörtern klingt. Fällt euch dabei etwas auf?“ Manche Kinder nicken sofort; Sascha sagt: „Klar, in *tausend* klingt das s anders als in *Füße.*“ Nina ergänzt: „Bei *tausend* klingt es weich, bei *Füße* zischt es, das klingt hart. Ich kenne da einen Trick: Wenn man sich beim Sprechen der Wörter die Ohren zuhält, hört man den Unterschied noch deutlicher.“ Herr Sasse hält diese Überlegungen gleich an der Tafel fest:

> Man kann das **s weich** sprechen, wie in „tausend“, dann heißt es **stimmhaft.**
> Man kann das **s hart** sprechen, wie in „Fuß“, dann heißt es **stimmlos.**
> Diese Unterscheidung ist bei der Rechtschreibung wichtig.

10 Unglaubliche Geschichten

10.1 Unerhörte Ereignisse

Johann Peter Hebel

Das wohlbezahlte Gespenst

Johann Peter Hebel wurde 1760 in Basel geboren und starb 1826 in Schwetzingen. Er verlor früh seine Eltern, war zunächst Hauslehrer und Hilfspfarrer und brachte es bis zum Professor am Gymnasium in Karlsruhe. Hebel schrieb Geschichten für einen Kalender, der zu einer Zeit, als noch nicht jeder Bücher besaß, die einfachen Leute unterhalten, aber auch nachdenklich machen sollte.

In einem gewissen Dorfe, das ich wohl nennen könnte, geht ein üblicher Fußweg über den Kirchhof[1] und von da durch den Acker eines Mannes, der an der Kirche wohnt, und es ist ein Recht. Wenn nun die Ackerwege bei nasser Witterung schlüpfrig und ungangbar sind, ging man immer tiefer in den Acker hinein und zertrat dem Eigentümer die Saat, sodass bei anhaltend feuchter Witterung der Weg immer breiter und der Acker immer schmäler wurde, und das war

1 **Kirchhof:** Friedhof

kein Recht. Zum Teil wusste nun der beschädigte Mann sich wohl zu helfen. Er gab untertags[1], wenn er sonst nichts zu tun hatte, fleißig Acht, und wenn ein unverständiger Mensch diesen Weg kam, der lieber seine Schuhe als seines Nachbars Gerstensaat schonte, so lief er schnell hinzu und pfändete[2] ihn oder tat's mit ein paar Ohrfeigen kurz ab. Bei Nacht aber, wo man noch am ersten einen guten Weg braucht und sucht, war's nur desto schlimmer, und die Dornenäste und Rispen, mit welchen er den Wandernden verständlich machen wollte, wo der Weg sei, waren allemal in wenig Nächten niedergerissen oder ausgetreten, und mancher tat's vielleicht mit Fleiß. Aber da kam dem Mann etwas anders zustatten. Es wurde auf einmal unsicher auf dem Kirchhofe, über welchen der Weg ging. Bei trockenem Wetter und etwas helleren Nächten sah man oft ein langes weißes Gespenst über die Gräber wandeln. Wenn es regnete oder sehr finster war, hörte man im Beinhaus[3] bald ein ängstliches Stöhnen und Winseln, bald ein Klappern, als wenn alle Totenköpfe und Totengebeine darin lebendig werden wollten. Wer das hörte, sprang bebend wieder zur nächsten Kirchhoftüre hinaus, und in kurzer Zeit sah man, sobald der Abend dämmerte und die letzte Schwalbe aus der Luft verschwunden war, gewiss keinen Menschen mehr auf dem Kirchhofwege, bis ein verständiger und herzhafter Mann aus einem benachbarten Dorfe sich an diesem Ort verspätete und den nächsten Weg nach Haus doch über diesen verschrienen Platz und über den Gerstenacker nahm. Denn ob ihm gleich seine Freunde die Gefahr vorstellten und lange abwehrten, so sagte er doch am Ende: „Wenn es ein Geist ist, geh ich mit Gott als ein ehrlicher Mann den nächsten Weg zu meiner Frau und zu meinen Kindern heim, habe nichts Böses getan, und ein Geist, wenn's auch der schlimmste unter allen wäre, tut mir nichts. Ist's aber Fleisch und Bein, so habe ich zwei Fäuste bei mir, die sind auch schon dabei gewesen."

Er ging. Als er aber auf den Kirchhof kam und kaum am zweiten Grab vorbei war, hörte er hinter sich ein klägliches Ächzen und Stöhnen, und als er zurückschaute, siehe, da erhob sich hinter ihm, wie aus einem Grabe herauf, eine lange weiße Gestalt. Der Mond schimmerte blass über die Gräber. Totenstille war ringsumher, nur ein paar Fledermäuse flatterten vorüber. Da war dem guten Mann doch nicht wohl zumute, wie er nachher selber gestand, und wäre gerne wieder zurückgegangen, wenn er nicht noch einmal an dem Gespenst hätte vorbeigehen müssen. Was war nun zu tun? Langsam und stille ging er seines Weges zwischen den Gräbern und manchem schwarzen Totenkreuz vorbei. Langsam und immer ächzend folgte zu seinem Entsetzen das Gespenst ihm nach, bis an das Ende des Kirchhofs, und das war in der Ordnung, und bis vor den Kirchhof hinaus, und das war dumm.

Aber so geht es. Kein Betrüger ist so schlau, er verratet sich. Denn sobald der verfolgte Ehrenmann das Gespenst auf dem Acker erblickte, dachte er bei sich selber: Ein rechtes Gespenst muss wie eine Schildwache auf seinem Posten bleiben und ein Geist, der auf den Kirchhof gehört, geht nicht aufs Ackerfeld. Daher bekam er auf einmal Mut, drehte sich schnell um, fasste die weiße Gestalt mit fester Hand und merkte bald, dass er unter einem Leintuch einen Burschen am Brusttuch habe, der noch nicht auf dem Kirchhof daheim sei. Er fing daher an mit der andern Faust auf ihn loszutrommeln, bis er seinen Mut an ihm gekühlt hatte, und da er vor dem Leintuch selber nicht sah, wo er hinschlug, so musste das arme Gespenst die Schläge annehmen, wie sie fielen.

1 **untertags:** tagsüber
2 **pfänden:** die Bezahlung für einen Schaden eintreiben
3 **Beinhaus:** Friedhofskapelle, in der ausgegrabene Knochen aufbewahrt werden

1 Schildere den Streit, um den es in der Geschichte geht.

2 Stell dir vor, du gehst nachts über einen Friedhof. Beschreibe deinem Nachbarn oder deiner Nachbarin deine Empfindungen.

3 a) Vergleicht eure Empfindungen mit denen des Mannes, als er trotz der Warnungen bei Nacht über den Friedhof geht.
b) Woher nimmt der Mann den Mut das Gespenst anzugreifen? Wie mag wohl in diesem Moment dem Bauern zumute sein?

4 Die Geschichte geht in Wirklichkeit noch weiter. Überlegt euch einen passenden Schluss und erzählt ihn.

Auf die Blickrichtung kommt es an

1 Lest noch einmal in der Geschichte von Zeile 60 bis 100. Der Erzähler hat sich hier ganz in die Lage des Mannes hineinversetzt und schildert aus dessen Sicht die Situation. Dreht den Spieß nun einmal um und erzählt diese Stelle aus der Sicht des Gespenstes. Welche Unterschiede stellt ihr fest?

Schreibt ein Erzähler eine Geschichte, so wählt er eine bestimmte Sichtweise: die **Erzählperspektive.** Manchmal wechselt der Erzähler auch die Perspektive innerhalb einer Geschichte.

2 Ihr könnt den Wechsel der Erzählperspektive an Hebels Erzählung selbst überprüfen. Findet ihr die Stellen?

Vivien Alcock

Nur bei Vollmond

Sein Name war John Dafte oder, wie in der Namensliste der Schule stand, Dafte John.[1] Keiner machte Witze darüber. Er war ein großer, haariger Kerl mit mächtigen Schultern und langen Armen und einer Stimme, die sich anhörte wie eine große Trommel. Er war Juniorenmeister im Boxen und Kapitän der Kricket- und der Football-Mannschaft – es gab keinen Sport, bei dem er sich nicht hervortat. Wir nannten ihn respektvoll Prinz Kong.

Ich bewunderte ihn maßlos. Er war ein lächelnder, gutmütiger Held mit einem ausgeprägten Gerechtigkeitssinn. Er brauchte bloß nach draußen auf den Schulhof zu schlendern und schon verkrochen sich die Rabauken wieder in ihren Löchern.

„Knöpf dir einen vor, der genauso groß ist wie du", sagte er. (Wodurch er selbst bestimmt keine große Auswahl hatte: In der Schule gab es keinen, der auch nur annähernd so groß war wie er. Neben ihm wirkten sogar die Lehrer wie Zwerge.) Für mich war er ein wahrhaftiger Prinz. Es machte mir keine Angst, dass er aussah wie ein Gorilla. Ich *mag* Gorillas.

Als er am Montagmorgen nach der Hälfte des Schuljahres zum Unterricht kam, hatte er zwei blau geschlagene Augen und eine geschwollene Nase, auf der dunkle Grinde prangten wie Käfer.

Wir umringten ihn mitfühlend.

„He, Prinz, hast du eine dunkle Brille auf?"

„Du bist wohl mit 'ner Planierraupe zusammengestoßen?"

„Hat dich deine Mum verdroschen?"

Ich war nicht so überrascht wie die anderen, dass er anscheinend bei einer Schlägerei den Kürzeren gezogen hatte. Ich bin gut in Mathe und kann mir ausrechnen, dass es nichts nutzt, so stark zu sein wie zehn, wenn man zufällig mit elf aneinander gerät. Es sah Prinz Kong ganz ähnlich, dachte ich mir, sich in eine Schlägerei zu stürzen um irgendwen vor einem Haufen knallharter Kerle zu retten, ohne sich erst mal Zeit zu nehmen sie nachzuzählen. Was mich verwirrte, war die Tatsache, dass er log.

Ich hätte erwartet, er würde lächeln und sagen: „Diesmal ging's daneben." Oder irgendwas in dieser Art.

Stattdessen drängte er uns mit gesenktem Kopf und ausweichendem Blick grob beiseite und murmelte wütend: „Bin gegen 'ne Tür gerannt."

„Die arme Tür, sie hatte keine Chance", sagte ich und wünschte mir, ich hätte es nicht getan, als er mir einen zornigen Blick zuwarf. „Entschuldige, Prinz", sagte ich hastig und machte einen Schritt rückwärts. Ich bin dünn und, wie Glas, sehr zerbrechlich.

Wir sahen zu, wie er ins Schulgebäude hinkte, und folgten verblüfft und ein bisschen bestürzt in sicherer Entfernung.

Wir waren in verschiedenen Klassen, daher sah ich ihn erst nach der Schule wieder. Ich wartete gerade auf einen meiner Freunde, als Prinz Kong die Stufen herunterkam, mich entdeckte, zögerte und mich mit seinen blau geschlagenen Augen anstarrte. Zum ersten Mal machte er mich nervös und ich lächelte beklommen. Er kam herübergehinkt, blieb stehen und sah auf mich herunter. Weit auf mich herunter.

„Du bist schlau, hab ich Recht?", fragte er.

Ich dachte, er redete von meiner blöden Bemerkung über die Tür, und sagte hastig: „Tut mir Leid, Prinz. Ich wollte nicht … ich hab bloß Spaß gemacht."

„Wovon redest du?", fragte er verdutzt; dann tat er die Frage mit einem Schulterzucken ab und fuhr fort: „Du bist doch immer der Beste. Hast Köpfchen. Kannst dir Sachen ausklamüsern – Probleme, meine ich."

Ich wackelte mit den Schultern und antwortete bescheiden, wie es sich gehörte: „Oh, ich weiß nicht. Vermutlich hab ich bloß Glück."

1 **daft** (engl.): blöd, doof, bekloppt

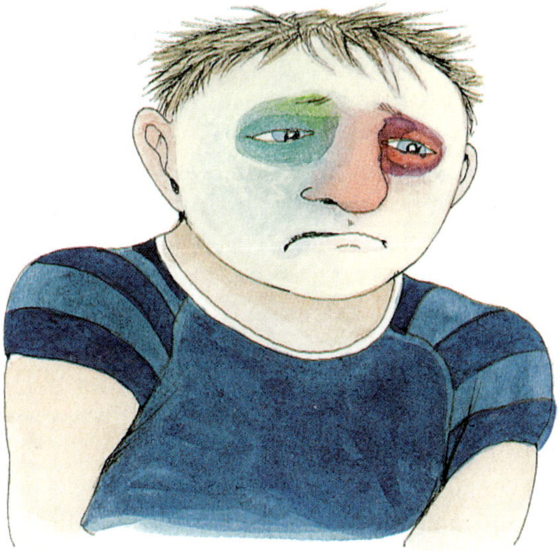

„Nein. Du bist schlau", wiederholte er. Er *wollte*, dass ich schlau war, das wurde mir plötzlich klar. Seine Augen schauten mich zwischen den geschwollenen, verfärbten Lidern hindurch flehentlich an. Wäre es nicht Prinz Kong, sondern irgendein anderer gewesen, so hätte ich geglaubt, dass er Angst hatte.
„Tja ...", sagte ich – angeben gehört sich nicht, aber ich wollte ihn auch nicht enttäuschen –, „irgendwie schon, nehme ich an."
Ich fand, er sah erleichtert aus, aber er sagte nichts. Die Stille wurde peinlich.
„Gibt es ...? Kann ich ...? Ich meine, wenn es was gibt, was ich tun kann, brauchst du es nur zu sagen", murmelte ich. Mir war unbehaglich zumute unter seinem eigenartigen, trübsinnigen Starren. „Geht es um Mathe? Latein? Aber *so gut* bin ich auch wieder nicht ..." Ich wurde immer leiser und brach schließlich ab.
„Läufst du allein heim?", fragte er.
„Ja", log ich. Ich konnte Mark auf der Treppe sehen, der uns aus respektvoller Entfernung beobachtete. Er würde verstehen, das wusste ich. Es war eine Ehre, von Prinz Kong begleitet zu werden. Jeder hätte die Gelegenheit augenblicklich beim Schopf gepackt.
„Kann ich dann mit dir laufen?", sagte er. „Bloß hab ich ein Problem, verstehst du?"
„Ja", sagte ich bereitwillig. „Klar." Ich verstand natürlich nicht. Ich konnte mir nicht vorstellen, um was für ein Problem es sich handeln sollte. Nicht um Mathe oder Latein. Um seine schulischen Leistungen machte sich Prinz Kong nie Sorgen. Da er sich seiner gewaltigen Körperkraft bewusst war, gab er sich damit zufrieden, im Klassendurchschnitt ganz unten zu liegen. Wie ein U-Boot auf Tauchstation.
„Wenn du's einem verrätst, zieh ich dir die Haut ab", sagte er.
„Tu ich nicht!"
„Würd ich dir auch nicht raten."

Ich wohne nicht weit genug von der Schule entfernt. Zehn Minuten später standen wir bei mir daheim vor dem Haus und er hatte mir immer noch nicht erzählt, worum es ging. Ich glaube nicht, dass er mir misstraute. Ich glaube wirklich, dass er einfach die Worte nicht herausbrachte. Immer wieder drehte er sich zu mir und klappte den Mund auf und zu wie ein Riesenfisch, ohne dass etwas anderes herausgekommen wäre als Luft und ein leichter Zwiebelduft.
„Also, was für ein Problem hast du denn nun?", fragte ich schließlich.
Aber meine direkte Art die Sache anzugehen schien ihn zu beunruhigen.
„Weiß nicht", murmelte er.
Wir standen in der Nachmittagssonne und sahen uns verzweifelt an.
„Komm doch mit rein und trink eine Cola!", schlug ich vor.
Er zögerte. „Ich hab keine Lust irgendwem zu begegnen", sagte er. „Nicht so." Er deutete auf sein zerschundenes Gesicht.
Meine Mutter und mein Vater waren beide bei der Arbeit, beruhigte ich ihn. Die kamen erst nach sechs wieder heim. Ich nahm ihn mit hinein, verfrachtete ihn auf einen Stuhl in unserer Küche und goss ihm ein großes Glas Cola ein. Dann setzte ich mich gegenüber und wartete.
Er rutschte unruhig hin und her. „Es ist ...", begann er mit diesem merkwürdigen, ver-

ängstigten Ausdruck in den Augen. „Es ist …“ Er brach ab. Ich konnte fast die Hebel in seinem Gehirn quietschen hören, als er auf einen anderen Text umschaltete. „Es geht um Mathe“, schloss er und sah mich grimmig an. Komm bloß nicht auf die Idee mich einen Lügner zu nennen, hieß sein Blick. „Ich kapier das nicht.“

Er knallte ein Buch auf den Tisch und öffnete es aufs Geratewohl. „Der ganze Kram da“, sagte er und wedelte mit großer Hand, „ist mir schleierhaft.“

Ich war enttäuscht. Ich wusste, dass ihm Mathe im Grund piepegal war. Aber keiner, der im Kopf richtig war, würde Prinz Kong widersprechen, also nahm ich das Buch und begann ihm alles zu erklären. Seine Augen wurden glasig. Seine Kinnlade klappte herunter und er seufzte. Ich hatte nicht den Eindruck, dass er zuhörte. Ich beugte meinen Kopf über das Buch …

Plötzlich hörte ich seinen Stuhl über die Bodenfliesen scharren. Ich schaute hoch und sah, dass er aufgestanden war. Er sah anders aus. Etwas Verbissenes, Entschlossenes lag in seinem Gesicht. Vor meinen Augen lief er durch die Küche. Schnell. Entschieden. Mit der Miene dessen, der weiß, wohin er geht. Lief mit offenen Augen, krach-bumm, gegen die Wand! Seine lädierte Nase traf mit einem satten Platsch auf dem getünchten Verputz auf und hinterließ einen Blutschmierer, der aussah wie Marmelade.

„Prinz!“, rief ich entgeistert.

Er hielt die Hände vor sein blutendes Gesicht und taumelte zurück. Ich führte ihn zu seinem Stuhl. Gab ihm ein sauberes, mit kaltem Wasser getränktes Geschirrtuch. Er presste es gegen die Nase. Darüber hinweg sahen mich unglücklich und voller Angst seine Augen an.

„Soll ich den Arzt anrufen?“, fragte ich.

Er schüttelte wieder den Kopf.

„Liegt es an deinen Augen?“ Ich dachte, vielleicht litte er an so was wie einer periodisch[2] auftretenden Blindheit. Aber er schüttelte wieder den Kopf.

„Was dann? Was ist los?“

Er nahm das Geschirrtuch vom Gesicht. Es war fleckig von seinem Blut. Seine Nase war dunkelrot und ich konnte sie fast vor meinen Augen anschwellen sehen.

„Prinz, was ist los?“, fragte ich wieder.

„Du wirst lachen.“

„Werde ich nicht!“, protestierte ich. Ich war überrascht, dass er mich für so herzlos hielt. Jetzt gelang es ihm endlich, die Worte herauszukriegen.

„Ich glaube, ich hab ein Gespenst verschluckt.“

Ich starrte ihn an.

„*Was?*“

„Ein Gespenst“, wiederholte er unerschütterlich. „G.E.S.P.E.N.S.T. Eine übernatürliche Erscheinung. Einen Geist.“

„Oh!“

Er sah mich argwöhnisch an. Unterdrücktes, krampfartiges Gelächter schüttelte mich. Ich konnte nicht anders. Zum Teil waren es die Nerven, glaube ich. Ich machte fest den Mund zu und versuchte eine ausschließlich verständnisvoll-fragende Miene aufzusetzen.

„Das Ganze wär nicht passiert“, sagte er düster, „wenn ich meinen Mund zugelassen hätte.“

Er erzählte, er habe die Ferien bei seiner Tante und seinem Onkel in Bell Green verbracht. Eines Abends, nach dem Nacht-

2 **periodisch:** von Zeit zu Zeit

essen, hatten sie sich über Gespenster unterhalten.

„Du weißt, wie es ist“, sagte er. „Jeder kennt jemanden, der schon mal eines gesehen hat. “ Seine Tante hatte erzählt, in Bell Green gäbe es eines. Sie selbst hatte es nicht gesehen, aber viele andere. Bei Vollmond kam es weiß wie Nebel aus dem Fluss und trieb nachts heulend über die Felder ...

„Sheila, das ist meine Kusine, lachte und sagte, sie würde wetten, dass das alles ist. Nebel und Wind und Mondlicht. Aber meine Tante war anderer Meinung. Erstens würd es immer an der gleichen Stelle auftauchen, sagte sie. Bei der Brücke in der Nähe von der alten Sägemühle. Dort hat sich vor Jahren mal ein Mann ertränkt ... ‚Vermutlich ist er reingefallen, weil er betrunken war‘, nahm ich meine Tante auf den Arm. Sie wurde ziemlich sauer. ‚Warum geht ihr euch nicht selbst überzeugen?‘, sagte mein Onkel und zwinkerte mir zu. ‚Es ist eine schöne Nacht für einen Spaziergang.‘ “

Also hatten sie sich auf den Weg gemacht, Prinz Kong und seine Kusine Sheila, und waren im Mondlicht am Flussufer entlanggeschlendert.

„Wir haben uns nicht groß um das alte Gespenst gekümmert“, sagte Prinz mit einem verschlagenen Grinsen, „aber dann sind wir zu dieser Brücke gekommen und da, an einer Flussbiegung, lag gegenüber die alte Mühle. ‚Hier muss es sein‘, sagte Sheila und wir lehnten uns an die Brüstung und sahen hinunter. Zuerst war nichts zu erkennen. Nur so Splitter vom Mond im Wasser und Binsen, steif und schwarz wie Zaunpfähle. Dann sahen wir's. Ein bisschen Nebel, so dünn wie eine Schnur, stieg aus dem Wasser auf. Wie ein weißer Wurm zappelnd und sich windend. Höher und höher kam es, bis es auf der Höhe von unseren Gesichtern war, einen knappen halben Meter von uns entfernt. Dann blähte es sich irgendwie auf zu einem Gesicht. Zu einem Männergesicht. Ich hab's mit meinen eigenen Augen gesehen! Nicht klar – eher so, wie wenn man grad 'nen rechten Haken unters Kinn gekriegt hat und alles ist eine Spur verschwommen. Sheila packte meinen Arm, und ich ... na ja, ich hab irgendwie ein bisschen heftig nach Luft geschnappt ... und es *verschluckt!* Lachst du?“, erkundigte er sich wütend.

„Nein“, sagte ich rasch, „erzähl weiter.“

„Weißt du, es hatte sich wieder verdünnt und war durch meinen Hals runtergerutscht wie Spaghetti. Ich konnt's bis ganz nach unten fühlen. Kalt. Wie Eis. Es war scheußlich.“

„Was hast du gemacht?“

„Tja, ich hab versucht es rauszuhusten, aber es kam nicht. Sobald ich wieder bei meiner Tante war, bin ich ins Bad gegangen, hab mir den Finger in den Hals gesteckt und hab mein ganzes Abendessen ins Klo gekotzt. Glatte Verschwendung. Hat nichts genutzt. Aber 'nen Schrecken hat's ihm eingejagt“, sagte er mit grimmiger Genugtuung. „Ich konnt's in mir herumflitzen fühlen wie 'nen Eiswürfel auf der Flucht. Es knallte mir gegen die Rippen, ließ mir das Herz gefrieren ... Jetzt ist es da oben“, sagte er und klopfte sich gegen den Kopf. Der Anflug eines Lächelns huschte über sein Gesicht. „In meinem Oberstübchen ist viel Platz. Es ist nicht so mit Gehirn angefüllt wie deins.“

„Tut es weh?“, fragte ich neugierig.

„Weh eigentlich nicht. Bloß kalt ist es. Entsetzlich kalt.“ Er legte seine riesige rote

Hand auf den Kopf, als wolle er ihn wärmen. „Es macht mein Gehirn ganz gefühllos. Das würde mich ja nicht so arg stören, wenn der blöde Kerl nicht der Meinung wär, er könnt immer noch durch Wände und geschlossene Türen gehn. Sieh dir meine Fresse an!", sagte er und deutete auf die verschiedenen blauen Flecken in seinem Gesicht. „Das war unser Küchenbord. Das unsere Haustür und das da 'ne Backsteinmauer. Und meine Nase hat er fünfmal erwischt. Sechsmal, wenn man deine Wand mitzählt. Gestern hat er mich in einen Bus von der Linie 210 rennen lassen. Glücklicherweise hab ich's überlebt. Ich hab keine Ahnung, was ich tun soll. Jedes Mal, wenn ich Mattscheibe krieg, macht er was Bekloppptes. Ich bin total am Ende."

Mir war nicht mehr nach Lachen zumute. Da saß er, hatte den großen Kopf gesenkt und seine starken Hände lagen hilflos auf dem Tisch.

„Du darfst nicht zulassen, dass du Mattscheibe kriegst, Prinz", sagte ich. „Du musst unentwegt was denken ..."

„Unentwegt?", wiederholte er und sah mich verwundert an.

„Ja."

Er schüttelte den Kopf. „Das schaff ich nicht, Mike", sagte er entschieden. „Nicht unentwegt. Ich hab keine Übung, verstehst du? Ich bin eher dran gewöhnt mit meinen Händen und Füßen zu denken. 'nen schlauen Körper hab ich, sagt mein Dad. Schließlich", fügte er wie zur Verteidigung hinzu, „können wir nicht alle unser Hirn an derselben Stelle haben. Es gibt keinen Grund dafür, dass es im Kopf sitzen muss, oder?"

„Na ja", sagte ich. „Dort ist es üblicher."

„Wie auch immer, was ist, wenn ich einschlafe? Ich kann doch nicht ewig wach bleiben. Siehst du, jetzt bist du auch überfragt."

Das musste ich zugeben. Wir saßen regungslos da und versuchten nachzudenken. Von mir wurde ja eigentlich erwartet, dass ich schlau war, aber ich muss zugeben, dass sich in meinem Kopf rein gar nichts tat. Es war Prinz Kong, dem als Erstem etwas einfiel.

„Schlag mich", sagte er plötzlich.

„Schlagen soll ich dich?"

„Ja. Da." Er reckte sein steinhartes Kinn vor. „Möglicherweise schleudert es das raus, verstehst du?"

Ich zögerte.

„Na los. Schlag mich."

Ich ballte die Faust. Sie sah so klein und zerbrechlich aus wie eine Glasperle. Wir begutachteten sie beide skeptisch. Prinz schüttelte den Kopf.

„Meine Güte, hast du Händchen! Ich glaub, die Wand hier hat mich härter getroffen, als du es jemals fertig brächtest. Wirklich ein Jammer. Ich will nicht, dass du dir ganz umsonst die Knöchel kaputtschlägst."

„Tut mir Leid."

„Kannst ja nichts dafür", sagte er freundlich.

Wir saßen wieder schweigend da und zermarterten uns die Köpfe.

„Warum ist dieser Mann ins Wasser gegangen?", fragte ich.

„Keinen Schimmer. Hat meine Tante nicht gesagt. Ist ja auch egal, oder?"

„Ich dachte, es könnte nützlich sein, wenn wir was über ihn wüssten."

Prinz wurde munterer. „Ja. Ob er gut in Form ist oder nicht. Ob er Links- oder Rechtshänder ist ..." Jetzt wurde sein Gesicht wieder mutlos. „Aber ich weiß nicht, wie das bei 'nem Gespenst hilfreich sein soll."

„War es jede Nacht unterwegs?"

„Nein. Nur bei Vollmond, sagte meine Tante."

„Ich frage mich, wo es die übrige Zeit steckte."

„Keine Ahnung. Im Fluss, nehme ich an."

Der Fluss ...

„Bell Green ist in Herfordshire, hab ich Recht?", fragte ich.

„Ja."
„Nördlich von hier?"
„Ja."
Ich deutete auf den Blutschmierer an der Wand. „Das ist Norden", sagte ich.
Er machte ein verdutztes Gesicht. „Worauf willst du raus?"
„Vielleicht versucht es zum Fluss zurückzukommen. Vielleicht will es einfach heim. Hör zu, wir gehen hin – es ist nicht weit, oder? Du könntest über dem Wasser den Mund aufmachen und es rauslassen. Einen Versuch ist es wert."
Er sah mich bewundernd an. „Sagte ich doch, dass du schlau bist, Mike."
Ich strahlte. Ich hielt mich wirklich für schlau. In Wirklichkeit glaubte ich nämlich gar nicht an das Gespenst. An Gespenster zu glauben hatte ich mit sechs aufgegeben. Ich dachte, er bilde sich das alles nur ein. Vielleicht hatte man ihm beim letzten Kampf zu hart auf den Kopf gehauen und er war immer noch ein bisschen beduselt. Das und das Mondlicht und der Nebel. Ich musste ihn lediglich davon überzeugen, dachte ich mir, dass ich den Geist aus seinem Mund kommen und ins Wasser plumpsen sah ... ich musste ihn dazu bringen, dass er die Augen zumachte ... ich musste einen Stein ins Wasser fallen lassen, damit es platschte ...
„Vertrau mir, Prinz", sagte ich selbstgefällig. Schwachkopf, der ich war.
Es war erst halb sechs. Ich hinterließ einen Zettel für meine Mutter, auf dem stand, ich ginge zu einem Freund zum Abendessen und käme erst relativ spät. Wir fuhren mit der U-Bahn nach Barnet und dort nahmen wir einen Bus nach Bell Green.

Es dämmerte, als wir an der Brücke ankamen, und der Fluss sah kalt und schmutzig aus. Hohe Brennnesseln wuchsen am Ufer.
„Sollen wir ganz zum Wasser runtergehen?", fragte Prinz.
Ich warf den Brennnesseln einen Blick zu.
„Nein. Von hier aus geht es ebenso gut. Kannst du es immer noch spüren?"
Er nickte und klopfte sich gegen den Kopf.
„Da", sagte er.
„Beug dich über die Brücke und mach die Augen zu", wies ich ihn an.
„Die Augen soll ich zumachen? Warum?"
„Äh ... damit es dir leichter fällt, an gar nichts zu denken", improvisierte ich. „Du hast gesagt, dass das Gespenst dann aktiv wird."
Gehorsam beugte sich Prinz mit hängendem Kopf, offenem Mund und geschlossenen Augen über die Brüstung. Ich bückte mich und hob einen kleinen Stein auf. Aber bevor ich ihn ins Wasser werfen konnte, stöhnte er plötzlich und richtete sich auf.
„Was ist los?", fragte ich.
„O mein Gott, o mein Gott!", rief er mit einer entsetzlich gequälten Stimme und drehte mir das Gesicht zu. Ich wich zurück und starrte. Sein Gesicht bewegte sich; es zuckte und ruckte, als fände unter der Haut ein Kampf statt.
„Prinz!", schrie ich in panischer Angst. „Prinz!"
„O mein Gott!", sagte er wieder. Seine Stimme klang ganz anders, war mir völlig fremd.

„John!“, rief ich und zum ersten Mal benutzte ich seinen richtigen Namen. „John Dafte! *Komm zurück!*“

Einen Augenblick lang war mir, als sähe ich den Jungen, den ich kannte, aus den verschwollenen Augen blicken. Dann veränderte sich sein Gesicht erneut.

„Gott steh mir bei“, stöhnte das Gespenst. Es tappte an mir vorüber, verließ die Brücke, stolperte durch die Brennnesseln hinunter und warf sich ins Wasser.

Ich rannte hinterher, glitt an der steilen Böschung aus, verbrannte mir die Hände. Es warf sich im Wasser hin und her und schlug wild mit den Fäusten um sich, als kämpfe es gegen sich selbst.

„Prinz! Prinz, du kannst schwimmen! Du bist der Beste im Schwimmen, weißt du noch?“, schrie ich. Ich zog die Schuhe aus und riß mir Anorak und Hose vom Leib. „Schwimm, Prinz! Schwimm zum Ufer!“

Ich weiß nicht, ob er mich hörte. Er hob die Arme über den Kopf und verschwand.

Ich sprang. Das Wasser war so kalt. Und dunkel. Ich konnte ihn nicht sehen. Ich schwamm verzweifelt vor und zurück und tastete mit den Händen herum. Einmal dachte ich, ich hätte seine Haare erwischt, und zerrte, aber es waren nur Wasserpflanzen.

„Bitte, lieber Gott, mach, dass ich ihn finde!“, betete ich.

Plötzlich tauchte seine mächtige Gestalt vor mir auf; das Gesicht war fahl im Dämmerlicht, die wilden Augen starrten. Ich schwamm zu ihm hin, aber er schlug wild mit dem Arm und stieß mich in einem Gebrodel von Luftblasen beiseite.

Dann war er wieder weg.

Ich tauchte in den größer werdenden Kreis der Kräuselwellen und breitete unter Wasser meine Arme aus. Meine Hand bekam Stoff zu fassen, einen Arm … Ich zerrte. Diesmal setzte er sich nicht zur Wehr. Er konnte nicht. Ich schleppte ihn zum Ufer ab und schob seinen schweren Körper auf einen Fleck aus Schlamm und Binsen. Ans Ufer heben konnte ich ihn nicht.

Er atmete nicht.

Ich drehte seinen Kopf zur Seite, zog seine glitschige Zunge vor und versuchte verzweifelt mir ins Gedächtnis zurückzurufen, was ich über Mund-zu-Mund-Beatmung wusste. Dann legte ich meinen Mund auf seinen und atmete, so fest ich nur konnte. Seine Lippen schmeckten nach Schlamm und fauligem Wasser und waren furchtbar kalt. Ich atmete ein und aus, füllte seine mächtige Lunge, ein und aus, ein und aus. Ich heulte; meine Tränen fielen auf sein nasses Gesicht.

Ein und aus, ein und aus.

Er ist tot, dachte ich, ich habe ihn umgebracht.

Dann hob sich plötzlich seine Brust. Er atmete ein, leerte meine Lunge, bis ich mich fühlte, als hätte ich ein Vakuum in mir. Dann atmete er wieder aus – Luft und Wasser, so kalt wie Eis. Jetzt hustete er und würgte und erbrach schwallweise Flusswasser auf den Schlamm und die Binsen, während ich ihm lachend und weinend und glücklicher als jemals zuvor auf den Rücken schlug.

Eine Stunde später saßen wir in geborgten Schlafanzügen und in Decken gewickelt vor dem Gasofen seiner Tante in Bell Green. Zwei kräftige Bauern, die in einem Lieferwagen vorbeigefahren waren, hatten meine Schreie gehört und waren uns zu Hilfe gekommen.

„Deine Mum und dein Dad kommen gleich, Mike“, sagte seine Tante zu mir. Sie legte mir die Hand an die Stirn und machte ein sorgenvolles Gesicht. „Du zitterst, dabei fühlst du dich heiß an. Hoffentlich hast du dich nicht erkältet. Komisch, es ist doch unser Johnny, der fast ertrunken wäre, aber der hat sich schon wieder erholt. Du dagegen …"

„Mir geht es gut", sagte ich.

„Ich richte dir ein Bett", entschied sie. „Ich glaube nicht, dass du in der Lage bist heute Abend heimzufahren. Mir gefällt absolut nicht, wie du aussiehst." Sie lächelte und drückte einen Kuss auf meinen Kopf. „Du hast unserem Johnny das Leben gerettet", sagte sie. „Wir müssen gut auf dich aufpassen."

Als sie das Zimmer verlassen hatte, musterte mich Prinz Kong besorgt.

„Geht's dir schlecht?", fragte er.

„Nein."

„Soll ich die Flamme höher drehen?"

„Nein, mir ist heiß."

„Du zitterst."

„Ich weiß."

„Du hast dir doch nichts geholt, oder?"

„Doch!", rief ich unglücklich. „Dein verdammtes Gespenst hab ich mir geholt."

Er schwieg ein Weilchen. Dann sagte er langsam: „Du hast Mund-zu-Mund-Beatmung gemacht, was?"

Ich nickte.

„Und dabei …"

„Als du ausgeatmet hast", sagte ich, „war mein Mund offen."

Er runzelte die Stirn. „Wo ist es?", fragte er grimmig.

Ich legte die Hand auf den Kopf. „Da."

„Wie ein Eiswürfel?"

„Ja."

„Irgendwie so, als würd es dir den Kopf gefühllos machen?"

„Ja." Meine Stimme bebte. „Jetzt werde ich nie im Leben meine mittlere Reife schaffen", sagte ich kläglich.

Prinz war wieder still. Dann erhob er sich.

„Steh auf, Mike!", sagte er mit so viel Autorität, dass ich mich augenblicklich erhob, während ich ihn verwundert ansah.

„Tut mir Leid, Kumpel", sagte er. Ich sah sie kommen, die riesige Faust, die auf mich zuschoss. Mein Kopf explodierte.

Alles wurde rot. Grün. Schwarz.

Tja, jetzt bin ich ein Held und liege mit gebrochenem Kiefer im Krankenhaus. Alle machen ein Mordsgetue um mich. Heute Nachmittag kam mich Prinz Kong besuchen; mit einem Stoß Comics unter dem Arm ging er auf Zehenspitzen über den gebohnerten Fußboden des Krankenzimmers. Er setzte sich auf den Stuhl neben meinem Bett und sah mich besorgt an.

„Ist es weg?", fragte er.

Natürlich konnte ich nicht reden. Ich war eingeschnürt wie ein Weihnachtspäckchen. Also streckte ich meinen Daumen hoch.

Er strahlte. „Ein K. o.", sagte er glücklich. Dann nahm er meine Hände, hob sie sehr sanft über meinen Kopf und legte sie dort zusammen.

„Was um alles in der Welt tust du denn da?", fragte eine Krankenschwester, die gerade auftauchte.

Prinz faltete ebenfalls die Hände über dem Kopf und schwenkte sie dort.

„Wir sind die Weltmeister!", sagte er.

1 Glaubt ihr an Gespenster?

2 a) In der Geschichte treffen zwei unterschiedliche Jungen aufeinander. Was erfährst du über die beiden? Achte besonders auf die Einstellung der Jungen gegenüber Gespenstern.

b) Stelle einen der beiden Jungen in der Ich-Form der Klasse vor. Du kannst zum Beispiel so beginnen:

„Ich bin John Dafte. Meine Klassenkameraden nennen mich Prinz Kong, weil ich so stark bin wie ein Gorilla. Mit Mathe kann ich übrigens nichts anfangen …"

3 Stellt fest, wo der Hauptteil der Erzählung beginnt und endet. Begründet eure Einteilung.

4 a) Unterteile den Hauptteil der Erzählung in Sinnabschnitte. Halte den Inhalt jeweils in einem Satz fest.
Du kannst dazu eine solche Skizze auf einem großen Blatt anlegen:

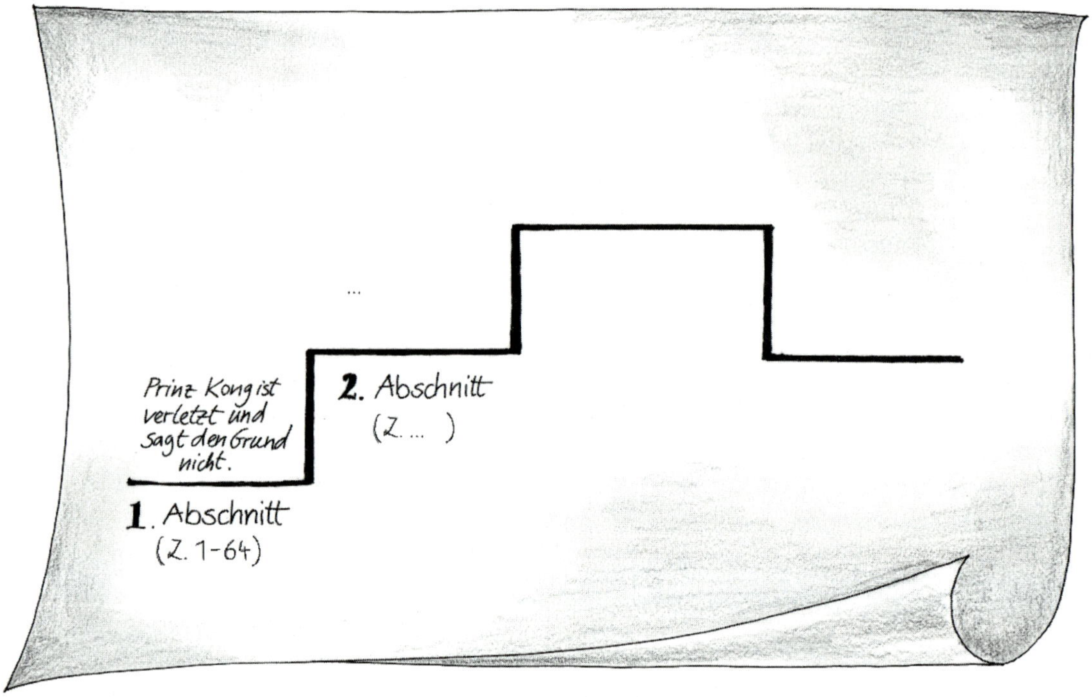

Wenn ein Abschnitt spannender ist als der vorige, geht die Stufe nach oben, wenn er weniger spannend ist, geht sie nach unten.

b) Vergleicht eure „Spannungstreppen" und begründet eure Einteilung.

5 Erzählt die Geschichte abschnittweise nach. Die Zuhörer achten darauf, ob die folgenden Tipps berücksichtigt werden.

Beim **Nacherzählen**

- kann man einen Stichwortzettel für die einzelnen Erzählschritte anfertigen,
- wird die richtige Reihenfolge beachtet, nichts Wichtiges ausgelassen und nichts hinzugefügt,
- erzählt man möglichst genau, aber mit eigenen Worten,
- hebt man den Höhepunkt der Spannung hervor,
- wird die Zeitstufe der Textvorlage beibehalten, meist ist es die Vergangenheit.

Unterschiedliche Erzähler

Bevor jemand anfängt eine Geschichte zu schreiben, muss eine Frage beantwortet werden: *Wer* soll die Geschichte erzählen?

1 Ihr habt zwei unterschiedliche Gespenstergeschichten kennen gelernt. Schaut euch die folgenden Beispielsätze daraus an. Was haben die beiden Erzähler mit dem Geschehen selbst zu tun?

„Da war dem guten Mann doch nicht wohl zumute, wie er nachher selber gestand, und wäre gerne wieder zurückgegangen, wenn er nicht noch einmal an dem Gespenst hätte vorbeigehen müssen."

„Zum ersten Mal machte er mich nervös und ich lächelte beklommen."

2 Sucht in den beiden Geschichten nach weiteren Stellen, die euch etwas über den Erzähler sagen.

3 Fasst die Unterschiede zwischen diesen beiden Erzählern zusammen:
Ein Ich-Erzähler ...
Ein Er-Erzähler ...

10.2 Gespenster unter sich: Verrückte Gespräche

Hellmut Holthaus

Alles, nur kein Gespenst

Immer wieder liest man von Gespenstern, und die meisten scheint es in England zu geben, das Englische muss ihnen besonders liegen. Erst kürzlich hat eines, das in West Norwood ansässig ist, zwei Hausbewohner durch sein ungemütliches Betragen vertrieben, sie wohnen jetzt möbliert. Gewiss, die Leute sind zu bedauern, aber am bedauernswertesten sind doch die Gespenster selbst. Nein, was führen die für ein Leben! Ich weiß nicht, was ein Gespenst verdient, aber es kann so viel verdienen, wie es will, ein Gespenst möchte ich nicht sein, alles, nur das nicht! Stellen Sie sich vor, Sie gehen um, Nacht für Nacht, womöglich fünfhundert Jahre lang, treppauf, treppab, immer im gleichen Haus, und verüben immer die gleichen blödsinnigen Scherze! Umgehen ist nicht einfach!

Ein Gespenst hat es mir selbst bestätigt. Ich machte seine Bekanntschaft in einem alten Haus auf dem Lande, in dem ich einige Jahre wohnte. Selbstverständlich schlug die Uhr Mitternacht, als es sich durch fortwährendes Knibbeln und Kratzen an der Tapete bemerkbar machte. Ich wurde ganz nervös davon, untersuchte die Tapete, fand aber nichts. Kaum saß ich wieder am Schreibtisch, begann das hässliche Ge-

räusch von neuem. Langsam wurde mir klar, dass hier ein Gespenst an der Arbeit war, und mich packte die Wut.

„Nun hören Sie doch endlich auf mit dem Quatsch!", rief ich. „Was soll denn die dumme Knibbelei? Gehen Sie schlafen!" Ein Ächzen antwortete und dem Ächzen folgte das Gespenst selbst!

„Ist Ihnen schlecht?", fragte ich, „dass Sie so gräulich ächzen? Setzen Sie sich doch!" Es setzte sich und sagte: „Ich heiße Mertens. Mir ist keineswegs schlecht, aber das Ächzen steht auf meinem Programm. Wie gerne ginge ich schlafen, ich bin ja so müde! Die Nachtarbeit ist nichts für mich, ich bin kein Nachtmensch." Herr Mertens sah aus wie eine überjährige Kartoffel, er machte einen ungesunden Eindruck. „Weshalb gehen Sie denn um", fragte ich ihn, „wenn Sie kein Nachtmensch sind?"

„Umgehen nennen Sie das?", fragte Mertens widerlich lachend zurück. „Umschluffen sollten Sie sagen. Wir müssen Schluffen tragen, das gehört zu unserer Kleidervorschrift, damit der Schluffeffekt im Treppenhaus zustande kommt. Schuhe sind verboten. Schluffen und Nachthemd!" Wirklich trug Herr Mertens ein Nachthemd. Er fror, seine dürren Schienbeine klapperten und er hustete wie ein misshandeltes Getriebe.

„Wenn Sie", sagte ich, „in diesem Hause durchaus umgehen oder meinetwegen umschluffen müssen, dann will ich Sie nicht davon abhalten. Aber hören Sie bloß mit dem ekelhaften Tapetengekratze auf, das kann ich nicht vertragen. Machen Sie doch mal was anderes! Ich hätte nichts dagegen, wenn Sie in die Küche gingen und Kaffee mahlten."

„Geht nicht", erklärte Herr Mertens. „Das ist zu gemütlich. Mit großem Vergnügen würde ich Kaffee mahlen, aber gemütliche Geräusche passen nicht zu unserem Stil, darin sind wir sehr streng. Ich würde auch auf den Dachboden gehen und dort Fußball spielen, wenn Sie das etwa wünschen sollten, aber auch Fußball ist uns untersagt, das ist zu modern. Es wäre die reinste Erholung für mich, einmal die Kaffeemühle zu drehen oder, mit Ihrer Erlaubnis, ‚Elfmeter!' zu rufen, aber nein, wir machen immer die alten Sachen. Wir sind leider sehr konservativ. Meine Aufgabe besteht darin, mit der Kette zu rasseln, Möbel von der Stelle zu rücken, schauderhaft zu wimmern und dumpf zu stöhnen. Das Dumpfe bitte ich besonders zu beachten, mit gewöhnlichem Stöhnen geben wir uns nicht ab, es muss so dumpf wie möglich geschehen und das eben erfordert viel Konzentration und Anstrengung." Mertens sah ganz abgearbeitet aus. Er fuhr fort: „Auch gehört es zu den Obliegenheiten meines Dienstes, die Bilder von den Wänden fallen zu lassen, irrsinnig zu kichern und an der Wand zu kratzen, wovon ich Ihnen ja schon eine Probe gab. Meine ganzen Nägel sind schon ab. Ferner habe ich von Zeit zu Zeit sinnlose Laute auszustoßen, mit hohler Stimme, wie Sie sich denken können. Hohle Stimme ist nicht leicht, ich habe eigens einen Kursus in Grabesstimme mitgemacht."

Ich schüttelte den Kopf. „Nun sagen Sie

selbst, Herr Mertens“, fragte ich, „ist das eine Beschäftigung für einen erwachsenen Mann?“
„Nicht wahr?“, stimmte er zu. „Sie müssen mich doch für verrückt halten! Ich bin, wenn ich das sagen darf, ein Mann nicht ohne Verstand und einige Bildung. Können Sie sich ausmalen, wie ich unter meinem eigenen Treiben leide? Jede Nacht dieselben Albernheiten, dieselben abgedroschenen Späße. Glauben Sie mir, mein Herr, etwas Langweiligeres als Gespenst zu sein gibt es nicht. Ich kann die rostige Kette nicht mehr sehen! Über die Treppe schluffen oder Tapetenkratzen, was sind das für stumpfsinnige Aufträge! Wie ich es satt habe! Schluffen Sie mal durchs dunkle Treppenhaus, von 1431 bis heute!“
„Nein, danke“, sagte ich. „Was versprechen Sie sich überhaupt davon, von dem Schluffen und Knibbeln und all dem Gemache?“
„Ich glaube“, antwortete Herr Mertens, „wir sollen euch Bange machen.“
Da musste ich so irrsinnig kichern, dass ein Gespenst bei mir hätte lernen können. „Was?“, rief ich. „Bange machen ist gut! Wenn es das ist – die Arbeit können Sie sich sparen. Dazu brauchen wir keine Gespenster, das besorgen wir schon selber. Herr Mertens, Sie können gehen!“
Mertens begab sich auf den Boden und ich lachte immer noch, während er sich an einem alten Schrank zu schaffen machte. Das war das Letzte, was ich von ihm hörte, er ist seitdem nicht mehr wiedergekommen.

1 Der arme Herr Mertens! Was wird er wohl seinen Artgenossen bei der nächsten Gespenstervollversammlung von dieser Begegnung berichten?
Notiere dir Stichworte dazu und trage seine Rede in der Klasse mündlich vor.

2 Die Rede von Herrn Mertens führt zu einem lebhaften Gespräch in der Runde der Gespenster. Voller Sehnsucht erinnern sie sich an die Zeiten, als man noch ein richtiges Gespenst sein konnte.

a) Stellt in einer Liste alle Informationen zusammen, die euch der Text von Hellmut Holthaus über das Gespensterleben gibt:

An welchen Orten erscheinen Gespenster besonders gerne?
Wann treten Gespenster bevorzugt auf?
Wie machen sie sich bemerkbar?

b) Erzählt euch gegenseitig von spannenden oder lustigen Ereignissen, die Herr Mertens und seine Gefährten damals erlebt haben könnten, und benutzt dabei die Hinweise aus eurer Liste.
Achtet darauf, euren Erzählungen eine Einleitung und einen Schluss zu geben.

e. o. plauen

Vater und Sohn

1 Beim Drucken ist die Bildergeschichte gehörig durcheinander geraten. Bringt die einzelnen Bilder wieder in die richtige Reihenfolge und sucht einen passenden Titel.

2 Erzählt die Geschichte. Achtet vor allem auf die Ausgestaltung des Höhepunkts.

3 Es gibt mehrere Personen in der Geschichte. Fragt in der Klasse, wer die Geschichte aus welcher **Perspektive** erzählen möchte. Vergleicht die verschiedenen Fassungen.

10.3 Wir schreiben Spukgeschichten

Gruselspezialisten gesucht!

Erzählwettbewerb des Spuk- und Grusel-Verlags

Könnt ihr spannend erzählen, sodass es dem Leser „kalt den Rücken hinunterläuft"? Dann schickt uns eure Gespenstergeschichten bis Jahresende!
Alle Interessenten sollten das beiliegende Info lesen.
Viel Erfolg!

1. Preis:

Eine einwöchige Klassenfahrt in ein schottisches Spukschloss

Sendet eure Beiträge an den Spuk-und-Grusel-Verlag,
Knoblauchstr. 13, in 77777 Magic-City

Verlags – Info

Tipps vom Gruselfachmann

Liebe Gespensterfreunde, liebe Teilnehmer am Spuk-Wettbewerb!

Ein **Gespenst** begegnet euch! – Wenn ihr eine solche Situation anschaulich und spannend erzählen wollt, können euch vielleicht einige der folgenden Anregungen nützlich sein:

An welchem Ort geschieht die gruselige Begegnung? Zu welcher Uhrzeit? Wie ist das Wetter? Wie taucht das **Gespenst** auf? Welche äußere Gestalt hat es? Wie bewegt es sich? Welche Geräusche macht es dabei? Kann es sprechen, vielleicht singen? Haben **Gespenster** Lieblingsspeisen? Welche Streiche spielen sie den Menschen? Wie ist dir zumute? Wie verschwindet das **Gespenst**? Wie reagierst du?
Natürlich könnt ihr auch eine andere Perspektive wählen:
„Als ich ein **Gespenst** war" oder „Wenn ich ein **Gespenst** wäre".
Denkt daran, dass es gute und lustige, aber auch böse **Gespenster** geben kann.
Stellt, bevor ihr anfangt zu schreiben, einmal selbst „Regeln für **Gespenster**" auf. Anregungen dazu findet ihr unter anderem in der Geschichte „Alles, nur kein **Gespenst**". So, und nun viel Spaß bei euren unheimlichen Begegnungen.

Es grüßt euch euer Spuk-und-
Grusel-Verlag

1 Wenn ihr Lust habt, könnt ihr aus euren Spukgeschichten ein spannendes Gespensterbuch zusammenstellen.
Wer entwirft ein passendes Titelbild?

11 Wir lesen ein Buch

11.1 Ein lustiges Buch wird vorgestellt

Uwe Timm

Rennschwein Rudi Rüssel

Uwe Timm wurde 1940 in Hamburg geboren. Er schrieb zunächst Gedichte und Romane für Erwachsene, dann auch Kinder- und Jugendbücher.
Die Helden seiner Geschichten suchen und finden ihre Abenteuer nicht in fernen Ländern, sondern sozusagen „vor der Haustür", wie Uwe Timm es ausdrückte.
Für „Rennschwein Rudi Rüssel" erhielt er 1990 den Deutschen Jugendliteraturpreis. 1995 wurde das Buch verfilmt.

1. Kapitel

Wir haben zu Hause ein Schwein. Ich meine damit nicht meine kleine Schwester, sondern ein richtiges Schwein, das auf den Namen Rudi Rüssel hört. Wie wir zu dem Schwein gekommen sind? Das ist eine lange Geschichte.

Zwei Jahre ist das her, da fuhren wir an einem Sonntag aufs Land. Wir, das sind meine Mutter, mein Vater, meine Schwester Betti, die nur ein Jahr jünger ist als ich, und Zuppi, meine kleine Schwester. Wir fuhren in die Lüneburger Heide und dann begann das, was wir Kinder überhaupt nicht mögen – es wurde gewandert.

Fürchterlich. Wir latschten durch die Gegend und Vater und Mutter sagten alle naslang: „Guckt mal da, wie schön." Sie blieben dann jedes Mal stehen und zeigten auf irgendeinen Hügel oder einen Baum. Sie erwarteten, dass wir staunten. Aber was soll man schon zu einem Hügel sagen? Und weil wir dann immer sagten, wir wollen eine Limo, wurde Mutter langsam böse und meinte, wir sollten gefälligst erst mal etwas laufen. Dabei taten uns schon die Beine weh und Zuppi quengelte, sie könne nicht mehr laufen. Daraufhin nahm Vater sie auf die Schultern und stapfte durch die sandigen Wege, schwitzte und redete nicht mehr von der Schönheit der Landschaft.

Endlich kamen wir nach Hörpel, einem kleinen Dorf. In einem Gasthof wurde gerade ein Fest gefeiert. Die Dorffeuerwehr hatte ihr 50-jähriges Jubiläum. Unter den Kastanienbäumen saßen die Leute an langen Holztischen, tranken Bier und aßen Bratwürstchen. Auf einem Podium spielte eine Blaskapelle. Wir konnten uns endlich hinsetzen und bekamen unsere Limo.

Irgendwann hörte die Kapelle auf zu spielen und ein Mann in Feuerwehruniform ging zum Mikrofon und sagte: „Jetzt beginnt unsere Tombola. Jeder, der ein Los kauft, hilft damit, dass wir uns einen neuen Hochdruckschlauch kaufen können. Es gibt viele kleine und einen sehr nahrhaften Hauptpreis."

Dann kam ein Mann an unseren Tisch mit einem kleinen Eimer in der Hand, und darin waren die Lose. Jeder von uns durfte sich eins kaufen. Mein Los war eine Niete. Betti bekam einen Trostpreis, einen Fahrradwimpel mit der Aufschrift: Freiwillige Feuerwehr Hörpel.

Zuppi zog eine rote Nummer. Als die Lose verkauft waren, rannte sie damit nach vorn, zum Podium.

Der Feuerwehrmann ließ sich das Los zeigen und rief: „Die Nummer 33! Hier ist die Gewinnerin des Hauptpreises! Wie alt bist du?"

„Sechs."

„Gehst du schon zur Schule?"

„Nein. Ich bin erst vor zwei Wochen sechs geworden."

„Weißt du, was du gewonnen hast?"

„Nein."

„Du hast Schwein. Du hast nämlich ein kleines Schwein gewonnen."

Und dann hob der Mann ein Ferkel aus einer Kiste und drückte es Zuppi in die Arme. Die Leute klatschten und lachten. Zuppi schleppte breit grinsend das Ferkel zu unserem Tisch und setzte es Mutter auf den Schoß. Es war ein sauberes rosiges Tier mit einer dicken Schnauze, kleinen flinken Äuglein und großen Schlappohren.

Es sah wirklich niedlich aus, trotzdem machte Vater ein finsteres Gesicht. Als ein Bauer, der an unserem Tisch saß, uns zu dem Ferkel gratulierte, lächelte Vater gequält. Man muss wissen, Vater mag keine Haustiere. Tiere gehören nicht ins Haus, sagt er immer. Und jetzt hatte Mutter dieses Ferkel auf dem Schoß und kraulte ihm das eine Schlappohr.

„Niedlich, nicht", sagte Zuppi begeistert, „guck mal dieser kleine Ringelschwanz."

Vater nahm die Pfeife aus dem Mund. „Ganz nett", sagte er, „aber wenn wir gehen, dann gibst du das Tier zurück!"

„Nein", rief Zuppi, „ich hab das gewonnen. Das gehört mir."

„Wir können das Tier doch nicht mitnehmen."

Da begann Zuppi zu weinen, und wenn sie weint, dann tut sie das ziemlich laut. Von den anderen Tischen sahen sie herüber. Warum weinte das kleine Mädchen, das doch eben ein Glücksschwein gewonnen hatte?
Vater, der schon die Hand ausgestreckt hatte um das Ferkel auf den Boden zu setzen, zog die Hand wieder zurück. Die Leute am Nachbartisch sahen ihn finster an. Es hatte aber auch so ausgesehen, als habe er dem Ferkel einen Klaps geben wollen.
„Gut, gut", sagte Vater, „dann behalt das Vieh erst mal."
Vater zahlte und wir gingen zum Auto zurück. Wir mussten ziemlich lange laufen, obwohl wir den kürzesten Weg nahmen. Das Ferkel mussten wir tragen. Denn wenn wir es laufen ließen, wollte es uns einfach nicht folgen, sondern rannte mal hierhin und mal dahin. Es ist erstaunlich, wie schwer Ferkel sind, viel schwerer als gleich große Hunde.
Schließlich konnten wir nicht mehr, obwohl wir drei Kinder uns beim Tragen immer wieder abwechselten. Mutter schleppte es eine lange Strecke. Sie trug das Ferkel wie eine Sofarolle unter dem Arm. Als sie nicht mehr konnte, wollte sie es Vater zum Tragen geben.
Aber der sagte: „Wenn ihr das Tier mitnehmen wollt, dann müsst ihr es auch allein tragen."
Wir fanden das ziemlich gemein, sagten aber vorsichtshalber nichts.
Als wir endlich zum Auto kamen, waren wir fix und fertig. Mutter nahm das Ferkel auf den Schoß, damit es nicht die Polster schmutzig machte. Dabei war es ganz sauber.
„Schweine sind immer dreckig", sagte Vater, „sie lieben den Dreck. Was meint ihr wohl, woher das kommt, wenn man sagt, jemand isst wie ein Schwein oder das Zimmer ist ein richtiger Schweinestall?"
Es war natürlich klar, was er damit meinte, unser Kinderzimmer natürlich.
Wir waren noch nicht weit gefahren, da schrie Mutter auf.
Das Ferkel hatte ihr auf das Kleid gepinkelt.
„Jetzt reicht's", sagte Vater. Beim nächsten Bauernhof hielt er an.
„So", sagte er, „jetzt schenken wir das Ferkel einem Bauern. Schweine gehören aufs Land und nicht in eine Stadtwohnung."
Zuppi begann zu schreien. Sie kann so laut schreien, dass man sich die Ohren zuhalten muss.
„Ruhe", brüllte Vater. „Schweine werden traurig, wenn sie nur Häuser und keine Felder und Wiesen sehen."
Zuppi schrie weiter.
„Lass ihr wenigstens ein paar Tage das Ferkel", sagte Mutter, „sie hat es nun mal gewonnen. Wir können es ja immer noch weggeben."
„Also gut, drei Tage darfst du es behalten, dann muss es weg. Was sollen die Leute im Haus denken."

1 Lest Textstellen vor, die besonders lustig wirken.

2 a) Jeder, der eine Geschichte schreibt, muss sich überlegen, wer die Geschichte erzählen soll. Wie hat sich Uwe Timm entschieden?
b) In welchen Sätzen wird die Einstellung des Erzählers zu dem, was passiert, vor allem deutlich?

3 a) Dieses Buchkapitel könnte man in mehrere Erzählabschnitte unterteilen. Überlegt, wo jeweils etwas Neues anfängt, und bildet dadurch Abschnitte.
b) Findet Überschriften für jeden Erzählabschnitt.

Ein Schwein in der Wohnung

2. Kapitel (Anfang)
Wo bringt man in einer Stadtwohnung ein Schwein unter?
Zum Glück wohnen wir im Parterre und haben hinter dem Haus einen kleinen Garten. In dem steht ein Birnbaum und ein Fliederbusch. Neben unserem Garten liegen die anderen Gärten, alle sind so schmal wie Handtücher.
Nun konnten wir aber das Schwein, das wir Rudi Rüssel getauft hatten, nicht einfach in den Garten setzen, denn es hatte zu regnen angefangen, und Mutter meinte, die Nächte seien doch noch recht kühl. Also blieb nur das Badezimmer übrig, denn Vater hatte rundweg verboten, dass Zuppi Rudi mit ins Bett nahm.
Rudi galoppierte durch die Wohnung und erkundete die Zimmer. Besonders der hellgraue Teppich in Vaters Arbeitszimmer schien ihm zu gefallen. Immer wieder legte er sich darauf und streckte alle viere von sich. Vater verscheuchte ihn schließlich. Da rannte Rudi in die Küche und warf mit einem enormen Lärm ein paar Töpfe um, als er versuchte in den Küchenschrank zu kriechen.
„Ich habe gar nicht gewusst, dass Schweine so lebhaft sind", sagte Mutter, als sie die Töpfe einsammelte. Vater schloss Rudi, nachdem wir unsere Zähne geputzt hatten, im Badezimmer ein. Wir lagen in unseren Betten und hörten ihn leise quieken.
Am nächsten Morgen, als Mutter als Erste ins Bad ging, prallte sie regelrecht zurück. Am Boden lag die Dose mit ihrer Gesichtscreme, die sie gestern in der Aufregung nicht zugeschraubt hatte. Die Dose war leer.
„Ich glaub, er hat meine Gesichtscreme gefressen."
Tatsächlich roch Rudi nach Rosen. Er war sonst aber ganz munter und rannte wieder durch die Wohnung. Zuppi wollte ihn zu einem Tierarzt bringen, aber Vater sagte: „Das fehlte gerade noch. Was meinst du, was das kostet?"
„Wir haben doch eine Krankenversicherung", sagte ich.
„Aber nicht für ein Schwein. Außerdem sind Schweine Allesfresser, die vertragen auch die Schönheitscreme."

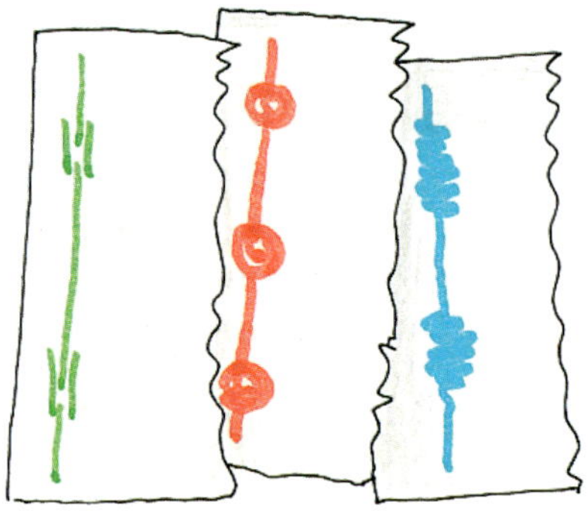

1 a) Legt ein Blatt neben den Text dieses zweiten Kapitels, und zwar die obere Kante rechts neben Zeile 1.
Während einer vorliest, zieht ihr am Text entlang eine Linie auf euer Blatt. Nehmt für die zweite Spalte des Textes ein neues Blatt. Malt die Linie an den Stellen besonders kräftig, die ihr für sehr lustig haltet. Malt sie dünner, wenn die Zeilen weniger lustig sind.
b) Legt eure Blätter nebeneinander. Welche Unterschiede gibt es?
c) Warum sind einige Stellen der Geschichte eurer Meinung nach besonders lustig?

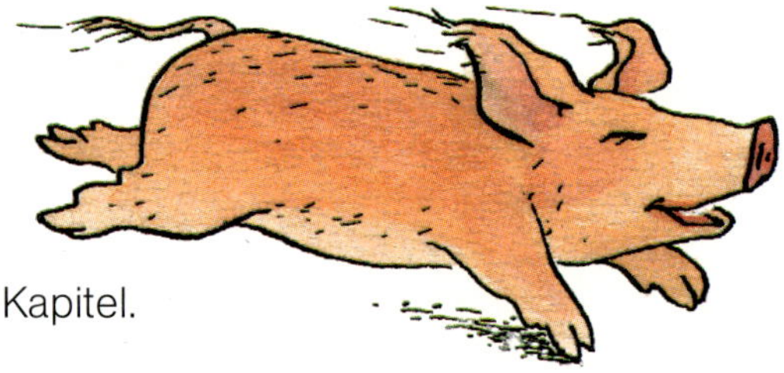

2 a) Man kann Texte an manchen Stellen
- laut oder leise
- schnell oder schleppend
- eintönig oder lebhaft
- ...

vorlesen. Sucht weitere Möglichkeiten für das 2. Kapitel.

3 a) Legt ein Blatt neben das Buch und notiert euch, welche Zeilen ihr wie vorlesen wollt. Schreibt dazu, welche Stimmungen und Gefühle ihr mit eurer Leseweise ausdrücken wollt.
Beispiele:

Z. 27/28	schleppend	→	Besorgnis
Z. 39/40	...	→	Erschrecken
Z. ...	...	→	Zorn

b) Macht Leseversuche.

c) Besprecht, an welchen Stellen eure Leseweise passend war und wo ihr sie verändern solltet.

4 Rudi Rüssel geht es trotz der ungewohnten Umgebung ziemlich gut. Wisst ihr, wie Schweine heute normalerweise aufwachsen?

Ärger mit dem Schwein

4. Kapitel

Um das folgende Kapitel verstehen zu können müsst ihr wissen, dass der Vater der Familie ein arbeitsloser Hieroglyphen-Forscher ist. Hieroglyphen sind alte ägyptische Schriftzeichen. Weil das Schwein Rudi mit schmutzigen Pfoten über eines seiner Hieroglyphen-Dokumente gelaufen ist und dabei interessante Spuren hinterlassen hat, konnte der Vater plötzlich einen wichtigen Hieroglyphen-Satz entziffern.

Und dann kam der Mittwoch, an dem wir Rudi Rüssel aus dem Haus schaffen sollten. Mutter versuchte uns darauf vorzubereiten. Sie sagte: „Ihr müsst vernünftig sein, ein Schwein hat nun einmal in einer Stadtwohnung keinen Platz. Es ist auch für Rudi das Beste, wenn er zu einem Bauern kommt."
Dabei hatte Vater noch am Abend zuvor an Rudis Stall gebaut. Er hatte zunächst missmutig hier und dort einen Nagel eingeschlagen, dann hatte er die Kisten auseinandergenommen und sie, Brett für Brett, wieder neu zusammengenagelt.
Er sagte: „So eine einfache, mit Dachpappe benagelte Kiste sieht doch fürchterlich aus. Wir sollten Rudi einen Stall bauen, der wie ein kleines Bauernhaus aussieht."
Wir dachten, wenn er an dem Stall mitbaut, wird er Rudi Rüssel auch nicht so leicht aus dem Haus geben. Vater hatte bis spät in den Abend hinein gearbeitet und sogar damit angefangen, zwei hölzerne Pferdeköpfe zu schnitzen, wie man sie auf den Dächern der niedersächsischen Bauernhäuser sehen kann. Wir lagen schon in den Betten, als wir einen tierischen Schrei hörten. Wir stürzten raus. Vater stand in der Küche und hielt den linken Zeigefinger hoch. Er blutete. Wir bekamen einen enormen Schreck, weil wir dachten, dass Rudi ihn gebissen hätte. Aber dann zeigte sich, dass er sich beim Schnitzen in den Finger geschnitten hatte. Ein ziemlich tiefer Schnitt. Mutter legte ihm einen dicken weißen Verband um den Finger. „Jetzt kann ich nicht mal mehr tippen, und alles wegen dieses Schweins." Er sagte nicht Rudi, sondern Schwein. Natürlich kann man ein Schwein viel leichter aus dem Haus schaffen als einen Rudi, der ein Schwein ist.
Wir konnten in der Nacht vor Aufregung kaum schlafen und überlegten, was wir tun könnten um Rudi im Haus zu behalten. Im Keller verstecken? Das wäre bald aufgefallen, denn Schweine sind ja nicht stumm. Außerdem war es da unten ja sehr dunkel und feucht. Im Garten verstecken? Da gab es keine Verstecke, dazu war der Garten viel zu klein. Schließlich hatte Zuppi eine Idee.

„Wir machen Rudi zu einem Hieroglyphenschwein. Das hat er bestimmt noch nicht gesehen.“

„Und wie willst du das machen?“

„Wir beschriften ihn.“

„Und was willst du draufschreiben? Papas Liebling?“

„Quatsch. Diesen Satz, der Papa so gefallen hat und bei dem Rudi ja auch mitgeholfen hat: Den Vater ließ alles kalt, was er nicht ändern konnte.“

Da schlichen wir uns nachts aus dem Bett und in Vaters Arbeitszimmer, holten die Pergamentrolle, gingen ins Badezimmer und schrieben sorgfältig mit Mutters Augenbrauenstift die Hieroglyphen auf Rudis rosigen Rücken. Er hielt dabei still. Nur an einigen Stellen schien es ihn zu kitzeln, dann quiekte er ganz hell.

Frühmorgens hatte Mutter Mühe uns wach zu bekommen, dann aber sausten wir aus dem Bett, liefen zum Badezimmer und ließen Rudi raus. Wir gingen zum Schlafzimmer der Eltern und öffneten die Tür einen Spalt. Rudi schlüpfte sofort hinein. Wir warteten auf das Lachen von Vater. Erst war es still, dann kam ein greller Schrei aus dem Zimmer. Mutter kam aus der Küche gelaufen.

„Hat er schon wieder geschnitzt?“, rief sie und riss die Schlafzimmertür auf.

Vater kämpfte unter der Bettdecke mit Rudi. Rudi hatte ihn also nicht vorsichtig geweckt, sondern war gleich unter die Bettdecke gekrochen. Vater sprang aus dem Bett und zerrte Rudi an den Hinterbeinen aus dem Bett.

„Raus“, brüllte er, „raus!“

Und er trieb Rudi aus dem Schlafzimmer durch den Korridor zur Verandatür hinaus, dann verriegelte er die Tür. Draußen regnete es. Rudi saß vor der Tür im Regen und ließ die Schlappohren hängen. Er sah uns durch das Fenster an. Deutlich sahen wir die schönen Hieroglyphen auf seinem Rücken. Vater hatte sie in der Aufregung gar nicht bemerkt. Er war ja auch noch ziemlich verschlafen.

„Wie gut, dass wir Mutters Augenbrauenstift genommen haben“, sagte Betti, „der ist nämlich wasserfest.“

„Bestimmt bekommt er einen Schnupfen, da draußen im Regen“, sagte Zuppi.

„Schweine erkälten sich nicht so schnell“, sagte Vater, „die sind ja auch in der Natur draußen. Unnatürlich ist es nur, wenn sie in einer Wohnung sind.“

Dann ging er ins Bad. Kurz darauf hörten wir ihn fluchen.

„Was ist jetzt schon wieder passiert?“, fragte Betti.

Vater war in der letzten Zeit etwas ungeduldig und schimpfte schnell. Mutter sagte, das käme daher, dass er keine richtige Anstellung fände. Denn mit dem Entziffern von Hieroglyphen könnte man kein Geld verdienen. Vater kam aus dem Bad, mit einem finsteren Gesicht. Er hatte sich beim Rasieren zweimal geschnitten. Bestimmt gab er auch dafür Rudi die Schuld. Vater sah ziemlich mitgenommen aus, wie er so dastand,

zwei Pflaster im Gesicht und den linken Zeigefinger dick verbunden.
„Wir müssen uns beeilen“, rief Mutter. Sie lief ins Bad und wollte sich noch schnell schminken, kam aber sofort wieder raus: „Was habt ihr mit meinem Augenbrauenstift gemacht? Zuppi! Hast du wieder damit gemalt?“ Sie hielt den Stift, der nur noch ein Stummel war, anklagend hoch.
Da mussten wir es ja sagen, das heißt, wir führten Mutter und Vater zu dem Fenster und zeigten ihnen Rudi, der da draußen im Regen saß.
„Ein Hieroglyphenschwein“, sagte Zuppi.
Da musste Vater dann doch lachen und Mutter auch.
„Sehr schön“, sagte Vater, „aber Vater schreibt man nur mit einer Viper.“

Und dann durfte Rudi wieder ins warme Badezimmer. Und Vater sagte: „Wir werden schon irgendeine Lösung finden, damit wir ihn behalten können.“

1 Habt ihr euch auch schon einmal von einem Lieblingstier trennen müssen? Wie war das?

2 a) In den Zeilen 8–25 und 51–75 wenden die Kinder einen Trick an um ihre Wünsche durchzusetzen. Worin besteht der Trick jeweils?
b) Erzählt von Tricks, die ihr selbst einmal angewendet habt um bei Eltern, Geschwistern, Freunden oder Freundinnen etwas zu erreichen.

3 a) Wählt eine Figur aus dem vierten Kapitel von Uwe Timms Buch aus und entwerft für sie eine **Gegensatz-Liste:**

Die Figur ... ist

	sehr	ziemlich	etwas	etwas	ziemlich	sehr	
lustig							ernst
vernünftig							verrückt
freundlich							unfreundlich
brav							frech
mutig							feige
berechenbar							unberechenbar
energisch							lahm
friedlich							aggressiv
sympathisch							unsympathisch
...							...

Übertragt die Liste in eure Hefte und ergänzt sie. Kreuzt dann an, was für die von euch gewählte Figur zutrifft.
b) Vergleicht eure Ergebnisse.
c) Sucht Textstellen, mit denen ihr nachweisen könnt, dass eure Meinung zutreffend ist.

4 Ihr habt jetzt drei Auszüge aus dem Buch „Rennschwein Rudi Rüssel“ kennen gelernt. Welcher Auszug ist der lustigste?
Bildet Gruppen, die als Jury diese Frage beantworten sollen.
Die Checkliste auf S. 206 kann euch bei der Begründung eurer Entscheidung helfen.

Checkliste für eine Jury

Lustig erzählen

Um lustig zu erzählen kann man

- ein **ungewöhnliches Ereignis** darstellen, über das man lachen muss: „Die Dose war leer. ‚Ich glaub, er hat meine Gesichtscreme gefressen.' Tatsächlich roch Rudi nach Rosen."
- **Gegensätze** aufbauen um etwas lächerlich zu machen: „*Fürchterlich.* Wir latschten durch die Gegend und Vater und Mutter sagten alle naslang: ‚Guckt mal da, wie *schön.*' "
- etwas **spöttisch** darstellen: „Sie blieben dann jedes Mal stehen und zeigten auf *irgendeinen Hügel* oder einen Baum. *Sie erwarteten, dass wir staunten.* Aber was soll man schon zu einem Hügel sagen?"
- **übertreiben:** „Neben unserem Garten liegen die anderen Gärten, alle sind *so schmal wie Handtücher.*"
- mit **Wortbedeutungen spielen:** „Wir haben zu Hause ein *Schwein.* Ich meine damit nicht meine kleine *Schwester.*"
- ungewohnte **Wortverbindungen** herstellen: „*Hieroglyphenschwein*"
- **Vergleiche** verwenden, die Lachen auslösen: „Sie trug das *Ferkel wie eine Sofarolle* unter dem Arm."

Gibt es weitere Möglichkeiten?
- …

5 a) Das Buch „Rennschwein Rudi Rüssel" hat kurz nach Erscheinen den Deutschen Jugendliteraturpreis erhalten. Halte eine kleine Preisrede auf das Buch. Erwähne darin besonders Uwe Timms Fähigkeiten lustig zu erzählen.

b) Wer kennt die Verfilmung und kann davon berichten?

11.2 Selbst etwas Lustiges erzählen

Von einem Fuchs verfolgt: Ferkel hatte Schwein

WARENDORF (dpa). Polizisten im westfälischen Warendorf haben zu nächtlicher Stunde ein verfolgtes Ferkel in „Schutzhaft" genommen. Wie Polizeisprecher Fritz Schubert gestern berichtete, war das verirrte Borstenvieh auf der Flucht vor einem zähnefletschenden Fuchs gewesen. Zufällig im Streifenwagen vorbeikommende Beamte konnten den Räuber verscheuchen und das Schweinebaby in Gewahrsam nehmen.
Doch damit seien die Probleme nicht gelöst gewesen. Schließlich habe „das glückliche, aber im Ganzen doch ziemlich verunsicherte Ferkel" so weit beruhigt werden können, dass es sich im Kofferraum auf die Wache bringen ließ. Dort wiederum gab es nunmehr Schwierigkeiten mit der „Personalienfeststellung" – kurz: Der Eigentümer war nicht zu ermitteln.
Weil das niedliche Glückssymbol offenbar aus einer Herde stammte, Hunger hatte und die Mutter vermisste, wandte sich die Wache „an den nächsten freundlichen Bauern, der das frierende Waisenkind dankenswerterweise bei einer Adoptivsau unterstellte". Letzte Hoffnung auf eine Familienzusammenführung ist nun eine polizeiliche Fahndungsmeldung.

1 Diese Nachricht stand in einer Zeitung. Woran erkennt ihr das?

2 Schreibe den Text in eine lustige Geschichte um. Erzähle ihn dabei so, als ob du selbst ein Polizist gewesen wärest und den Vorfall persönlich miterlebt hättest.

Ein Kapitel von uns

In dem Buch von Uwe Timm gerät Rudi Rüssel noch an eine Reihe weiterer Orte, an denen er viel Unruhe stiftet und Aufregung verursacht, z. B. auf einen Fußballplatz oder auf eine Rennbahn.

1 Überlegt euch Zusatzkapitel für das Buch von Uwe Timm. Euch fallen sicher viele andere Orte ein, an denen ihr selbst mit Rudi Rüssel viel Spaß bekommen könntet:

Mit Rudi Rüssel ... in einem Nobelhotel
... in der Schule
... in der Eisdiele
... im Krankenhaus
...

a) Setzt diese Liste fort.
b) Wählt eine Überschrift aus und schreibt dazu eine Geschichte.

Mit Rudi Rüssel im Krankenhaus

Zuppi hatte sich das Bein gebrochen. Sie war auf dem Spielplatz vom Klettergerüst gefallen. Als sie im Krankenhaus war und Mama und ich sie besuchten, sagte sie: „Kannst du nicht mal Rudi mitbringen?“ Mama sagte: „Vielleicht. Mal sehen, was Papa dazu sagt.“ Als wir wieder zu Hause waren, redeten Mama und Papa ziemlich lange über Zuppis Wunsch und beim nächsten Mal war es so weit. Papa hatte vorsichtshalber einen Käfig gekauft, in den wir Rudi einsperrten, und dann fuhren wir los. Rudi versuchte ständig sich aus dem Käfig herauszuzwängen, aber er schaffte es nicht. Als wir im Krankenhaus ankamen, guckten die Leute blöd und ein kleines Kind sagte: „Ich dachte immer, wenn Tiere krank sind, kommen die zum Tierarzt und nicht ins Krankenhaus.“ Schließlich waren wir in dem Zimmer, in dem Zuppi lag. Sie jauchzte vor Freude. Nach einiger Zeit ging ein Mann am Käfig vorbei und kam aus Versehen an einen Riegel, der die Tür öffnete. Rudi lief zuerst auf Zuppi zu, aber als er sah, wie viele interessante Dinge überall herumlagen, drehte er sich schnell um und sprang auf ein Bett mit einem Patienten ...

Mit Rudi Rüssel in einem Nobelhotel

Auf unserer Reise bekam Zuppi auf einmal Hunger. Ich und Betti waren auch nicht gerade satt. Vater erklärte immer wieder: „Wir sind ja bald im Hotel.“ Und Rudi quiekte jedes Mal laut dazu. Endlich waren wir da. Der Anblick war überwältigend, das Hotel trug vier Sterne. Als wir eintraten, traf mich der Schlag. Manche Herren liefen mit Zylindern herum und einige Frauen trugen prächtige Kleider. Ein Page hatte Rudi gesehen und kam sofort zu uns herübergerannt. „Eh, Schweine sind hier nicht erlaubt“, zischte er. Traurig gingen wir erst mal wieder hinaus. Vater fing an zu maulen: „Da seht ihr es! Dieses Tier, dieses Tier ...!“ Zum Glück hatte Zuppi die rettende Idee. „Wir sperren Rudi einfach in einen Sack und lassen ihn im Zimmer raus“, erklärte Zuppi. Vater schrie sauer: „Was? Und das soll klappen?“ Da fing Zuppi an zu weinen und sie hörte einfach nicht mehr auf. Schließlich brummelte Vater mürrisch: „Ist ja schon gut.“ Also sperrten wir Rudi in einen Sack und gingen wieder hinein. Der Page guckte misstrauisch und nahm uns die Mäntel ab. Plötzlich fing Rudi an zu quieken. Außerdem strampelte er, bis der Sack riss. Er rannte schnurstracks in den Speisesaal und wir und der Page natürlich hinterher. Wir sahen feine Damen um einen Tisch sitzen und speisen. Rudi sprang mitten auf das Tischtuch, steckte seinen Kopf in eine Schüssel voll Reis und stürzte sie um. Dadurch lief einer Dame die Champignonsoße auf den Rock. Sie fiel sofort in Ohnmacht. Inzwischen war Rudi in das Orchester gesprungen, das auf der Bühne spielte ...

2 a) Welchen dieser Erzählanfänge findet ihr am interessantesten? Wieso?
b) Wem ist es eurer Meinung nach am besten gelungen lustig zu erzählen?

3 Der erste Erzählanfang wiederholt öfters das Verb „sagen“. Verbessert den Text mit Hilfe der folgenden Liste, die ihr selbst weiter ergänzen könnt:

Das Wortfeld „sagen“

erklären	stöhnen	flüstern
antworten	stottern	brüllen
vorschlagen	jammern	schreien
schimpfen	lamentieren	stammeln
zischen	brummeln	lispeln
predigen	behaupten	lallen
kreischen	grölen	johlen
rufen	meinen	referieren
beschließen	erzählen	feststellen
berichten	ankündigen	…
zu bedenken geben	von sich geben	

4 Schreibt die Geschichten zu Ende. Versucht dabei einige Vorschläge der Checkliste auf S. 206 zu verwenden.

11.3 Wissenswertes für Bücherwürmer

Wie lese ich ein Buch?

1 Ein Buch lesen, das kann doch jeder! Ja sicher, aber vielleicht könnt ihr es viel interessanter machen, als ihr es bisher gewohnt wart. Hier einige Vorschläge:

- Während des Lesens malt ihr für die wichtigsten Figuren jeweils eine **Lebenskurve.**
  Wenn es einer Figur gut geht und wenn sie Freude hat, steigt die Kurve unterschiedlich weit nach oben. Wenn sie Schwierigkeiten oder Kummer hat, geht die Kurve nach unten.
  An den Höhe- und Tiefpunkten schreibt ihr kurz auf, was passiert ist. Die Lebenskurve nutzt ihr nachher um das Buch im Unterricht vorzustellen. Es ist euer Stichwortzettel.

- Wenn ihr ein Buch lest, **telefoniert** ihr an Stellen, die euch besonders bewegt haben, mit einer der Figuren.
  Das Gespräch nehmt ihr mit dem Kassettenrekorder auf.
  Es ist natürlich kein richtiges Telefongespräch. Eigentlich sprecht ihr mit euch selber. Wenn die Figur aus dem Buch spricht, verstellt ihr einfach eure Stimme. Bringt das aufgenommene „Telefongespräch" in den Unterricht mit, wenn ihr das Buch vorstellen wollt.
  Spielt es dort vor.

- Nachdem ihr ein Buch gelesen habt, malt ihr auf ein Blatt Papier einen **neuen Einband.**
  Wenn ihr das Buch dann im Unterricht vorstellt, erklärt ihr den anderen in der Klasse, was ihr mit dem neuen Umschlag ausdrücken wollt.

- Die wichtigste Figur in eurem Buch schreibt einen **„Brief aus der Zukunft".**
  Ihr stellt euch vor, was die Figur wohl in zehn Jahren über die Ereignisse denken wird, die in dem Buch dargestellt werden.
  Ihr schreibt diesen Brief nieder. Auch solche Briefe kann man bei Büchervorstellungen vorlesen.

- Ihr schreibt für eine wichtige Figur des Buches eine **Vorgeschichte.**
  Darin macht ihr deutlich, wie die Figur so geworden ist, wie sie am Anfang des Buches dann erscheint.

2 Sprecht in der Klasse über folgende Fragen:
- Wann liest du Bücher besonders gern?
- Wo kannst du am besten ein Buch lesen?
- Von wem bekommst du die Bücher?
- Was ist im Moment dein Lieblingsbuch?

Bücher vorstellen und entdecken

1 Überlegt: Was darf man alles erzählen, wenn man andere auf ein Buch neugierig machen will, ohne dabei zu viel zu verraten?

2 Bringt Bücher in den Unterricht mit, die ihr zu Hause gelesen habt. Stellt eure Bücher in der Klasse vor:

a) – Erklärt, um was es in dem Buch geht und wer die Hauptfiguren sind;
   – lest eine besonders interessante Stelle vor;
   – erklärt, warum euch das Buch gut gefallen hat.

b) Eine weitere Möglichkeit:
   Ihr brecht die Inhaltsangabe eines Buches an einer Stelle ab, an der es gerade besonders interessant zu werden verspricht, und lasst die anderen in der Klasse weiterfantasieren; ihr hört euch einige Vorschläge an und sagt dann erst, welche Richtung der Autor oder die Autorin tatsächlich eingeschlagen hat. Aber noch nicht alles verraten! Vielleicht möchten einige das Buch noch lesen.

3 Stellt eine **Hitliste** auf: „Die lustigsten/spannendsten/gruseligsten Bücher, die wir kennen“. Dazu müsst ihr über eure Vorschläge abstimmen. Die Bücher mit den meisten Stimmen führen eure Hitliste an.

4 a) Wie informiert ihr euch über Bücher, die ihr einmal lesen könntet?
b) Schaut die folgenden Fotos an. Wie informieren sich die Kinder?
c) Überlegt euch weitere Möglichkeiten, wie ihr euch über Bücher informieren könnt.

5 Geht mit der Klasse für eine Stunde in die **Schülerbücherei** eurer Schule oder die Bücherei eurer Gemeinde. Dort könnt ihr euch folgende Fragen stellen:

- Welche Abteilung oder welches Regal interessiert euch besonders? Wieso?
- Wer kennt einige der Bücher und kann sie kurz vorstellen?
- Welche Bücher, die ihr hier vermisst, sollten demnächst angeschafft werden? Stellt eine Liste zusammen. Gebt sie dann demjenigen, der für die Bibliothek zuständig ist.
- Was muss man tun um die Bücher in dieser Bücherei ausleihen zu können?

12 Gedichte machen Spaß

12.1 An Gedichten gibt es viel zu entdecken

Allerlei Gereimtes und Ungereimtes

Ene, mene, miste,
es rappelt in der Kiste,
ene, mene, muh
und raus bist du!

Ene, mene, schneck
und du bist weg!
Weg bist du noch lange nicht,
sag mir erst, wie alt du bist!

1 a) Nennt andere Abzählreime.
b) Fragt eure ausländischen Mitschülerinnen und Mitschüler nach Abzählreimen in ihrer Muttersprache.

Christian Morgenstern

Die drei Spatzen

In einem leeren Haselstrauch
Da sitzen drei Spatzen, ...

Der Erich rechts und links der Franz
Und mittendrin der freche ...

Sie haben die Augen zu, ...
Und obendrüber, da schneit es, hu!

Sie rücken zusammen ...
So warm wie der Hans hats niemand nicht.

Sie hörn alle drei ihrer Herzlein Gepoch.
Und wenn sie nicht weg sind, ...

2 a) Das Gedicht hat einige Wörter verloren. Setzt sie wieder an die richtige Stelle.
b) Die letzten vier Wörter des Gedichts fehlen ganz. Ergänzt sie.

Jürgen Spohn

Warum der Rollmops sauer ist

Der Rollmops ist ein armes Tier gewickelt
in ein Stück Papier Er hat nicht viel vom Leben
mehr und fürchtet sich vor dem Verzehr Sein
Glück ist nicht von Dauer und deshalb ist er sauer

3 a) Die Verse diese Gedichts brechen an der falschen Stelle ab. Schreibt das Gedicht richtig auf und vergleicht eure Fassungen.
b) Findet ihr andere Erklärungen, warum der Rollmops sauer ist?

Ihr habt ein wichtiges sprachliches Mittel von Gedichten kennen gelernt, den **Reim.** Wenn sich zwei Verse reimen, die aufeinander folgen, sprechen wir von **Paarreim,** so zum Beispiel im Gedicht „Die drei Spatzen".
Wenn wir Verse, die sich reimen, mit den gleichen Kleinbuchstaben bezeichnen, ergibt sich folgende Reimanordnung: aa bb cc dd.

4 a) Sammelt Wörter, die sich reimen.
b) Versucht zu erklären, wann sich zwei Wörter reimen.
Formuliert dies in einem Satz: *Zwei Wörter reimen sich, wenn ...*

Wilhelm Busch

Fink und Frosch

Auf leichten Schwingen frei und flink
Zum Lindenwipfel flog der Fink
Und sang an dieser hohen Stelle
Sein Morgenlied so glockenhelle.

Ein Frosch, ein dicker, der im Grase
Am Boden hockt, erhob die Nase,
Strich selbstgefällig seinen Bauch
Und denkt: Die Künste kann ich auch.

Alsbald am rauhen Stamm der Linde
Begann er, wenn auch nicht geschwinde,
Doch mit Erfolg, emporzusteigen,
Bis er zuletzt von Zweig zu Zweigen,
Wobei er freilich etwas keucht,
Den höchsten Wipfelpunkt erreicht
Und hier sein allerschönstes Quacken
Ertönen lässt aus vollen Backen.

Der Fink, dem dieser Wettgesang
Nicht recht gefällt, entfloh und schwang
Sich auf das steile Kirchendach.

Wart, rief der Frosch, ich komme nach.
Und richtig ist er fortgeflogen,
Das heißt, nach unten hin im Bogen,
Sodass er schnell und ohne Säumen,
Nach mehr als zwanzig Purzelbäumen,
Zur Erde kam mit lautem Quack,
Nicht ohne großes Unbehagen.

Er fiel zum Glück auf seinen Magen,
Den dicken weichen Futtersack,
Sonst hätt er sicher sich verletzt.

Heil ihm! Er hat es durchgesetzt.

Wilhelm Busch lebte in Niedersachsen, wo er 1832 in Wiedensahl geboren wurde und 1908 in Mechtshausen starb.

Er war gleichzeitig Zeichner und Dichter. Weltberühmt wurden seine Bildergeschichten, z. B. „Max und Moritz“. Busch hat damit einen Vorläufer unserer heutigen Comics erfunden. Seine Gedichte sind meist lustig, aber manchmal auch ein bisschen unheimlich.

5 a) Kennt ihr Menschen, die man mit dem Frosch vergleichen könnte?
b) In dem Gedicht kommt hauptsächlich der Paarreim vor. Ihr könnt aber auch eine andere Reimanordnung entdecken. Habt ihr für diesen Wechsel der Reimform eine Erklärung?

Wird ein Paarreim von zwei Versen,
die sich ebenfalls reimen,
umschlossen, spricht man
von einem **umarmenden Reim:** abba.

James Krüss

Wenn die Möpse Schnäpse trinken

Wenn die
Möpse
Schnäpse
Trinken,
Wenn vorm
Spiegel
Igel
Stehn,
Wenn vor
Föhren
Bären
Winken,
Wenn die
Ochsen
Boxen
Gehn,
Wenn im
Schlafe
Schafe
Blöken,
Wenn im
Tal
Ein Wal
Erscheint,
Wenn in
Wecken
Schnecken
Stecken,
Wenn die
Meise
Leise
Weint,
Wenn
Giraffen
Affen
Fangen,
Wenn ein
Mäuslein
Läuslein
Wiegt,
Wenn an
Stangen
Schlangen
Hangen,
Wenn der
Biber
Fieber
Kriegt,
Dann
Entsteht zwar
Ein Gedicht,
Aber
Sinnvoll
Ist es
Nicht!

6 a) Schreibt das Gedicht so in euer Heft, dass Strophen aus je vier Versen entstehen. Achtet dabei auf die Groß- und Kleinschreibung: Nur Versanfänge und Nomen werden großgeschrieben!
Das Gedicht beginnt also so:

Wenn die Möpse Schnäpse trinken,
Wenn vorm Spiegel Igel stehn,
...

b) Beobachtet die Reimanordnung, die nun an den Versenden entstanden ist. Wie könnte man diese Reimform nennen?
c) Warum hat James Krüss eurer Meinung nach sein Gedicht nicht in Strophenform aufgeschrieben?
d) Könnt ihr außer den Reimen am Versende weitere Reime entdecken? Welche Wirkung wird durch diese Reime erzielt?
e) Ihr könnt zu dem Gedicht Bilder malen und diese zu einem großen Wandbild für euren Klassenraum zusammenstellen.

Im Gedicht „Wenn die Möpse Schnäpse trinken“ habt ihr zwei neue Reimanordnungen kennen gelernt, den **Kreuzreim** und den **Binnenreim.**
Von Binnenreim sprechen wir, wenn sich Wörter innerhalb eines Verses reimen.
Beim Kreuzreim reimen sich jeweils der 1. und 3. sowie der 2. und 4. Vers.
Die Reime stehen also über Kreuz: ab ab.

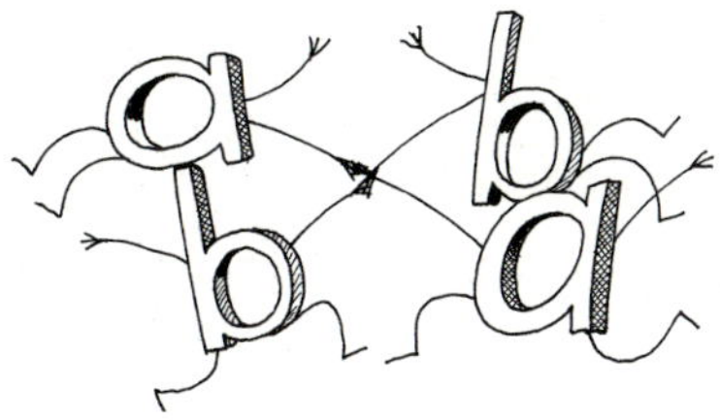

Susanne Stöcklin-Meier

Ein Huhn

Ein Huhn, das fraß,
man glaubt es kaum,
ein Blatt von einem Gummibaum.
Dann ging es in den Hühnerstall
und legte einen Gummiball.

Mira Lobe

Der verdrehte Schmetterling

Ein Metterschling
mit flauen Blügeln
log durch die Fluft.
Er war einem Computer entnommen,
dem war was durcheinander gekommen,
irgendein Drähtchen,
irgendein Rädchen.
Und als man es merkte,
  da war's schon zu spätchen,
da war der Metterschling schon feit wort,
wanz geit.
Mir Lut er teid.

Peter Hacks
Das Pflaumenhuhn

In Pleischte lebte einst ein Huhn,
Das Ärgernis erregte,
Weil es (was Hühner sonst nicht tun)
Statt Eier Pflaumen legte.

Es gackerte und legte froh
Die Pflaumen rot und dicklich.
Doch schien den Dorfbewohnern so
Ein Pflaumenhuhn nicht schicklich.

Sogar die Bäurin fand es dumm
Und briet bei großen Feiern
Verdrießlich und mit viel Gebrumm
Rührpflaumen statt Rühreiern.

Der Bauer sagte rundheraus,
Sehr unbekömmlich schmeckten
Gekochte Pflaumen, die, o Graus!
Im Eierbecher steckten.

Und kurz und gut und jedenfalls
Und ganz im Allgemeinen:
Das arme Pflaumenhuhn fand, als
Es Freunde brauchte, keinen.

Die Köchin, die in ihrem Sinn,
Was sie nicht kennt, verachtet,
Die hat mit einem Dolch aus Zinn
Das Pflaumenhuhn geschlachtet.

In Plauschte stand ein Pflaumenbaum
An einem alten Weiher,
Der trug (ich wag's zu sagen kaum),
Der trug statt Pflaumen Eier.

Die Eier waren zweifellos
Im Plauschter Land die besten.
Sie waren frisch und weiß und groß
Und hingen an den Ästen.

Doch reiften herbstlich ringsherum
Die Äpfel, Birnen, Feigen,
Dann fielen, plim, dann fielen, plum,
Die Eier von den Zweigen.

Peter Hacks wurde 1928 in Breslau geboren und lebte ab 1955 in der DDR. Er ist vor allem wegen seiner Theaterstücke bekannt. Für Kinder schreibt er auch Hörspiele, Geschichten und Gedichte, die oft von merkwürdigen, verzwickten Situationen oder Dingen handeln. Damit regt er ebenso zum Nachdenken an wie durch seine Sprachspielereien.

Sie fielen Mädchen auf den Kopf
Und Buben auf die Mützen.
Und oft schon trat ein dummer Tropf
In tiefe Gelbei-Pfützen.

Und kurz und gut und jedenfalls
Und ganz im Allgemeinen:
Der arme Eierbaum fand, als
Er Freunde brauchte, keinen.

Der Tischler meint, ein Eierbaum
Verderbe gute Sitten.
Er hat ihn für den Frühstücksraum
Zu Möbelholz zerschnitten.

So büßten sie und litten sie,
Weil es die Ordnung heischte:
Der Eierbaum aus Plauschte wie
Das Pflaumenhuhn aus Pleischte.

Und nie ward jemals einem kund,
Wer diese zwei vertauschte:
Das Pflaumenhuhn aus Pleischte und
Den Eierbaum aus Plauschte.

7 Worin besteht die lustige Idee in den drei Gedichten von Susanne Stöcklin-Meier, Mira Lobe und Peter Hacks?

8 Erfindet selbst lustige Gedichte, z. B. über eine Kuh, die statt Milch Wein gibt; oder über ein Fantasietier, auf das nur ihr euch „einen Reim machen“ könnt.
Im folgenden Gedicht von Christian Morgenstern bekommt ihr einige Anregungen.

Christian Morgenstern (1871 – 1914) lebte zunächst in Berlin, später in Südtirol, wo er im Alter von 43 Jahren starb. Morgenstern schrieb zuerst für den Freundeskreis kleine Lieder und Gedichte. Diese Sprachspielereien erschienen 1905 als „Galgenlieder“, benannt nach dem Galgenberg in der Nähe Potsdams, zu dem Morgenstern mit seinen Freunden oft wanderte. Die „Galgenlieder“ und die 1910 erschienenen „Palmström“-Gedichte erregten Kopfschütteln; viele konnten diesen ungewöhnlichen Gedichten nichts abgewinnen.

Christian Morgenstern

Neue Bildungen, der Natur vorgeschlagen

Der Ochsenspatz
Die Kamelente
Der Regenlöwe
Die Turtelunke
Die Schoßeule
Der Walfischvogel
Die Quallenwanze
Der Gürtelstier
Der Pfauenochs
Der Werfuchs
Die Tagtigall
Der Sägeschwan
Der Süßwassermops
Der Weinpintscher
Das Sturmspiel
Der Eulenwurm
Der Giraffenigel
Das Rhinozepony
Die Gänseschmalzblume
Der Menschenbrotbaum.

Fred Endrikat

Die Wühlmaus

Die Wühlmaus nagt von einer Wurzel
das W hinfort, bis an die -urzel.
Sie nagt dann an der hintern Stell
auch von der -urzel noch das l.
Die Wühlmaus nagt und nagt, o weh,
auch von der -urze- noch das e.
Sie nagt die Wurzel klein und kurz,
bis aus der -urze- wird ein -urz- -
Die Wühlmaus ohne Rast und Ruh
nagt von dem -urz- - auch noch das u.
Der Rest ist schwer zu reimen jetzt,
es bleibt zurück nur noch ein - -rz- -.
Nun steht dies - - rz- - im Wald allein.
Die Wühlmäuse sind so gemein.

9 a) Findet ihr auch, dass die Wühlmaus gemein ist?
b) Schlagt in einem Lexikon unter dem Stichwort „Wühlmaus“ nach und fertigt eine kurze Beschreibung des Tieres an. Was haben die tatsächliche Wühlmaus und die Wühlmaus im Gedicht gemeinsam?

Takt für Takt

Auf einem Billi-Bolli-Berg,
da wohnt ein Billi-Bolli-Zwerg
mit seiner Frau Marei.
Und du bist frei!

1 a) Könnt ihr erklären, was Abzählverse über den Reim hinaus noch so einprägsam macht?
b) Sprecht einige Abzählverse bewusst leiernd und klatscht dazu den Takt.

Hans Arp
Sekundenzeiger

dass ich als ich
ein und zwei ist
dass ich als ich
drei und vier ist
dass ich als ich
wie viel zeigt sie
dass ich als ich
tickt und tackt sie
dass ich als ich
fünf und sechs ist
dass ich als ich
sieben acht ist
dass ich als ich
wenn sie steht sie
dass ich als ich
wenn sie geht sie
dass ich als ich
neun und zehn ist
dass ich als ich
elf und zwölf ist.

2 a) Ihr könnt durch Klopfen das Geräusch einer tickenden Uhr nachahmen, während einer aus eurer Klasse den Text vorliest. Ihr könnt auch ein Metronom (Taktmesser) gleichzeitig ablaufen lassen.
b) Schreibt die ersten vier Verse in euer Heft und markiert jede betonte Silbe mit einem **x́**, jede unbetonte mit einem **x**.
c) Wodurch wird in diesem Gedicht noch der Eindruck einer Uhr erweckt, die die einzelnen Sekunden zählt?

Lene Hille-Brandts

Lied des Leierkastenmannes

Ich bin der Leierkastenmann.
Hört meinen Leierkasten an!
Ich drehe und drehe und werde nicht müd
Und singe tagtäglich mein ewiges Lied:
Ich hab keine Mutter,
Ich hab keinen Vater,
Ich hab keinen Hund,
Und
Ich hab keinen Kater,
Ich habe kein Bett,
Und
Ich hab keinen Teller,
Ich habe kein Brot,
Und
Ich hab keinen Heller,
Ich hab keine Suppe,
Und
Muss immer fasten,
Doch hab ich,
Doch hab ich
Den Leierkasten!

3 a) Habt ihr schon einmal einen Drehorgelspieler beobachtet? Vergleicht eure Eindrücke mit dem Drehorgelspieler in dem Gedicht.
b) Wie kommt die sich ständig wiederholende Leierkastenmelodie zum Ausdruck?

Christa Reinig

Kriegslied des Dakotahäuptlings Regengesicht

Regen regnet, regnet Regen,
regnet Regen ins Gesicht.
Regnet Regen keinen Regen,
regnet Regen Regen nicht.

Regenpfeifer pfeift dem Regen,
pfeift dem Regen ins Gesicht,
warum Pfeifer pfeift dem Regen,
wissen Pfeif und Regen nicht.

4 a) Informiert euch in einem Lexikon über den Indianerstamm der Dakotas.
b) Schildert den Vorgang, bei dem der Dakotahäuptling dieses Lied „singt“. Lest dann das Gedicht laut vor.

Ihr habt nun ein weiteres wichtiges Merkmal von Gedichten kennen gelernt: das **Versmaß** oder **Metrum.** Wir sprechen vom Versmaß oder Metrum, wenn ein Vers in eine regelmäßige Abfolge von betonten und unbetonten Silben eingeteilt ist.

Auch **Werbesprüche** sind oft dadurch besonders einprägsam, dass betonte und unbetonte Silben in regelmäßigem Wechsel folgen.

5 a) Sammelt Werbesprüche und verdeutlicht das Betonungsschema (Metrum).
b) Verfertigt selbst Werbesprüche. Werbt für eure Schule, euren Sportverein, euren Computer, euer Fahrrad oder für ein Fantasieprodukt. Denkt dabei an das Metrum und den Reim.

12.2 Wir schreiben Gedichte

Ernst Jandl

ottos mops

ottos mops trotzt
otto: fort mops fort
ottos mops hopst fort
otto: soso

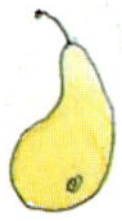

otto holt koks
otto holt obst
otto horcht
otto: mops mops
otto hofft

ottos mops klopft
otto: komm mops komm
ottos mops kommt
ottos mops kotzt
otto: ogottogott

1 Schreibt auch ein Gedicht, in dem nur ein einziger Vokal vorkommt, z. B. „Annas Spatz“, „Urs' Uhu“, „Helges Henne“, „Iris' Iltis“. Wenn ihr vorher Wörter sammelt, fällt euch das Schreiben leichter.

Eugen Gomringer

w w
d i
n n n
i d i d
w w

2 a) Zeichnet das Gedicht in euer Heft. Verbindet alle Buchstaben, die das Wort „wind“ ergeben. Was fällt euch auf?
b) Gestaltet ein ähnliches Gedicht zum Thema „Welle“ oder zum Thema „Feuer“.

Gerri Zotter/Mira Lobe

3 Entwerft ähnliche Wortbilder zu: *Luftballon, aufwärts, abbiegen, herumstehen, Unruhe, Schnecke, Unordnung, Fehler, Brücke, Dreieck, Ball, Graben.*

Reinhard Döhl

Karlhans Frank

Das Haus des Schreibers

```
Rauc          A
    h        HAU
     H     SHAUS
     H   USHAUSH
     HAUS      SHA
     HAUS      SHAU
    SHAUSHAUSHAUS
  USHAUSHAUSHAUSH
 AUS      SHAUS      SHA
HAUS      SHAUS      SHAU
HAUSHAUSHAUSHAUSHAU
HAUSHAUSHAUSHAUSHAU
H      HAUS      SHAU      U
H      HAUS      SHAU      U
HAUSHAUSHAUSHAUSHAU
HAUSHAUSHAUSHAUSHAU
H      HAUS      SHAU      U
H      HAUS      SHAU      U
HAUSHAUSHAUSHAUSHAU
HAUSHAUSHAUSHAUSHAU
H    SHAUSHAUSHAUS     U
H    SHAUS     SHAUS     U
HAUSHAUS       SHAUSHAU
HAUSHAUS       SHAUSHAU
              W
               E
                G
                 W E G W E G
```

4 Gestaltet ein ähnliches Bildgedicht. Hier sind einige Vorschläge: *Wald, Brücke, Mauer, Kirsche, Käse.*
Versucht dabei mit möglichst wenigen verschiedenen Wörtern auszukommen.

5 Schreibt passende Gedichte zu den folgenden Endreimen:

... Gaunerei	... Baum	... Meister	... Bumerang
... Polizei	... Traum	... Leiter	... zu lang
... gestohlen	... Rinder	... Kleister	... ein Stück
... versohlen	... Kinder	... heiter	... zurück
... Hiebe	... Rasen	... heißt er	... stundenlang
... Diebe	... grasen	... Meister	... Bumerang

Gudrun Pausewang

Werbung

Nimm PERSIL bei Naselaufen!
Katzen würden PAMPERS kaufen.

Mein PAL? Dein PAL? – Na, na, na:
PAL ist für uns alle da!

Köstlich: BAC und DENTABELLA,
zubereitet mit SANELLA!

Und bei Arbeit, Sport und Spiel,
was macht da mobil? – Nur PRIL!

6 a) Schreibt das Gedicht weiter.
b) Entwerft auch Zeichnungen zu euren Versen.

Roswitha Fröhlich
Meine Tante ist verrückt

.... ist verrückt!
Strickt,
strickt,
strickt!
Gestern strickt ... .
.... ,
Heute strickt ... .
.... ,
morgen hext ... eins, zwei, drei
.... für den Papagei.
.... ist verrückt!
Strickt,
strickt,
strickt!

7 In dem Gedicht sind alle Subjekte und alle Akkusativ- und Dativobjekte verloren gegangen. Schreibt das Gedicht ab und füllt die Lücken mit Wörtern aus den folgenden Listen, sodass ein sinnvoller Text entsteht. ▶ S.120–125

> Fragt, wenn ihr unsicher seid, nach dem Subjekt (Wer …? oder Was …?), nach dem Dativobjekt (Wem …?) und nach dem Akkusativobjekt (Wen …? oder Was …?).
> Eine kleine Hilfe: Jeder Punkt in den Lücken bedeutet einen ausgelassenen Buchstaben.

Subjekte:
Meine Tante, sie, sie, sie, Meine Tante
Dativobjekte:
ihrem Dackel, ihrem Spitz
Akkusativobjekte:
eine lila Dackeljackel, eine weiße Zipfelmütz, Höschen

8 a) Schreibt ein Gedicht, in dem die Satzglieder von Vers zu Vers auf folgende Weise umgestellt werden: ▶ S.116–125

> Subjekt – Prädikat – Dativobjekt – Akkusativobjekt
> Akkusativobjekt – Prädikat – Subjekt – Dativobjekt
> Dativobjekt – Prädikat – Subjekt – Akkusativobjekt
> Prädikat – Subjekt – Dativobjekt – Akkusativobjekt

Der erste Vers könnte zum Beispiel lauten:
Eltern schenken Kindern Liebe.

b) Welche Bedeutung erhält euer Gedicht durch die letzte Umstellprobe?

9 Stellt aus allen Gedichten, die ihr geschrieben habt, ein kleines Gedichtbändchen zusammen. Jeder von euch wählt dafür sein schönstes Gedicht aus.

12.3 Wir tragen Gedichte vor

Gedichte sind kunstvoll geformte Texte. Wenn ihr den Aufbau eines Gedichtes durchschaut und seinen Sinn erfasst habt, könnt ihr es besonders wirkungsvoll vortragen.

James Krüss (1926–1997) wurde auf Helgoland geboren und lebte später auf Gran Canaria.

Er schrieb Gedichte, Theaterstücke und Romane für Kinder und Jugendliche, in denen oft Märchenhaftes unsere wirkliche Welt in einem neuen Licht zeigt. Gern spielt er auch mit der Sprache und produzierte dabei witzige Unsinnssituationen.
Zu seinen bekanntesten Romanen gehören „Mein Urgroßvater und ich“ und „Timm Thaler oder Das verkaufte Lachen“.

James Krüss

Das Feuer

Hörst du, wie die Flammen flüstern,
knicken, knacken, krachen, knistern,
wie das Feuer rauscht und saust,
brodelt, brutzelt, brennt und braust?

Siehst du, wie die Flammen lecken,
züngeln und die Zunge blecken,
wie das Feuer tanzt und zuckt,
trockne Hölzer schlingt und schluckt?

Riechst du, wie die Flammen rauchen,
brenzlig, brutzlig, brandig schmauchen,
wie das Feuer, rot und schwarz,
duftet, schmeckt nach Pech und Harz?

Fühlst du, wie die Flammen schwärmen,
Glut aushauchen, wohlig wärmen,
wie das Feuer, flackrig-wild,
dich in warme Wellen hüllt?

Hörst du, wie es leiser knackt?
Siehst du, wie es matter flackt?
Riechst du, wie der Rauch verzieht?
Fühlst du, wie die Wärme flieht?

Kleiner wird der Feuersbraus:
ein letztes Knistern,
ein feines Flüstern,
ein schwaches Züngeln,
ein dünnes Ringeln –
aus.

1 a) Überlegt, an welchen Stellen des Gedichts ihr laut oder leise, schnell oder langsam, verhalten oder aufgeregt sprechen müsst um die Entwicklung des Feuers zu verdeutlichen.
b) Welche Konsonanten (Mitlaute) müsst ihr besonders deutlich sprechen, damit die Geräusche, die das Feuer verursacht, hörbar werden?
Ihr könnt das Gedicht abschreiben und diese Konsonanten kennzeichnen.

Ernst Jandl

auf dem land

rininininininininDER
brüllüllüllüllüllüllüllEN

schweineineineineineineinE
grununununununununZEN

hununununununununDE
bellellellellellellellEN

katatatatatatatatZEN
miauiauiauiauiauiauiauEN

katatatatatatatatER
schnurrurrurrurrurrurrurrurrEN

gänänänänänänänSE
schnattattattattattattattERN

ziegiegiegiegiegiegiegEN
meckeckeckeckeckeckeckeckERN

bienienienienienienienEN
summummummummummummummummEN

grillillillillillillillEN
ziririririririrPEN

fröschöschöschöschöschöschöschE
quakakakakakakakakEN

hummummummummummummummummELN
brummummummummummummummummEN

vögögögögögögögEL
zwitschitschitschitschitschitschitschitschERN

2 a) Auch in diesem Gedicht begegnet euch das sprachliche Mittel der **Lautmalerei.** Sprecht den Text so, dass die Tiergeräusche besonders deutlich erkennbar sind.
b) Sprecht das Gedicht in verteilten Rollen.

Fred Endrikat

Löwe hat Zahnschmerzen

Der Wüstenkönig heult und brüllt,
weil seine rechte Wange schwillt.
Er heult in Dur, er brüllt in Moll.
Die Backe schwillt ganz jammervoll.
Sein Schmerzgeheul tönt himmelan:
„O weh, o weh, mein Backenzahn.
Ich schenke meine Königskron
für nur ein Stück Pyramidon[1].
Schickt das Kamel mir in die Näh,
es koche mir Kamillentee."
Der Löwe schlägt mit seinem Schweif
den, ach, so wohl bekannten Reif.
Sein Schmerzgeheul klingt nicht poetisch[2],
der Anblick ist nicht majestätisch.
Die Tiere kommen angerannt,
der Tiger, auch der Elefant.
Sie wundern sich darob nicht wenig,
so sahn sie niemals ihren König.
Voll Mitleid murmelt das Kamel:
„Der König leidet, meiner Seel.
Wie wär's da mit Kakteenöl?"
Da grunzt das Nilross: „Du Kamel."
„Was macht man da? Was macht man da?"
Sagt die Giraff zum Zebera.
Der Affe ruft dem Känguru
vom Baume faule Glossen[3] zu.
Und die Hyäne auf der Lauer
freut sich schon auf die Landestrauer.
Des Löwen Zahnschmerz stimmt sein Reich
teils schadenfroh, teils mitleidweich.
So hat ein kleines Loch im Zahn
den ganzen Nimbus[4] abgetan.
Es ist nicht einfach, wenn man herrscht –
beim Zahnschmerz zeigt sich erst der Ferscht[5].

1 **Pyramidon:** ein Schmerzmittel
2 **poetisch:** dichterisch
3 **Glosse:** spöttische Bemerkung
4 **Nimbus:** Ansehen, Glanz
5 **Ferscht:** Fürst

3 a) In dem Gedicht treten Tiere auf, die sprechen. Im Text gibt es deutliche Hinweise, wie ihr die „wörtlichen Reden" wiedergeben müsst.
b) Wie beim Theater könnt ihr den Text in verschiedenen Rollen sprechen oder spielen. Ihr braucht einen Erzähler, einen Löwen, ein Kamel …

Ohne Worte – sprachlos?

Wer von euch schon einmal im Theater war, wird es wissen: Die Darsteller und Darstellerinnen sprechen nicht nur ihren Text; sie gebrauchen ihren ganzen Körper um Gefühlen und Stimmungen Ausdruck zu verleihen.
Es gibt auch eine Form von Theater, bei der ganz auf Worte verzichtet wird. Wenn Theater nur mit dem Gesichtsausdruck, der Körperhaltung und -bewegung gespielt wird, nennt man dies **Pantomime.**

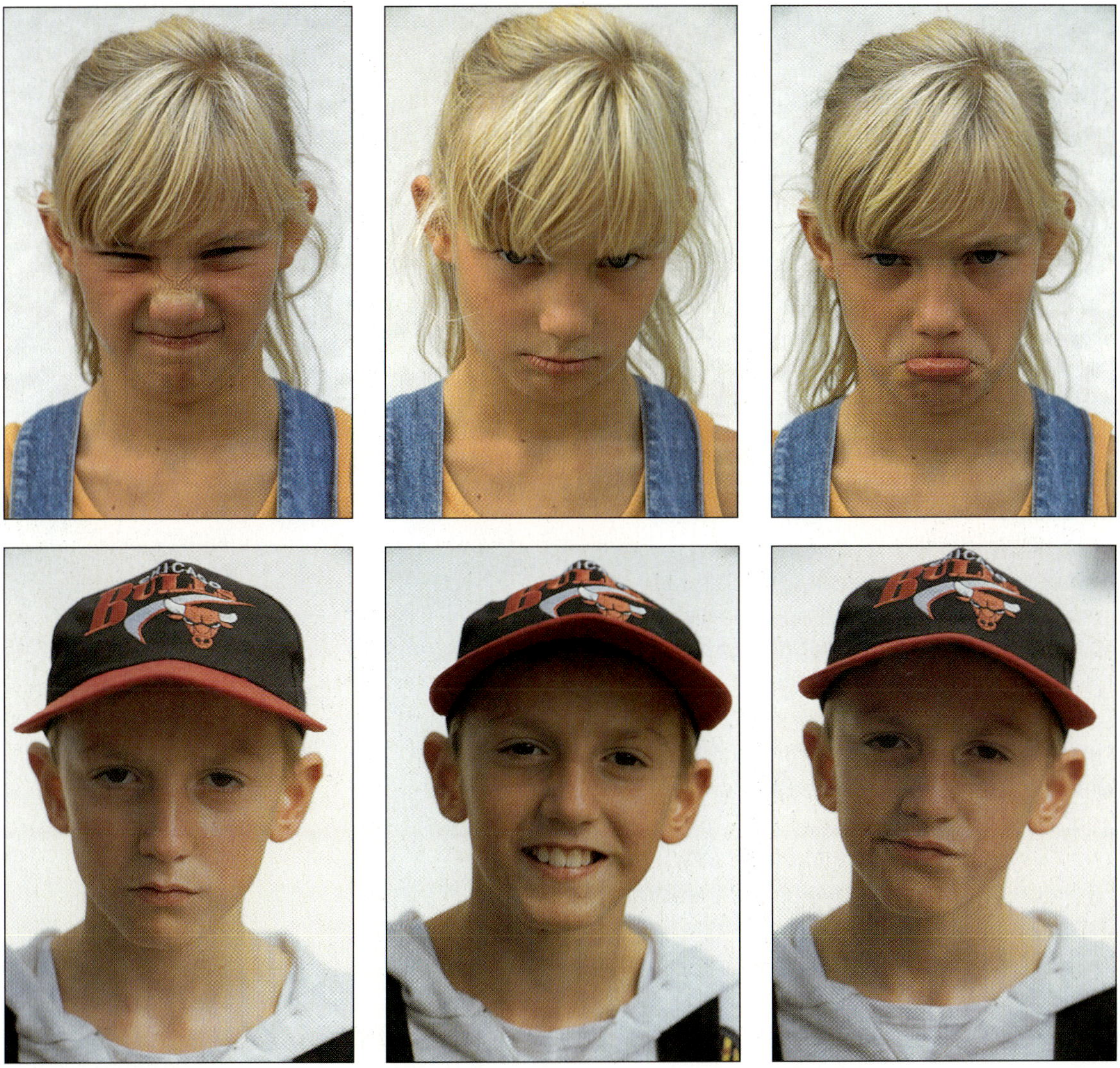

1 Dies sind Fotos von Sabine und Lars. An ihrem Gesicht könnt ihr erkennen, wie sie sich gerade fühlen.
Findet passende Adjektive zu den Fotos.

2 Überlege dir ein bestimmtes Gefühl. Versuche dieses Gefühl nur mit deinem Gesicht auszudrücken. Deine Nachbarin oder dein Nachbar sollen dieses Gefühl erraten.

3 Ihr könnt eure **Mimik** (so nennt man den Gesichtsausdruck) zu Hause vor dem Spiegel üben.
Für Fortgeschrittene: Versucht einmal euer Gesicht langsam von einer Stimmung in eine andere zu verändern.
Zum Beispiel: von Trauer zu Freude; oder: von Überheblichkeit zu einem fragenden Gesichtsausdruck.

4 Spaß macht es auch pantomimisch ein Stück Obst zu essen.
Die anderen müssen dann raten, was ihr verspeist habt.
Eine Banane oder einen saftigen Pfirsich?
Eine saure Apfelsine?
Kirschen?

5 Ein Spiegelbild macht immer genau das, was wir tun – nur eben spiegelverkehrt.
Eine besonders schwierige Übung ist deshalb die **Spiegelpantomime.**
Dabei steht ihr euch immer zu zweit gegenüber. Einer tut, als stände er vor dem Spiegel, der andere spielt dann das Spiegelbild. Später wird getauscht.
Achtung: Am Anfang müsst ihr euch sehr langsam bewegen, damit euer Gegenüber sich an die Situation gewöhnen kann.

6 Es gibt viele Arten, wie man sich zu Fuß fortbewegen kann: spazieren gehen, wandern, schlendern, in neuen Schuhen gehen ...
Wie wir gehen, hängt oft auch von der Situation ab: vorsichtig barfuß auf heißem Sand, zügig auf dem Weg zum Bus ...
Sicher fallen euch noch weitere Gangarten ein.
Spielt eurer Klasse eine Gangart vor.
Wer sie errät, darf die nächste vorführen.

7 Besonders schwierig zu spielen (und zu erraten) sind Bewegungen in Zeitlupe.
Probiert es einmal aus.

8 Auch wie wir sitzen, ist abhängig von der Situation. Im Wartezimmer beim Zahnarzt sitzt man anders als vor dem Fernseher.
Überlegt euch ähnliche Situationen und spielt sie eurer Klasse vor.

9 Ihr seht: Unser Gesicht, unsere Hände, unser Körper sprechen eine eigene Sprache. „Übersetzt“ das, was die Kinder auf dem Foto ausdrücken, in Worte.

10 a) Spielt die folgenden Aussagen als Pantomime:

- Mir geht es gut. Ich habe gerade lecker gegessen.
- Nein, danke. Ich möchte nicht.
- Was? Meinst du mich? Ich soll zu dir kommen?
- Das war ich nicht! Damit hab ich nichts zu tun!
- Ich habe Kopfschmerzen, seid bitte nicht so laut!

b) Sucht weitere Aussagen, die ihr mit eurem Körper darstellen könnt. Eure Klassenkameraden müssen dann erraten, was ihr „sagen“ wolltet.

11 a) Spielt die folgenden Situationen ohne Worte. Dabei könnt ihr alle Möglichkeiten der Körpersprache ausprobieren.

- In der Schlange beim Bäcker drängelt sich jemand vor.
- Im Wartezimmer beim Arzt.
- Im Zugabteil: Alle Plätze sind besetzt.
- Ein Urlauber versucht in einem fremden Land ein Stückchen Seife zu kaufen.
- Beim Friseur: Der Haarschnitt ist ganz unerwartet geraten.

b) Sicher findet ihr noch weitere interessante Szenen.

Welche Rolle spielst du?

Paul Schorno

Ich soll den Clown spielen?

Theaterwerkstatt-Atmosphäre. Kulissenteile und Versatzstücke liegen und stehen herum. Kinder ziehen sich an, lachen dazu: König, Prinzessin, Polizist, Hexe, Magd, Soldat, Zwerg, Riese, Köchin, Tänzerin, Königin, Fuchs, Zauberer, Ritter usw. Ein Bub steht als Einziger noch in seinen Straßenkleidern da. Er hat eine aufstülpbare Clownnase in der Hand, am Boden liegt eine Perücke. Jemand wirft ihm noch die Riesenschuhe eines Clowns zu. Armando, wie der Knabe beispielsweise heißen kann, ist unzufrieden.

Armando: Ich will nicht den Clown spielen!
(Niemand reagiert darauf.)
Ihr mit euren Kostümen – und ich soll nehmen, was übrig bleibt.
(Den andern ist das egal.)
Diese blöde Nase. Und diese Schuhe. Ihr könnt mich nicht zwingen.
(Einige Kinder beginnen selbstverliebt zu spielen, bewegen sich im Sinne ihrer Figur und üben Posen.)
Faxen machen und blöde Späße, das kann ich nicht, das will ich nicht.
(Er hält die Clownnase vors Gesicht, streckt die Zunge heraus und macht ein paar tollpatschige Bewegungen. Einige lachen und sagen: Du kannst es ja!)
Du kannst es ja, du kannst es ja! Jetzt will ich aber erst recht nicht.
(Immer mehr setzen sich die Kinder in Szene, laufen umher, verneigen sich, kichern, zupfen an den Kleidern herum und schauen sich gegenseitig an.)
Ich möchte einen von euch sehen, wie er den Clown spielt, jawohl.

König: So wie der Chaplin. Hast ihn ja auch schon im Film gesehen.

Ritter: Weißt du, der mit dem Stöckchen und dem Schnurrbart.
(Versucht so zu gehen wie Chaplin.)

Köchin: Er watschelt doch so komisch.
(Versucht ebenfalls den Watschelgang nachzuahmen.)

Soldat: Das kann ich besser.
(Er macht das ganz schlecht, sodass alle lachen, weil er's nicht gut macht.)

Armando: Ja also. Wenn ihr ihn so gerne spielt, warum muss ich gerade der Clown sein?

König: Sei kein Spielverderber.

Polizist: Du darfst alle zum Lachen bringen.

Prinzessin: Anderswo gibt es Kinder, die gerne Clown spielen würden.

Armando: Clown, Clown. Ich bin kein Spaßvogel. Ich wäre lieber ein Einbrecher.

Königin: Ein Einbrecher. Wie einfältig.

Armando *(spöttisch):* Natürlich, wenn man Königin ist …

Fuchs: Wahrscheinlich willst du mich schnappen.

ARMANDO: Ein Einbrecher, ganz genau. *(Er zeigt das Schleichen in gebückter Haltung vor, tut, als nähme er eine Pistole hervor und ruft:)* Hände hoch!

HEXE: Das ist doch blöd. Immer diese Krimis.

POLIZIST: Wenn wir einen Krimi spielen, dann kann ich den Mord aufdecken.

MAGD: Wir spielen aber keinen Krimi.

SOLDAT: Doch, doch. Der Clown begeht während einer Vorstellung einen Mord, der aber erst später entdeckt wird.

RIESE: Eine prima Idee.

KÖNIG: Ihr mit eurer Fantasie. Wir spielen etwas ganz anderes: In einem Land sind alle Leute immer traurig. Niemand konnte bis jetzt helfen. Schließlich wird aus einem fremden Land ein Clown geholt, der den Auftrag bekommt die Leute wieder zum Lachen zu bringen.

ARMANDO: Wenn du nicht das Königsgewand tragen würdest, so wärst du auch für den Krimi. Das weiß ich ganz genau.

KÖNIGIN: Aber dem Clown gelingt es nicht, die Menschen aufzuheitern. Er ist halt kein lustiger Clown und bringt die Menschen nur zum Heulen.

PRINZESSIN: Wautsch!

SOLDAT: Und er wird mit Schimpf und Schande zum Land hinausgejagt.

MAGD: Mir gefällt das nicht. Ein Clown ist ein Clown und der muss lustig sein, basta.

ARMANDO *(mit Nachdruck):* Ich will kein Clown sein. Ich will etwas Vernünftiges machen.

FUCHS: Ja, ein Einbrecher sein.
(Alle lachen.)

KÖNIGIN: Sonst machst du ja auch immer Blödsinn.

ARMANDO: Ja – und? Bin ich deswegen schon ein Clown?

KÖNIG: Ich befehle dir jetzt dich als Clown richtig anzuziehen.

EINIGE: Jawohl. *(Sie gehen auf ihn zu, halten ihn fest, ziehen ihm die Schuhe an, stülpen ihm die Perücke über und befestigen die Nase. Sie verneigen sich vor ihm. Armando wehrt sich schließlich nicht mehr.)*

ALLE: So, und jetzt bring uns zum Lachen.

ZWERG: Spiel uns was vor.

KÖNIGIN: Zuerst müssen wir alle traurig sein.

POLIZIST: Denkt, ein böser Mann ist im Lande.

KÖCHIN: Oder die Hungersnot.

TÄNZERIN: Es gibt keine Musik mehr.

RITTER: Keine Pferde.

PRINZESSIN: Keine Blumen und Schmetterlinge.

ZAUBERER *(in Zaubererpose):* Ihr – sollt – alle – traurig sein.
(Einige versuchen eine entsprechende Mimik und Haltung einzunehmen.)

TÄNZERIN *(plötzlich):* Wie ist man eigentlich traurig?

MAGD: Wie? Einfach so, indem man – traurig ist. Einfach so.
(Die Magd probiert das Traurigsein. Sie macht Grimassen und wirkt ziemlich verkrampft. Einige lachen.)

RITTER: Du bist blöd. Wenn man etwas spielt, so muss man es auch spielen können. *(Er probiert es auch, einige andere ebenfalls.)*

TÄNZERIN: Alle sind jetzt traurig. Und nun kommt unser Clown.

RIESE: Der alle zum Lachen bringt.

HEXE: Nein anders, wir alle müssen den Clown zum Lachen bringen, weil er plötzlich an einer Krankheit leidet, sodass er nicht mehr lachen kann.

KÖCHIN: Gute Idee.

TÄNZERIN: Das spielen wir später, zuerst muss er uns zum Lachen bringen.

EINIGE: Genau.

KÖNIG: Also beginnen wir. […]

ARMANDO: Ich will ein ganz anderer Clown sein. Nicht so, wie ihr meint.

TÄNZERIN: Hauptsache, du heiterst uns auf.

MAGD: Wir sind neugierig auf deine Taten.

ARMANDO: Ihr werdet Augen machen.

ZAUBERER: Da sind wir aber gespannt – – –

1 a) Welche Vorstellung habt ihr von einem Clown?
Was erwarten die Personen in dem Stück von einem Clown?
b) Vielleicht habt ihr eine Idee, wie Armando den Clown spielen könnte.

2 Im Text kommen noch andere Rollen vor. Sucht Textstellen, an denen die Figuren ihre Rolle bereits spielen.

Ein ganz wichtiger Begriff beim Theaterspielen ist der Begriff der **Rolle.** Rolle nennt man die Person, die ein Schauspieler verkörpert. Bekannte Rollen sind zum Beispiel: die Rolle des Clowns oder die Rolle der Königin.
Auch im Alltag kennen wir den Ausdruck Rolle: „Aus der Rolle fallen" sagt man, wenn sich jemand unpassend verhält, also so, wie es die anderen nicht erwarten können.

3 Versucht den Text szenisch darzustellen.
Zur Vorbereitung könnt ihr ihn mit verteilten Rollen lesen und aus dem Stegreif mit dem Text in der Hand spielen.

13.2 Mit Worten auf der Bühne streiten

Vieles kann man ohne große Worte ausdrücken. Meistens wird im Theater aber auch gesprochen. Wenn sich Personen auf der Bühne unterhalten oder streiten, nennt man dies **Dialog.**

Immer Ärger mit der Schule

Natalie hat schon wieder eine Fünf geschrieben. Das ist jetzt schon die dritte in diesem Schuljahr. Na und? Na und. Du bist gut. Wenn sie so weitermacht, bleibt sie kleben. Ach, sie wird's schon schaffen. Nati hat bisher immer alles geschafft. Aber jetzt in der 5. Klasse ist's schwerer. Nun dräng das Mädchen nicht. Sie wird's schon schaffen. Fred, ich weiß nicht, wo du diese Zuversicht hernimmst. Deine Tochter schreibt Fünfen am laufenden Meter und dich interessiert das nicht die Bohne. Erstens ist es nicht meine Tochter, sondern unsere. Und zweitens interessiert es mich sehr wohl. Dann unternimm gefälligst etwas! Und was soll ich deiner Meinung nach unternehmen? Ja, soll ich vielleicht in die Schule gehen … Zum Beispiel, warum nicht? … und ihre Klassenarbeiten schreiben … Natürlich nicht! Aber mit dem Lehrer könntest du reden. Der spinnt doch! Ja, Herr Krämer ist ein ganz mieser Typ! Das finde ich auch! Was machst du denn hier? Um diese Zeit! Herr Krämer hat mich nach Hause geschickt, weil ich zu frech bin, hat er gesagt. Na, er wird's nicht so gemeint haben. Eigentlich ist Herr Krämer doch ganz nett.

1 a) In dieser Szene treten folgende Personen auf: Mutter, Vater und Tochter Natalie. Schreibe den Text so auf, dass der Dialog deutlich wird. Dabei steht zunächst der Personenname, dann ein Doppelpunkt, dann folgt der Text. Der Dialog könnte also so beginnen:

Mutter:	*Natalie hat schon wieder eine Fünf geschrieben. Das ist jetzt schon die dritte in diesem Schuljahr.*
Vater:	*Na und?*
Mutter:	*Na und ...*

b) Möglicherweise hattet ihr bei einigen Sätzen Schwierigkeiten sie eindeutig zuzuordnen. Habt ihr dafür eine Erklärung?

2 a) Schreibt die Szene zu Ende. Wenn ihr festlegen wollt, wie ein bestimmter Satz gesprochen werden soll, könnt ihr **Regieanweisungen** einfügen, zum Beispiel so:

Mutter (verzweifelt):	*Natalie hat schon wieder eine Fünf geschrieben. Das ist jetzt schon die dritte in diesem Schuljahr.*
Vater (gelangweilt):	*Na und?*
Mutter (entsetzt):	*...*

b) Spielt einige eurer Dialoge und vergleicht die unterschiedlichen Lösungen.

3 a) Ergänzt den folgenden Dialog. Denkt auch an die Rollenbezeichnungen.
b) Spielt oder lest eure Lösung der Klasse vor.

... Was willst du? ... Ich verbiete es dir! ...
... Und wieso, bitte? ... wieso? ...
... Das weißt du ganz ... nicht immer wiederholen ...
... Ich lasse mir das aber nicht verbieten ...
... werden wir noch sehen ...
... dann werde ich eben ...

Ein kurzer abgeschlossener Teil eines Theaterstücks heißt **Szene.** Manche kurzen Theaterstücke bestehen nur aus einer einzigen Szene. Meistens gibt es jedoch mehrere Szenen. Die folgende Szene stammt aus einem Stück des Jugendtheaters „GRIPS“.

Volker Ludwig

Trummi geht kaputt: 3. Szene

Zu Hause bei Heini Murk. Heini sitzt am Tisch bei den Schularbeiten, sie sind ihm zu schwer, er trommelt auf dem Tisch herum, wirft den Ranzen auf den Boden, klopft einen bestimmten Rhythmus und erfindet dazu: Blip blip schnubbel schnubbel baff baff ploing. Seine Mutter, Inge Murk, kommt mit Arbeitstasche, Einkaufstüten und Wäschepaketen unterm Arm.

MUTTER *(erschöpft):* 'n Abend, Heini! *(Sie zieht ihren Mantel aus, stellt die Tüten auf den Boden, zieht sich ihre Schürze an.)* Lass doch nicht immer den Ranzen auf dem Boden liegen! Wie oft soll ich dir das noch sagen! Los, hilf mir lieber!

(Packt Tüten aus.) Beweg dich gefälligst etwas schneller!

HEINI: Ich will aber lieber Trommel spielen!

MUTTER: Trommel! Trommel! Was denn für 'ne Trommel?

HEINI: Na, hier, meine Urwaldtrommel.

MUTTER: Ich trommel dir gleich eine! Los, hilf mir lieber die Tüten auspacken! Und nimm endlich den Bleistift aus dem Mund, sonst tust du dir noch weh. *(Beugt sich zu den Tüten.)* Au – mein Rücken!

HEINI: Ich steck doch immer das stumpfe Ende rein, da kann nichts passieren.

MUTTER: So ein Schwachsinn! Wie alt bist du eigentlich!? Sitzt du immer noch bei deinen Schularbeiten? Was hast'n auf?

HEINI: Na, Mathe …

MUTTER *(blättert nervös in einem Heft, reißt dabei ein Milchglas um, das Heft wird nass.):* Verdammter Mist!

HEINI: Das warst du aber jetzt!

MUTTER: Na ja, bei den Schularbeiten trinkt man ja auch nicht! Sauerei so was! *(Nimmt einen Lappen und will den Tisch abwischen.)*

HEINI: Nee, lass mich wegwischen, sonst schmeißte noch was um …

MUTTER: Frech! Auch noch frech! Faul, dumm, unordentlich, aber mich, die sich abrackert, die kaum noch japsen kann, die einfach fertig ist, anrotzen wie der letzte miese Rotzflegel! – Was ist denn das für ein Brief?

HEINI: Heute Morgen sind wir zu spät gekommen, das steht in dem Brief von Frau Hübner drin, sollst unterschreiben, dass du's gelesen hast …

MUTTER: So! Noch was!? Willst wohl am Ende auch noch sitzen bleiben?! Räum jetzt den Tisch ab, damit wir Abendbrot essen können!

HEINI: Warum brüllst du denn immer so?

MUTTER *(brüllt):* Ich brülle überhaupt nicht!!!

HEINI: Doch …

MUTTER *(wird unsicher):* Ich brülle nicht, ich bin nur sehr nervös! *(Packt eine Tüte auf den Tisch, ein Henkel reißt, Sachen fallen aus der Tüte, sie will sie auffangen, stößt sich.)* Mist! Alles geht schief!

HEINI: Warum bist du denn so nervös?

MUTTER: Das verstehst du nicht. Dazu bist du zu jung. – Was soll denn die Fragerei? Willst du mich vielleicht verhören?

HEINI: Nein, wir haben das heute auf dem Nachhauseweg besprochen, dass wir alle unsere Eltern fragen, warum sie so nervös sind und so viel schreien und schimpfen, und morgen wollen wir uns erzählen, was dabei herausgekommen ist.

MUTTER: So! Und wer hat euch dazu aufgehetzt? Wer hat das ausgeheckt?

HEINI: Na, nur Vivi Purzel und Elke Schimmel und ich. Und Bobby war auch dabei.

MUTTER: Bobby, Bobby Trumm? Der Sohn vom Spielzeug-Trumm, dem die Fabrik gehört?

HEINI: Na ja –?

MUTTER: Dem erzählst du, dass sich deine Mutter wie eine Verrückte aufführt, damit er das seinem Vater wiedererzählt, bei dem ich arbeiten muss?

HEINI: Nein, Bobby kam erst später dazu!

4 Spielt die Szene.
Welche der beiden Rollen ist schwieriger zu spielen?

5 Teilt die Szene in Abschnitte ein und sucht für jeden Abschnitt eine geeignete Überschrift. Erklärt, um welchen Konflikt es in euren Abschnitten jeweils geht.

13.3 Szenen schreiben – Stücke spielen

Helen Gori

Ein Mensch vor dem Gericht der Tiere

Im Gerichtssaal sind fast alle Tiere versammelt. Der angeklagte Mensch wird vom Schwein hereingeführt.

GERICHTSPRÄSIDENT (LÖWE): Darf ich Sie um Ihre Personalien bitten?

MENSCH: Mensch, geborener Affe, auf die Welt gekommen vor etwa 40 000 Jahren, wohnhaft überall auf der Erde.

LÖWE: Der Schreiber wird uns jetzt die Anklageschrift verlesen.
Mensch, Sie sind angeklagt eine unermesslich grosse Zahl von unschuldigen Tieren umgebracht, gefressen, gequält, geschlachtet, hingerichtet, gejagt, erschossen und überfahren zu haben. Wegen Ihren untierischen Quälereien und Massenmorden stehen Sie vor dem Gericht der Tiere.

LÖWE: Bekennen Sie sich schuldig?

MENSCH: Nicht schuldig.

LÖWE: Dann schreiten wir zur Einvernahme der Zeugen. Herr Staatsanwalt, darf ich bitten?

STAATSANWALT (FUCHS): Mein erster Zeuge ist der Igel.

IGEL *(weinerlich):* Ich wollte eigentlich gar nicht zu dieser Gerichtsverhandlung kommen. Gerade in der heutigen Nacht ist mein lieber Mann, der unvergessliche Kasimir, von einem Eisenteufel überfahren worden. Und ein Mensch saß drin und kümmerte sich überhaupt nicht um ihn.

LÖWE: Wir werden Sie in der Gerichtsverhandlung schonen, wenn es möglich ist. *(zu Fuchs und Katze, Verteidiger)* Haben Sie noch Fragen an unseren Igel?

FUCHS/KATZE: Nein.

LÖWE: Wer ist Ihr nächster Zeuge, Herr Staatsanwalt?

FUCHS: Der Frosch.

FROSCH: Es ist doch wirklich eine Schweinerei …

SCHWEIN: Ich protestiere, mein Name darf nicht so missbraucht werden!

FROSCH: Entschuldigung, ich wollte niemanden beleidigen.
Es ist doch wirklich eine Menscherei, wie die Menschen unsere Weiher und kleinen Seen verschmutzen! In diesem Waschmittelschaum kann doch niemand mehr leben!
Aber noch schlimmer ist, dass jedes Frühjahr Millionen von Fröschen überfahren werden von diesen merkwürdigen Blechbüchsen, in denen Menschen sitzen.

FUCHS: Das ist ja schrecklich! Und was passiert sonst noch mit deinen Freunden und Verwandten?

FROSCH: Ach ja, die schlimmste Quälerei habe ich doch beinahe vergessen. Diese gemeinen Hunde …

HUND: Also, ich bin mit diesem Wort wohl kaum gemeint …

FROSCH: Oh, Entschuldigung, diese gemeinen Menschen reißen uns Fröschen bei lebendigem Leib die Beine aus und braten sie um sie dann als so genannte Delikatesse zu verspeisen. Wir armen Frösche müssen in einem stundenlangen Todeskampf zugrunde gehen. Ich bin dafür, dass man auch einmal einem Menschen alle seine Beine ausreißt …

LÖWE: Den Strafantrag stellt später der Staatsanwalt, dazu haben Sie nichts zu sagen! Sind noch Fragen an den Zeugen Frosch?

VERTEIDIGER (KATZE): Haben Sie auch schon die kleinen Zäune gesehen, die von den Menschen nur darum gemacht wurden, damit die Frösche nicht überfahren werden?

FROSCH: Ja schon, aber die sind doch nur da, weil die Menschen uns lieber essen als überfahren!

FUCHS: Meine nächste Zeugin ist die Schnecke.

SCHWEIN: Die Schnecke ist leider noch nicht da, ich glaube, sie hat sich ein wenig verspätet.

FUCHS: Gut, dann rufe ich zuerst die Schlange in den Zeugenstand.

SCHLANGE: Dass ich jetzt noch lebe und zu Ihnen sprechen kann und dass ich nicht schon in Form eines Geldbeutels oder einer Damenhandtasche vor Ihnen stehe, habe ich nur meiner Intelligenz und meinem feinen Tastsinn zu verdanken, sonst hätten mich die Menschen schon lange umgebracht …

KATZE: Aber Sie waren doch einst sehr gut befreundet mit den Menschen, wenn man so an die Eva im Paradies denkt …

SCHLANGE: Das war nur ein raffinierter Trick von mir, sonst hätten die Menschen auch aus dem Paradies einen Schweinestall gemacht!

SCHWEIN: Ich protestiere …

SCHLANGE: Ja natürlich, ich entschuldige mich in aller Form, ich meine natürlich einen Menschenstall!

FUCHS: Ich bitte das Huhn in den Zeugenstand.

HUHN: Ja, ich warte schon lange darauf, endlich einmal auszupacken! Ich lebe unter unhühnlichen Verhältnissen in einer Geflügelbatterie. Meine ungeborenen Kinder werden mir weggenommen und von den Menschen als Eier gegessen. Mit fünf andern Hühnern bin ich in einem kleinen Käfig eingesperrt. Ich hoffe nur möglichst bald als Brathuhn gegessen zu werden, damit diese Qual endlich ein Ende hat.

KATZE: Aber wer bringt dir jeden Tag das Futter?

HUHN: Die Menschen natürlich, aber die füttern mich nicht aus reiner Nächstenliebe, sondern weil sie nicht gern zu Skeletten abgemagerte Hühner essen!

FUCHS: Mein nächster Zeuge ist der Blaubock.

(Niemand erscheint, die Tiere werden unruhig.)

LÖWE: Ich glaube, Herr Staatsanwalt, es ist Ihrer Aufmerksamkeit entgangen, dass der Blaubock von den Menschen ausgerottet wurde.

(Entrüstungssturm, die Tiere sprechen alle durcheinander.)

1 Sammelt Ideen, welche weiteren Tiere bei der Gerichtsverhandlung auftreten können. Überlegt, ob auch Tiere auftreten sollen, die den Menschen verteidigen.

2 Bildet Gruppen. Jede Gruppe schreibt eine Szene, in der ein oder zwei der neuen Tiere auftreten. Fügt auch die notwendigen Regieanweisungen ein. Spielt eure Ergebnisse dann der Klasse vor.

3 Aus den verschiedenen Szenen, die ihr gestaltet habt, könnt ihr nun ein gemeinsames Theaterstück zusammenstellen. Überlegt, wie euer Stück enden soll.

4 Wenn ihr das Stück auf dem Elternabend oder Schulfest aufführen wollt, solltet ihr einen „Fahrplan“ erstellen.

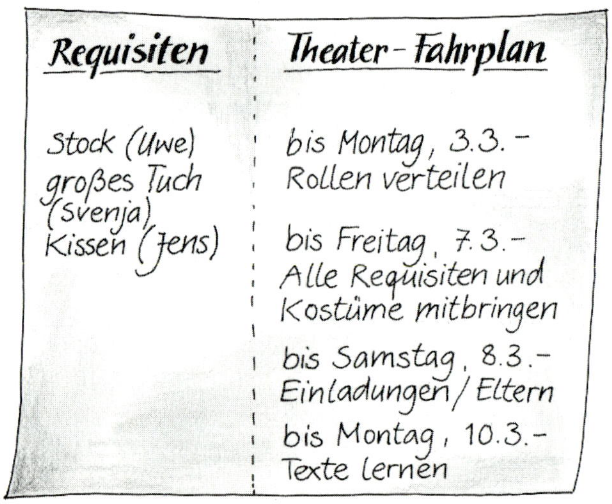

14 Helden aus früheren Zeiten

Vittore Carpaccio: Der Heilige Georg tötet den Drachen (1502/08)

Als die Menschen ihre Sprache noch nicht aufschreiben konnten, gab es dennoch bereits Dichtung. Sie wurde erzählt oder gesungen. Ihr Gegenstand waren Geschichten vom Anfang der Welt, von Göttern, Helden und deren Taten. Später wurden die mündlich überlieferten Lieder überarbeitet und aufgeschrieben. Es entstand geschriebene Literatur.

14.1 Odysseus' Abenteuer

Die beiden ältesten literarischen Werke Europas sind die „Ilias" und die „Odyssee" des blinden Dichters Homer. Sie berichten von dem Kampf der Griechen und Trojaner um die Stadt Troja. Auch Götter und Göttinnen kämpften auf beiden Seiten mit. Odysseus, der griechische Held, hatte die listige Idee gehabt ein riesiges hölzernes Pferd zu bauen, mit dem die Griechen endlich in die Stadt gelangen und die Trojaner besiegen konnten. Auf seinem Rückweg aus diesem Krieg irrte Odysseus zehn Jahre auf dem Meer umher, bevor er nach Hause fand. Immer wieder verhinderten Götter, die auf der Seite der Trojaner gekämpft hatten, seine Heimkehr. Von seinen Abenteuern handelt die „Odyssee".

Auf Kirkes Insel

Nun fuhren wir auf dem einzigen geretteten Schiffe weiter, bis wir an eine Insel mit Namen Aiaia kamen. Hier herrschte die wunderschöne Kirke, eine Tochter des Sonnengottes Helios. Doch wir wussten nichts von ihr. Müde und betrübt lagen die Gefährten im Ufergrase, während ich das Land auskundschaftete. Als ich in der Ferne den Rauch aus einem Palast aufsteigen sah, kehrte ich, durch die schrecklichen Erlebnisse gewitzt, zuerst zu den Freunden zurück um Späher auszusenden. Ein guter Hirsch, den die barmherzigen Götter mir in den Weg schickten, gab den ausgehungerten Gefährten einen köstlichen Abendschmaus und ließ den alten Mut wieder erwachen.

Als ich ihnen jedoch von dem Rauch über dem Palaste erzählte, packte sie wieder Verzagtheit, denn sie dachten an unsere Abenteuer bei den Kyklopen und Laistrygonen[1]. Endlich gelang es mir, die Gefährten wieder aufzurichten. Ich teilte sie in zwei Haufen und loste mit Eurylochos, dem Anführer des anderen, wer die Insel erkunden solle. Das Los traf ihn. Nur unter Seufzern machte er sich mit seinen zweiundzwanzig Genossen auf den Weg nach der Stelle, von der ich den Rauch hatte aufsteigen sehen.

Bald stießen sie auf Kirkes herrlichen Palast, der in einem anmutigen Tale versteckt lag. Doch wie erstaunten meine Genossen, als sie auf dem Hofe Wölfe und Löwen herumwandeln sahen. Die grimmigen Raubtiere kamen ihnen friedlich entgegen wie Hunde, die ihren Herrn begrüßen – es waren, wie wir später erfuhren, lauter Menschen, die Kirkes Zauberkunst in Tiere verwandelt hatte.

Aus dem Innern des Palastes erscholl eine liebliche Stimme. Es war Kirke, die am Webstuhl arbeitete und dabei sang. Als sie das Rufen der Ankömmlinge vernahm, öffnete sie die Pforte. „Tretet ein, ihr Gastfreunde“, bat sie schmeichelnd, „dass ich euch bewirte!“ Die Männer ließen sich hineinführen; nur der besonnene Eurylochos ahnte den Trug und blieb draußen.

Kirke ließ ihre Gäste auf den prächtigen Sesseln Platz nehmen und setzte ihnen die köstlichsten Speisen vor. Doch heimlich mischte sie Unheil bringendes Gift hinein, und kaum hatten die Männer von der verführerischen Speise gekostet, so wurden sie – in borstige Schweine verwandelt. Zufrieden trieb die Zauberin die grunzenden Tiere in den Stall.

Eurylochos, der das alles mit angesehen hatte, stürzte sprachlos vor Entsetzen zu unserem Schiffe zurück um mir von dem Schicksal der Freunde zu berichten. Sofort ergriff ich Schwert und Bogen. Vergebens suchte Eurylochos mich zurückzuhalten. Ich wollte die Gefährten befreien oder sie an der grausamen Zauberin rächen. Das Schicksal war mir wohlgesinnt; denn unterwegs begegnete mir in blühender Jugendkraft Hermes, der Götterbote. Er

1 **Kyklopen und Laistrygonen**: So heißen die Riesen, denen Odysseus begegnet war.

reichte mir eine schwarze Wurzel, die mich gegen Kirkes Zauberkraft gefeit machte. „Wenn sie dich mit ihrem Zauberstabe berührt“, sagte er, „dann zieh dein Schwert und geh auf sie los, als wolltest du sie erschlagen! Dann wird sie sich gefügig zeigen und die Gefährten freigeben!“

Sorgenvoll eilte ich zum Palaste. Kirke selber öffnete mir, führte mich zum Sessel und reichte mir in goldener Schale von ihrem Traubenmus. Kaum hatte ich davon genossen, so berührte sie mich mit ihrem Zauberstabe: „Fort mit dir in den Schweinestall, zu deinen Freunden!“

Sie hatte nicht an meiner Verwandlung gezweifelt. Doch ich tat, wie Hermes mir anbefohlen hatte. Da warf sie sich schreiend zu Boden und umfasste meine Knie: „Wer bist du, dass du meinen Zauber brichst? Noch kein Sterblicher hat der Kraft meines Trankes widerstanden. Bist du vielleicht Odysseus, von dem mir einst Hermes geweissagt hat, er werde meine Kraft brechen?“

Nicht eher willigte ich ein ihre Freundschaft anzunehmen, als bis sie sich mit heiligem Eid verpflichtet hatte mich unversehrt zu lassen und meine Gefährten zurückzuverwandeln.

Von den herrlichen Speisen, die sie mir vorsetzte, rührte ich nichts an, sosehr die Göttin mich auch nötigte. „Wie sollte ich unbekümmert Speise und Trank zu mir nehmen, solange meine Freunde gefangen sind?“, sagte ich zu ihr. Da ging sie in den Stall, trieb meine so seltsam verwandelten Freunde heraus und bestrich jeden mit ihrem Zaubersaft. Da schälten sie, die eben noch als grunzende Schweine um mich herumgelaufen waren, sich aus ihrer borstigen Hülle und standen wieder als Menschen, jünger und schöner als zuvor, vor mir. Mit Freude begrüßten wir uns wieder, erst recht die beim Schiff zurückgebliebenen Gefährten, die auch mich schon verloren glaubten!

Gern ließen wir uns jetzt von Kirke bereden, eine Zeit lang als ihre Gäste bei ihr zu verweilen. Wir zogen das Schiff auf Strand, bargen die Ladung in einer Felsengrotte und ließen es uns bei ihr wohl sein.

(nacherzählt von Gustav Schwab)

1 Noch heute lebt die Erinnerung an die Zauberin Kirke in dem Verb „bezirzen“ weiter. Was ist damit gemeint? Passt das Wort auf die Zauberin?

2 a) Teilt die Erzählung in einzelne Szenen auf und gebt ihnen Überschriften.
b) Überlege, was in diesen Szenen von den Beteiligten gesprochen werden könnte, und erfinde einen Text, der nur aus dem Gespräch besteht.

3 a) Auch Märchenhelden werden manchmal in Tiere verwandelt und müssen erlöst werden. Sucht solche Märchen und lest sie vor.
b) Erzählt eines dieser Märchen aus der Sicht des Verwandelten und Erlösten neu, zum Beispiel: Der Bär, der ein verwandelter Prinz ist, erzählt den Geschwistern „Schneeweißchen und Rosenrot“ das Abenteuer seiner Verwandlung.
c) Vergleicht das Verwandlungsabenteuer eines Märchenhelden mit dem Abenteuer des Odysseus bei Kirke.

4 Stell dir vor, du würdest in ein Tier verwandelt. Schreibe eine Verwandlungsgeschichte, in der du selbst der Held oder die Heldin bist.

Homer

Odysseus und Kirke

Homer hat vor ca. 2700 Jahren die „Odyssee“ in Versen, so genannten Hexametern, geschrieben. Deutsche Dichter versuchten schon vor mehr als zweihundert Jahren den griechischen Text möglichst wortgetreu und in dem Versmaß Homers ins Deutsche zu übersetzen. Die Illustration dazu stammt von dem Maler und Zeichner Bonaventura Genelli (1798 – 1868).

Da nun Kirke mich sah, wie ich dasaß und meine Hände
Nicht zu essen rührte, und mich der Kummer bedrückte,
Trat sie nah zu mir und sprach die geflügelten Worte:
Warum sitzest du so wie ein Stummer am Tische, Odysseus,
Und zerquälst dein Herz und rührest nicht Speise noch Trank an?

Scheuest du etwa neuen Trug? Befürchte mir nichts mehr!
Denn ich hab dir's ja mit hohem Eide geschworen!
Sprach's. Und ich antwortete ihr und entgegnete also:
Kirke, welcher Mann, der weiß, was recht und gerecht ist,
Hätte das Herz, sich eher mit Trank und Speise zu laben,
Eh er die Freunde gerettet und selbst mit Augen gesehen?
Darum, wenn du mich freundlich heißest essen und trinken,
Gib sie frei und zeige sie mir, die lieben Gefährten!
Also sprach ich. Und Kirke ging mit dem Stab in den Händen
Aus dem Gemach und öffnete schnell die Türe des Kofens[1]
Und trieb jene heraus, in Gestalt neunjähriger Eber.
Alle zusammen stellten sich vor sie. Aber bei allen
Ging sie umher und bestrich jedweden mit heilendem Safte.
Siehe, da sank von den Gliedern herab die borstige Hülle,
Die der verderbliche Trank der mächtigen Kirke geschaffen.
Männer wurden sie schnell und jüngere, denn sie gewesen,
Auch weit schöner anzuschaun und höher gewachsen.
Und sie erkannten mich gleich und gaben mir alle die Hände;
Alle hoben an vor Freude zu weinen, dass ringsum
Laut die Wohnung erscholl. Es jammerte selber die Göttin.
Und sie nahte sich mir, die hehre Göttin, und sagte:
Edler Sohn des Laërtes[2], erfindungsreicher Odysseus,
Gehe nun hin zu dem rüstigen Schiff am Strande des Meeres;
Zieht vor allem zuerst das Schiff ans trockne Gestade
Und verwahrt in den Höhlen die Güter und alle Geräte.
Dann komm eilig zurück und bringe die lieben Gefährten.

(übersetzt von Johann Heinrich Voß, 1798)

1 **Kofen:** Schweinestall
2 **Sohn des Laërtes:** Bezeichnung für Odysseus

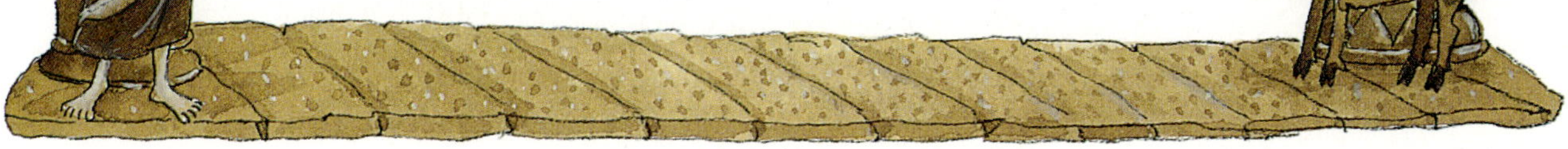

1 a) Lest den Text laut. Versucht den Rhythmus der Verse zu finden ohne sie „herunterzuleiern".
b) Vergleicht den Vortrag in der alten Verssprache mit der laut vorgelesenen modernisierten Abenteuer-Erzählung (S. 250/251).

2 Der Bericht des Odysseus erscheint uns in der Versfassung schwer verständlich und fremd. Besonders auffällig sind:
- die formelhaften Wendungen („geflügelte Worte"),
- die Adjektive bei der Nennung von Personen und Dingen (die „hehre Göttin"; „rüstige Schiffe").

a) Sucht selbst solche schmückenden Adjektive und Umschreibungen und fügt sie in die modernisierte Odysseus-Sage ein (S. 250/251).
b) Tragt eure „homerisierten" Texte der Klasse vor und besprecht deren Wirkung.

Die Durchfahrt zwischen Skylla und Charybdis

Kirke warnt Odysseus, als der seine Heimfahrt fortsetzt, vor einer schrecklichen Meerenge (es soll die zwischen Sizilien und dem italienischen Festland sein), in der viele Schiffe verunglücken. Sie beschreibt ihm die „Charybdis“ als wasserspeiendes Ungeheuer und die „Skylla“ als sechsköpfigen Drachen, zwischen denen er genau in der Mitte durchfahren muss, gegen die er aber nicht kämpfen soll. Odysseus vergisst diese Worte.

Bald darauf näherten sie sich einer weit größeren Gefahr. Die Durchfahrt zwischen den Felsenungeheuern Skylla und Charybdis stand ihnen bevor. Charybdis hatte als Maul einen Strudel, der alles verschlang, was ihm zu nahe kam; Skylla war ein sechsköpfiger Drache, der von der Stirn des zweiten Felsens auf die Opfer herabstieß und sie packte. Den Speer in der Rechten pflanzte sich Odysseus am Bug des Schiffes auf. Er wollte den Kampf mit dem Drachen aufnehmen, doch die Brandung raubte ihm die Sicht. Zwar entging das Schiff dem Strudel und schoss durch die Meerenge, doch als Odysseus die Männer nachzählte, fehlten sechs.

Noch am gleichen Tag kamen die Überlebenden nach Thrinakia, der grünen Insel, auf der die Rinder des Sonnengottes ihre Weide hatten. Dort legten sie an. Odysseus warnte die Männer sich nicht am Vieh des Helios zu vergreifen und sie versprachen es ihm.

(nacherzählt von Hans Baumann)

1 Erzähle anschaulich, mit vielen schmückenden Adjektiven und Vergleichen, dieses neue Abenteuer des Odysseus und seiner Gefährten. Schreibe auch auf, was Odysseus seinen Gefährten an den Rudern und am Steuer sagt um ihnen Mut zu machen.
Überlege, was er selbst dabei denkt und fühlt.

2 Leiht in der Bücherei die „Sagen des klassischen Altertums“ von Gustav Schwab aus. Sucht das Abenteuer, das von Odysseus und der Skylla handelt, und vergleicht. Fragt euch dabei besonders:
- Welche Einzelheiten werden bei Gustav Schwab erzählt, die Hans Baumann in der vorliegenden Fassung weglässt?
- Wie wird das Verhalten des Odysseus, wie das des Meerungeheuers Skylla beschrieben?
- Welche Teile des Abenteuers werden von Gustav Schwab, welche von Hans Baumann hervorgehoben?

Die Abenteuer des Odysseus als Comic

1 Untersucht die Umsetzung des Abenteuers in einen Comic.
- Welche Abweichungen in der Handlung könnt ihr feststellen?
- Was hat sich an der Sprache der Figuren verändert, was an ihrem Verhalten?
- Welche zusätzlichen „Ideen" haben Zeichner und Texter in ihre Fassung der Geschichte eingebaut?

2 Versucht selbst ein Abenteuer des Odysseus als Comic zu zeichnen. Passt dabei die Sprache der Personen der Sprache von Comic-Helden an.

14.2 Heldentaten des jungen Siegfried

Am Anfang der deutschen Literatur stehen ebenfalls Götter- und Heldensagen. Sie erzählen, wie Mut, Tapferkeit, Ehrgefühl, Gerechtigkeitssinn nicht immer zum Sieg führen. Denn ein ungünstiges Schicksal, falsche Freunde, aber auch die eigene Blindheit bringen es mit sich, dass die Helden und Heldinnen oft scheitern.
Ein berühmtes Beispiel ist das „Nibelungenlied", das im 5. Jahrhundert spielt und um das Jahr 1200 aufgeschrieben worden ist. Es erzählt von Siegfrieds Tod durch die Hand seiner Freunde und von der Rache, die seine Frau Kriemhild dafür an ihren Brüdern nimmt.
Aus der Nibelungensage stammt die Geschichte von Siegfrieds Kampf mit dem Drachen.

Siegfried und der Lindwurm

In Xanten am Niederrhein herrschten vor Zeiten König Siegmund und Königin Siegelind. Sie hatten einen Sohn, Siegfried geheißen. Überall im Lande erzählte man von dem starken und schönen Königssohn aus Xanten, denn schon in jungen Jahren vollbrachte er manche Heldentat.

Eines Tages kam Siegfried zu einem Schmied, der Mime hieß und tief im Walde seine Werkstatt hatte. Eine Weile sah er zu, wie Meister Mime und seine Gesellen am Amboss standen und mit ihren schweren Hämmern auf das glühende Eisen schlugen, dass die Funken stoben, und dann sprach er zu Mime: „Ich möchte auch das Schmiedehandwerk erlernen. Wollt Ihr es mich lehren, will ich gern bei Euch bleiben."

Als Mime sah, dass Siegfried stark und groß gewachsen war, stimmte er zu und nahm ihn auf unter seine Schmiedeknechte. Am nächsten Morgen brachte er seinen neuen Lehrburschen mit in die Werkstatt um zu sehen, wie er sich bei der Arbeit anstellte. Er holte eine große Eisenstange und legte sie ins Feuer. Dann gab er Siegfried den schwersten Schmiedehammer in die Hand, nahm das glühende Eisen aus dem Feuer, legte es auf den Amboss und hieß Siegfried draufschlagen. Da schwang Siegfried den Hammer, und gleich sein erster Schlag war so gewaltig, dass er den Amboss tief in die Erde trieb und das Eisen samt der Zange, die Mime in beiden Händen hielt, wie morsches Holz zerbrach. Die Schmiedegesellen machten große Augen und Mime sprach: „Noch nie sah ich einen Menschen so gewaltig zuschlagen. Zum Schmiedehandwerk wirst du nie taugen."

Siegfried jedoch bat, es noch einmal mit ihm zu versuchen, sodass Mime schließlich nachgab und Siegfried behielt. Bald aber bereute er, dass er Siegfried nicht doch weggeschickt hatte, denn der fing mit allen

Schmiedegesellen Streit an und keiner wollte mehr mit ihm arbeiten. Sie beschwerten sich bei Mime und drohten die Schmiede zu verlassen, wenn Siegfried noch länger bliebe.
Da beschloss Mime Siegfried umzubringen und er dachte bei sich: „Ich will Siegfried zum Kohlenbrennen in den Wald schicken und ihm einen Weg zeigen, der zum Drachenpfuhl führt, wo der Lindwurm haust. Dann wird er bestimmt niemals wieder hierher zurückkehren."
Siegfried ahnte nichts Böses, als Mime ihm den Auftrag gab in den Wald zu gehen und Kohlen zu brennen. Er zog los und kam bald zu dem Weg, den Mime ihm beschrieben hatte. Da begann er Bäume umzuhauen, trug sie auf einen großen Haufen und zündete ein Feuer an um Holzkohle zu brennen. Als er sich jedoch auf einen Baumstumpf gesetzt hatte um von der Arbeit auszuruhen, wälzte sich der Lindwurm heran, ein riesiges Ungeheuer mit einem Rachen, so groß, dass es einen Menschen mit Haut und Haar verschlingen konnte. Siegfried sah das Ungetüm, das schon gierig nach ihm schnappte, sprang auf, riss einen Baum aus dem Feuer und schlug mit aller Kraft auf den Drachen los. Schlag auf Schlag versetzte er ihm, bis das Untier tot war und das Blut in einem dicken Strahl herausschoss. Siegfried steckte den Finger in das dampfende Drachenblut, und siehe da, der Finger war von einer festen Hornhaut überzogen, dass kein Schwert ihn ritzen konnte. Da warf Siegfried rasch seine Kleider ab und bestrich sich von oben bis unten mit dem Drachenblut, sodass seine Haut hörnern wurde bis auf eine kleine Stelle im Rücken zwischen den Schultern, wo ein Lindenblatt hingefallen war. Dann legte er seine Kleider wieder an und machte sich auf den Weg nach Hause zur väterlichen Burg.

(nacherzählt von Gretel und Wolfgang Hecht)

1 Was erfährst du aus der Sage
- über den jungen Siegfried,
- über die Lebensumstände der Zeit,
- über das Handwerk der Waffenschmiede?

2 Siegfrieds Kampf mit dem Drachen ist sehr kurz abgehandelt. Du könntest eine spannende Abenteuergeschichte daraus machen.

3 a) Was könnte der Anlass für den Streit zwischen Siegfried und den Schmiedegesellen gewesen sein?
b) Schreibt den Streit als Dialog in euer Heft.
c) Nehmt euren Dialog auf Kassette auf:
- Sucht Hintergrundgeräusche, die den Ort der Handlung anschaulich machen.
- Sprecht die beteiligten Personen so, dass man sie an der Stimme erkennt.
d) Überlegt, ob ihr euch als Siegfried bei dem Streit ähnlich oder anders verhalten hättet.

4 Sammelt und erzählt andere Abenteuer Siegfrieds.
Beschreibt beim Nacherzählen vor allem die Personen genau, denen Siegfried begegnet und mit denen er Konflikte hat, z. B.:
- Siegfried trifft auf den Zwergenkönig Alberich und gewinnt die Tarnkappe.
- Siegfried begegnet den Nibelungenkönigen und gewinnt deren Schatz.
- Siegfried und die Burgunder schließen Freundschaft. Hagen bleibt zurückhaltend. Er misstraut Siegfried.

14.3 Tristan und Isolde

Im Mittelalter, vor etwa 1000 Jahren, gab es viele Sagen, die von Drachen handeln. Auch Tristan, der Held des mittelalterlichen Romans von „Tristan und Isolde“, muss einen Drachenkampf bestehen.

Die Königin hilft Tristan

Schon als Tristan krank in Irland weilte und die Königin ihn pflegte, hatte er oft erzählen hören von einem schrecklichen Drachen, der im Lande hauste. Auf den setzte Tristan seine ganze Hoffnung. Denn König Gurmun hatte geschworen dem Ritter von Adel, der den Drachen erschlüge, seine Tochter zur Frau zu geben.

Am nächsten Morgen schon ging Tristan daran, seinen Plan auszuführen. Gut bewaffnet schwang er sich auf ein starkes Pferd und ritt durch die Wälder zum Tal Anferginan, wo das Untier seine Höhle hatte.

Kaum hatte er das Tal erreicht, sah er den Drachen schon. Er war grauenvoller, als man es sich vorstellen kann. Sein heißer Atem bestand aus Rauch und Flammen. Brüllend kroch er Tristan entgegen.

Der senkte seinen Speer, gab seinem Ross die Sporen, schoss auf den Drachen zu und stieß ihm den Speer durch den aufgerissenen Rachen in den Schlund. Dort blieb er stecken. Das Pferd aber prallte so heftig auf den Drachen, dass es stürzte. Tristan sprang rechtzeitig ab und floh aus dem Bereich des feurigen Atems. Das Pferd wurde zur Hälfte verbrannt. Der Rest blieb liegen, denn der verwundete Drache zog sich in seine Schlucht zurück, brüllend, sich windend vor Schmerz.

Tristan griff wieder an, mit gezücktem Schwert. Doch kam er nicht an ihn heran. Der Drache wehrte sich mit Flammen, spitzen Krallen und messerscharfen Zähnen. Tristan verbarg sich hinter Busch und Baum. Das Untier folgte. Tristans Schild verglühte ihm in der Hand. Er lief um sein Leben. Doch wandte er sich sofort wieder um, als er merkte, dass den Drachen die Kräfte verließen. Er sprang auf ihn zu und stieß ihm das Schwert ins Herz. Der Todesschrei des Tieres schallte weithin übers Land.

Mit letzter Kraft öffnete Tristan das Drachenmaul und schnitt, zum Zeichen seines Sieges, die Zunge heraus. Er verbarg sie unter seinem Hemd. Mühsam schleppte er sich durch den Wald dem Meere zu. An einem Bach, der sich über Felsen in ein kleines Wasserbecken ergoss, wollte er sich erfrischen. Doch die giftigen Dämpfe, die von der Drachenzunge an seiner Brust ausströmten, raubten ihm die Besinnung. Mit Schwert und Rüstung stürzte er ins Wasser. Zum Glück versank er so, dass sein Kopf noch auf dem Ufer lag.

Der betrügerische Truchsess[1]

Wie man sich denken kann, hatten schon viele Ritter versucht durch den Kampf mit dem Drachen die schöne Isolde zu gewinnen. Mancher war geflohen, wenn er des Drachens ansichtig wurde, andere hatten ihre Kühnheit mit dem Leben bezahlt.

1 **Truchsess:** oberster Beamter des Königshofes

Einer von denen, die davon träumten, Isoldes Gemahl zu werden, war der Truchsess des Königs. Er verehrte die blonde Königstochter seit langem, aber sie mochte ihn nicht. Da er zu furchtsam war den Kampf mit dem Drachen zu wagen, sann er auf Betrug. Jedes Mal, wenn ein Kühner gegen den Drachen ausritt, hielt er sich in der Nähe versteckt um keine Gelegenheit zu verpassen.

Er hatte auch Tristan auf das Tal Anferginan zureiten sehen, war ihm gefolgt und hatte in sicherer Entfernung gewartet. Erst als der Todesschrei des Drachen durch die Wälder gellte, wagte er sich heran. Bald kam er dorthin, wo der Drache Blätter und Gras versengt hatte, sah Tristans totes Pferd und gleich darauf auch das leblose Ungeheuer. Das versetzte ihm solchen Schreck, dass er vom Pferd fiel, sich keine Zeit ließ um wieder darauf zu steigen, sondern davonlief.

Lange blieb er in Büschen versteckt, bis er sicher war, dass der Drache sich nicht mehr regte. Er suchte sein Pferd, schwang sich darauf, ritt zu dem Untier, und als er sich überzeugt hatte, dass es tot war, griff er es mit dem Speer an. Aber der wollte in der gepanzerten Haut nicht stecken bleiben. Er zerbrach ihn, rannte das vordere Ende dem Tier in die Gurgel, hieb mit seinem Schwert noch mehrmals auf den Leichnam ein und ritt dann schnell zurück nach Weisefort. Denn er dachte: Ist der unbekannte Ritter nicht tot, so muss ich eher da sein und den Sieg melden!

Bei Hofe erhob sich ein großes Geschrei um seine vermeintliche Heldentat. „Ja, ihr Herren“, sagte er, „da könnt ihr sehen, welche Wunder ein beherzter Mann aus Liebe zu einem Mädchen vollbringt. Ein Fremder, der vor mir da war, wurde gefressen. Ich aber habe das Ungeheuer erlegt. Ich will nicht viel Worte machen. Seht es euch an.“ Und er zog mit Freunden und Verwandten in den Wald, zeigte ihnen das halbe Pferd des Fremden und ließ dem Drachen das Haupt abschlagen und aufs Schloss bringen als Beweis. Dann lief er zu König Gurmun und erinnerte ihn an seinen Schwur.

Als Isolde davon erfuhr, begann sie zu weinen und zu klagen. „Nie, Mutter“, schluchzte sie, „werde ich dem Truchsess, dem Küchenoberaufseher, angehören! Eher nehm ich mir das Leben!“

„Beruhige dich, liebe Tochter“, antwortete die Königin. „Wer weiß, ob das mit rechten Dingen zugeht. Wir wollen es selbst untersuchen.“

Früh am Morgen, als alle anderen noch schliefen, weckte die Königin ihren Vertrauten, den Knappen Paranis, ihre Tochter Isolde und deren Base Brangäne. Ungesehen ritten die vier in den Wald. Sie fanden den Rest des Pferdes und erkannten am Sattelzeug sofort, dass es einem Fremden gehört haben musste. Als sie sahen, wie riesenhaft der Drache war, waren sie sicher, dass der feige Truchsess ihn unmöglich besiegt haben konnte.

„Wir müssen den Fremden finden!“, rief die Königin. „Lasst uns den Wald absuchen.“

Isolde sah ihn zuerst. Der Helm, der aus dem Wasser ragte, glänzte in der Sonne. Sie rief die anderen und gemeinsam zogen sie ihn aus dem Wasser. Sie lösten ihm den Helm und befreiten ihn von der Rüstung. Dabei fanden sie die Drachenzunge auf seiner Brust.

„Er ist der Drachentöter!“, rief die Königin. „Er lebt, die Dünste der Zunge haben ihm nur die Besinnung geraubt.“

Als Tristan die Augen aufschlug und die drei Frauen vor sich sah, eine schöner als die andere, glaubte er zu träumen.

„Wo bin ich?“, fragte er mit schwacher Stimme. […]

Die Frauen sahen, dass er noch zu schwach war zum Erzählen. Sie hoben ihn auf ein Pferd und führten ihn ungesehen nach Weisefort. In einer abgelegenen Kammer pflegten sie ihn liebevoll. Am anderen Tag schon waren seine Kräfte so weit wiederhergestellt, dass er erzählen konnte.

„Vor drei Tagen, Herrin, kam ich mit meinem Handelsschiff in diesen Hafen. Man empfing mich schlecht und hätte mich wohl ausgeraubt, wenn ich dem Marschall nicht reiche Belohnung zugesichert hätte. Da entschloss ich mich, um mir die Iren zu Freunden zu machen, den Kampf mit dem Drachen zu wagen. Ihr wisst, wie es ausging."

„Du erschlugst das Untier", sagte die Königin, „dafür danken wir dir und würden dir gern deine Wünsche erfüllen."

„Ich habe nur einen Wunsch, Herrin. Den nämlich, dass Ihr mir Wohlwollen und Frieden in Irland zusichert."

„Der Wunsch sei dir erfüllt", sagte die Königin. „Niemals soll dir, deinen Leuten und deinem Besitz in unserem Reich ein Leid geschehen. Wir aber … haben auch einen Wunsch an dich. Du sollst uns beistehen gegen unseren Truchsess, der sich betrügerischerweise anmaßt, das getan zu haben, was du getan hast."

„Er will mich zur Frau", sagte Isolde, die Tochter, zornig. „Aber nur tot kann er mich haben."

„Seid unbesorgt", sagte Tristan. „Wenn ich gesund bin, werde ich fest an Eurer Seite stehen."

Froh gingen die Frauen in die Schlosshalle hinunter, wo König Gurmun sich mit seinen Landbaronen zu einer Gerichtsversammlung zusammengefunden hatte. Verhandelt werden sollte das Ersuchen des Truchsess die Königstochter zur Gemahlin zu bekommen. Wie immer nahm die Königin daran teil, weil sie die Klügste war im ganzen Land.

Alle erhoben sich, als die Frauen den Saal betraten. Höflich wies der König ihnen Plätze neben dem seinen an. Dann eröffnete er die Verhandlung. „Truchsess, rede! Was ist dein Begehren?"

„Herr König", sagte der Truchsess, „erinnert Euch Eures Eides: Wer adelig ist und den Drachen erschlägt, so sagtet Ihr, soll Isolde zur Frau bekommen. Ich erschlug den Drachen mit eigner Hand, weil ich Isolde liebe. Nun erfüllt Euer Versprechen!"

„Habt Ihr Beweise für Eure Tat?", fragte die Königin.

Der Truchsess winkte seinen Verwandten. Die trugen den Kopf des Drachen herein.

„Ist das Beweis genug, Herrin?"

„Nein. Das beweist nur, dass Ihr dem Drachen den Kopf abgeschlagen habt, aber dem toten."

„Und wer tötete ihn, wenn nicht ich?"

„Ein anderer."

„Und wo ist er?"

„Ich kenne ihn, noch liegt er krank. Doch in drei Tagen kann ich ihn der Versammlung vorstellen."

„Er lügt!", rief der Truchsess wütend. „Wer es auch sei, ich fordere ihn zum Kampf. Mein Leben ist mir nicht zu schade um meiner Liebe zu Isolde willen."

„Das lobe ich mir", sagte die Königin. „Ich will dafür sorgen, dass dieser Zweikampf in drei Tagen stattfinden kann."

„So sei es", sagte der König. Und die Barone stimmten ihm zu.

(neu erzählt von Günter de Bruyn)

PROJEKT

15 Wir erfinden Spiele

15.1 Spiele kennen lernen

Hans Fallada

Die Kristallkugel mit dem Eisbären

Hans Fallada hieß eigentlich Rudolf Ditzen. Er wurde 1893 in Greifswald geboren und starb 1947 in Berlin. Die Figuren in seinen Romanen haben es meist nicht leicht im Leben. Fallada selbst hatte viele Schwierigkeiten und musste wegen kleinerer Vergehen mehrmals ins Gefängnis. Im folgenden Text erzählt er eine Geschichte aus seiner Kindheit.

Nun war der Frühling gekommen und ich widmete mich mit Schwestern, Freunden, Bekannten und auch Unbekannten auf dem Karlsplatz dem erregenden Murmelspiel. Muss ich es noch extra sagen, dass ich ein schlechter Murmelspieler war, vielleicht der schlechteste von ganz Greifswald –?! In diesem Frühjahr war ich von Haus aus recht gut mit Murmeln ausgestattet, ich besaß ihrer viele in allen Arten und Größen, von der einfachen Tonkugel an über „echte Marmeln“ bis zu blanken Eisenkugeln, ja bis zu der großen Kristallkugel, die in ihrer Mitte einen schneeweißen Eisbären trägt. Diese Kristallkugel liebe ich über alles.

Aber auch die vollste Kiste hat einen Boden, und wenn man immer nur aus ihr nimmt, erreicht man schließlich diesen Boden. Mein Murmelbeutel wird leerer und leerer. Ich sehe sie alle dahinschwinden, eine nach der andern, die Tonkugeln, die echten Marmeln, die silberglänzenden Eisenkugeln, die Glaskugeln mit den bunten gedrehten Stäben in der Mitte. Mit der Durchsicht meiner Bestände abends im Bett werde ich immer schneller fertig und mit Neid sehe ich auf die Beutel meiner Schwestern, die durch das Spiel nicht leerer, sondern voller werden.

Schließlich kommt die Stunde, da ich die Kristallkugel mit dem Eisbären wagen

muss, will ich überhaupt noch mitspielen. Erregende lange Verhandlungen gehen voraus. Auch von der Gegenpartei wird diese Kugel hoch bewertet, wenn auch nicht ganz so hoch wie von mir. Schließlich kommt eine Einigung zustande: Jetzt habe ich die Gelegenheit, durch einen Wurf mit dem Eisbären fast alles Verlorene wiederzugewinnen. Viele Kinder umstehen uns, es ist ein wichtiger Moment. Ich weiß, was auf dem Spiele steht, und wie selten im Leben reiße ich alle meine Kräfte zusammen. Diesmal muss es mir gelingen, dieses Mal werde ich Glück haben …

Eine atemlose Stille herrscht unter den Zuschauern, selten wechseln solche Vermögen durch einen Wurf ihren Besitzer. Mein Gegner, wohl zwei oder drei Jahre älter als ich, tritt aufgeregt von einem Fuß auf den anderen, beobachtet mich dabei aber scharf. Ich ziele genau nach der kleinen Erdhöhlung, in die meine Kugel fallen muss, ich strecke den Arm, ich werfe schon – Da ruft mein Gegner: „Kuckt mal, der Storch mit dem Frosch!“ Mein Kopf fährt zum Himmel und weit vom Ziel rollt meine Kugel …

„Das gilt nicht!“, schreie ich zornig.

Und: „Verloren!“, schreit er.

„Das war Betrug!“, rufe ich, denn es gab natürlich gar keinen Storch mit einem Frosch. „Es gilt nicht!“

Und ich stürze mich auf die Kugel und nehme sie fest in die Hand.

Mein Gegner überfällt mich und sucht mir die Hand aufzubrechen. Die Ansichten der Zuschauer sind geteilt, aber doch überwiegen die, welche der Meinung sind, im Spiel […] sei jede List erlaubt. Doch halten sie sich der nun beginnenden kriegerischen Auseinandersetzung fern.

Mein Gegner braucht auch keine Hilfstruppen, mein Kampf ist aussichtslos. Er ist so viel stärker und kampferprobter als ich bleiches Krankengemüse. Mit einem Arm wehrt er gelassen meine Schläge ab und konzentriert sich nur

darauf, mit den Nägeln der andern meine Hand aufzuzwicken. Ich sehe ein, dass die Kristallkugel mit dem Eisbären für mich verloren ist. Aber wenn ich sie nicht habe, er soll sie auch nicht bekommen, dieser Betrüger, der! Ich sehe nahe bei mir die gähnende Abflussöffnung des Rinnsteins. Mit letzter Kraft reiße ich meine Hand frei und schleudere die Kugel mit Wucht in die …
Denkste!, sagt heute der Berliner. Denn so nahe mir auch die Öffnung ist, ich habe vorbeigetroffen.
Die Kugel prallt stark gegen das Pflaster, zerspringt und die eine scharfkantige Hälfte fliegt mir direkt ins Gesicht, grade unter das Auge, wo sie einen tiefen Schnitt hinterlässt.
Wieder einmal werde ich blutend nach Hause geführt, wieder einmal werde ich genäht, wieder einmal sehe ich noch dramatischer aus. „Unser geschundener Raubritter", sagte mein Vater seufzend, wenn sein Blick auf mir ruhte, und dieser Titel ist mir in meiner ganzen Jugend treu geblieben.

1 Sucht alle Stellen des Textes heraus, die erkennen lassen, wie das Murmelspiel gespielt wird. Ergänzt diese Stellen, sodass der gesamte Ablauf des Spiels deutlich wird.

2 Beschreibt, wie es zu dem Streit während des Spiels kommt. Wer hat eurer Meinung nach in dem Streit Recht? Wie wäre der Streit zu vermeiden gewesen?

3 Erzählt, welche Streitereien ihr bei Spielen erlebt habt. Wie kam es dazu?

Spielanleitungen aus einem Spielebuch

Murmelspiel

Beliebig viele Spieler; Glasmurmeln

Auf den Sandboden zeichnen die Spieler einen Kreis von etwa 30 bis 40 cm Durchmesser. Jeder Spieler legt 3 Murmeln in die Mitte dieses Kreises. Dann wird ausgelost, wer beginnt. Dieser Spieler stellt sich an den Kreis, darf aber auf keinen Fall die Kreislinie mit den Füßen berühren oder überschreiten. Er hält den Arm waagerecht über den Murmelhaufen und lässt eine Murmel herunterfallen. Die unten liegenden Murmeln springen auseinander, wenn er gut getroffen hat. Alle Murmeln, die aus dem Kreis herausrollen, darf dieser Spieler erst einmal behalten.
Sieger ist derjenige, der nach mehreren Durchgängen die meisten Murmeln besitzt.
(Am Ende sollte man die Murmeln dem eigentlichen Besitzer wieder zurückgeben!)

Schussern

Beliebig viele Spieler; Murmeln

Die Spieler ziehen einen Kreis von etwa 30 cm Durchmesser. Um diesen kleinen Kreis wird noch ein großer, Durchmesser ca. 2 m, gezeichnet. In den kleinen, mittleren Kreis legt jeder Spielteilnehmer 3 Murmeln. Der Reihe nach stellt sich jeder Spieler einmal in den großen Kreis und versucht von hier aus mit einer eigenen Murmel eine oder mehrere Murmeln aus dem kleinen Kreis zu schießen. Gelingt ihm das, so kann er sich diese Murmeln nehmen. Sieger ist, wer am Ende die meisten Murmeln hat.

1 Wie sind die beiden Spielanleitungen aufgebaut? Gliedert sie in Abschnitte und gebt den einzelnen Abschnitten Überschriften.

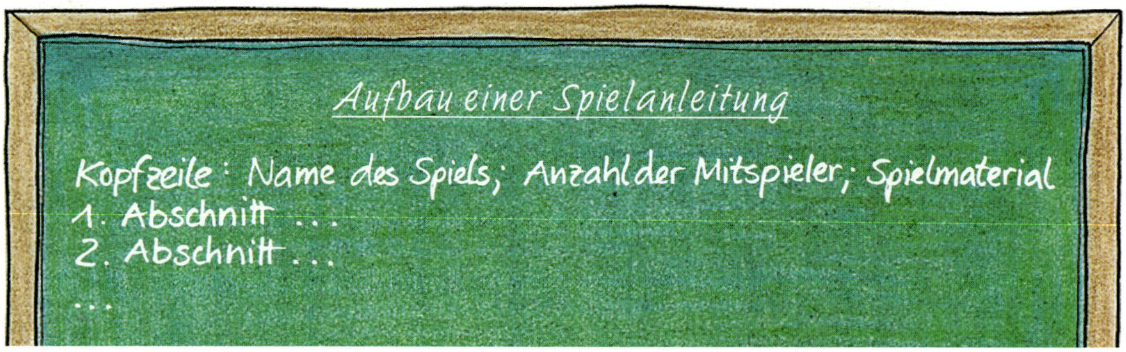

2 Bringt Spielebücher mit und lest Anleitungen vor, die ihr für besonders gelungen haltet. Wie sind sie jeweils aufgebaut?

Wir beschreiben Pausenspiele

Abtrefffußball
4–10 Mitspieler
Material: ein Tennisball; ein Tor von ungefähr 80 cm x 1 m
Man braucht einen Torwart. Die restlichen Spieler sind Feldspieler. Die Aufgabe des Torwarts ist es, keine Bälle in das Tor zu lassen. Seine zweite Aufgabe besteht darin, STOPP zu rufen, wenn ein Tor gefallen ist, damit die Spieler stehen bleiben. Dann versucht er einen Mitspieler mit dem Ball abzutreffen. Die Aufgabe der Feldspieler ist es, Tore zu schießen und vor dem Ball zu fliehen. Wenn ein Spieler getroffen wird, muss er in das Tor. Das Ziel des Spiels ist, dass alle Spaß haben.
(Julian)

Abtrefffußball
Beliebig viele Spieler
Spielgeräte: Tennisball; Tor, z. B. Zaun oder Wand (breit ca. 2,5 m, hoch ca. 1 m)
Der Torwart geht ins Tor und versucht die Schüsse der Spieler zu halten. Wenn der Torwart ein Tor kassiert, müssen die Spieler versuchen sich zu verstecken (z. B. hinter einem Baum), bis der Torwart den Ball in der Hand hat, dann ruft er STOPP. Die Spieler müssen stehen bleiben und dürfen sich nicht bewegen. Nun muss der Torwart versuchen einen Spieler mit dem Ball zu treffen. Wenn der Torwart einen Spieler getroffen hat, muss der Abgetroffene ins Tor gehen.
(David)

Abtrefffußball

Fischer, Fischer, welche Fahne weht heute?

Teilnehmerzahl: ab fünf Spieler

Spielmaterial: zwei Ziele, z. B. ein Baum oder ein Zaun

Ein Spieler wird als Fänger gewählt. Alle Spieler bis auf den Fänger stellen sich an ein und dasselbe Ziel. Der Fänger stellt sich zwischen die beiden Ziele und wendet den Spielern den Rücken zu, denn er darf nicht sehen, welche Farben sie tragen. Dann ruft er ihnen eine Farbe zu und dreht sich um. Die Spieler müssen ihm dann der Reihe nach die Farbe vorzeigen. Ist bei einem Spieler die Farbe nicht vorhanden, muss er so schnell wie möglich versuchen das andere Ziel zu erreichen. Wird er, bevor er die andere Seite erreicht hat, vom Fänger angeschlagen, so muss er den Fänger spielen.

(Nina)

Fischer, Fischer, welche Fahne weht heute?

Anzahl der Mitspieler: ab fünf

Dieses Spiel muss zwischen zwei Gegenständen, z. B. zwei Zäunen, gespielt werden. Zuerst wird ausgelost, wer Fischer ist. Derjenige, der Fischer ist, muss auf die eine Seite und sich umdrehen, die anderen Spieler müssen auf die andere Seite gehen. Nun rufen alle Spieler: „Fischer, Fischer, welche Fahne weht heute?“ Dann ruft der Fischer z. B.: „Rot“ oder „Grün“ und dreht sich um. Die Spieler, die an irgendeinem Kleidungsstück die genannte Farbe haben, dürfen auf die andere Seite gehen, müssen dabei aber die Farbe vorzeigen. Diejenigen, die die Farbe nicht besitzen, müssen irgendwie versuchen auf die andere Seite zu kommen, ohne dass der Fischer sie fängt. Wenn ein Spieler das nicht schafft und gefangen wird, muss er auf die Seite des Fischers gehen und ist jetzt auch Fischer. Die Fischer müssen sich einigen, welche Farbe sie jetzt rufen. Wenn sie wieder einen fangen, muss dieser mit auf ihre Seite. Der Spieler, der es am längsten schafft, nicht gefangen zu werden, ist Sieger.

(Anna)

1 Erprobt die beiden Pausenspiele.

2 Vergleicht und überarbeitet die Spielanleitungen von Julian, David, Nina und Anna. Dabei können euch folgende Fragen helfen:
- Was ist unnötig und kann daher weggelassen werden?
- Wo fehlt etwas, das ergänzt werden muss?
- Wo ist die Reihenfolge nicht sinnvoll, sodass Sätze bzw. Abschnitte umgestellt werden sollten?
- Wo sind Formulierungen unklar oder unverständlich? Wie kann man sie ersetzen?

3 Setzt euch in Gruppen zusammen und verfasst zu euren eigenen Pausenspielen Anleitungen.

15.2 Gesellschaftsspiele herstellen

1 Berichtet in der Klasse von spannenden oder lustigen Gesellschaftsspielen, die ihr kennt. Notiert die Namen der Spiele an der Tafel.

2 Setzt euch in Gruppen zusammen und sammelt Ideen für ein neues Gesellschaftsspiel. Einigt euch dann auf eine Spielidee und schreibt auf ein großes Blatt, wie ihr euch das Spiel in seinen Grundzügen vorstellt. Man nennt das: ein **Konzept** entwickeln.

3 Jetzt solltet ihr in den Gruppen die **Spielanleitung in Stichworten** festlegen und aufschreiben: Anzahl der Mitspieler, Spielmaterialien, Spielverlauf, Ziel des Spiels.

4 a) Um die Arbeit an eurem Spiel genau zu organisieren müsst ihr in einem **Planungsgespräch** folgende Fragen klären und entscheiden:
- Wer übernimmt welche Bereiche: z. B. das Spielbrett, die Spielfiguren, die genaue Ausarbeitung der Spielanleitung, sonstiges Spielzubehör wie Karten, Spielgeld oder Ähnliches?
- Wer besorgt welche Materialien, wie z. B. Pappe, Zeichenkarton, Holz usw.?
- Wer bringt welche Bastelwerkzeuge mit, wie z. B. große und kleine Schere, Kleber, Stifte usw.?
- Welche Arbeiten werden in der Schule erledigt, welche müssen ergänzend zu Hause durchgeführt werden?

b) Notiert all eure Entscheidungen in einem **Protokoll,** das für alle gut sichtbar in der Klasse ausgehängt wird:

Protokoll des Planungsgesprächs (Spiel: Drachenflug)
Ausmalen des Spielbretts : Annika und Anja
Feste Pappe besorgen : Annika
Spielfiguren zeichnen und ausschneiden : Julian, Daniel, Roger
Holzklötzchen für die Spielfiguren besorgen : Kai

5 Führt die geplanten Arbeiten durch.
Denkt auch daran, dass euer Spiel eine ansprechende und haltbare Verpackung bekommt. Vielleicht könnt ihr Spielbrett, Spielfiguren und Verpackung im Kunstunterricht unter Anleitung eurer Kunstlehrerin oder eures Kunstlehrers gestalten.

6 a) Nachdem jede Arbeitsgruppe ihr Spiel fertig gestellt hat, werden alle Spiele in der Klasse vorgestellt. Dann darf sich jede Gruppe das Spiel einer anderen Gruppe aussuchen um es auszuprobieren.
b) Nach dem Spiel könnt ihr eine **Spielkritik** verfassen. Schreibt dabei auf, was euch an dem erprobten Spiel gefallen hat und was euch beim Ausprobieren Schwierigkeiten bereitet hat. Wenn zum Beispiel die Spielanleitung an einigen Stellen unklar ist, gebt ihr diese Stellen an und stellt eure Fragen dazu.

Spielkritik: Drachenflug

Was uns gefallen hat:	Was verbessert werden könnte:
die Bilder auf dem Spielplan; dass das Spiel spannend ist; dass die Ratekarten lustige Fragen enthalten;	Die Spielfiguren sind etwas wackelig. Ihr hättet die Pappe doppelt nehmen sollen. Man kommt zu oft auf ein Ratefeld.

c) Die Erfinder des Spiels bekommen dann die Spielkritiken und können Verbesserungen vornehmen, zum Beispiel die Spielanleitung klarer und eindeutiger abfassen.

7 Aufbau einer **Spielothek:** Sammelt zum Schluss eure Spiele im Klassenschrank oder an einem anderen sicheren, aber leicht erreichbaren Ort. In Vertretungsstunden oder in vereinbarten Spielstunden könnt ihr dann eure selbst gebastelte „Spielothek“ benutzen.
Viel Spaß dabei!

1 Sprechen und Schreiben

1.1 Miteinander sprechen: Diskutieren und Argumentieren

Klassengespräche und **Diskussionen:** Gespräche, in denen eine Entscheidung über verschiedene Meinungen herbeigeführt werden soll, sollten nach bestimmten **Regeln** ablaufen, damit die Verständigung erleichtert wird. ▶ S. 26/27
Die wichtigsten Regeln sind:
- Jede(r) äußert sich nur zu dem Thema, um das es geht.
- Wir melden uns zu Wort und reden nicht einfach los.
- Wir hören den anderen Gesprächsteilnehmern aufmerksam zu.
- Wir fallen den anderen Gesprächsteilnehmern nicht ins Wort.
- Niemand wird wegen seiner Äußerungen beleidigt, verspottet oder ausgelacht.
- Wir befolgen die Hinweise des Gesprächsleiters oder der Gesprächsleiterin.

Für eine Diskussion braucht man einen **Diskussionsleiter** oder eine **Diskussionsleiterin.** ▶ S. 27
Er/sie hat folgende Aufgaben:
1. die Diskussion eröffnen,
2. das Wort in der Reihenfolge der Meldungen erteilen,
3. Beiträge zusammenfassen,
4. eine Abstimmung einleiten und durchführen.

In Diskussionen geht es darum, andere zu bewegen das zu tun, was man selbst für richtig hält. Dazu gibt es verschiedene Vorgehensweisen, die sich allerdings häufig mischen: **Überzeugen** kann ich, indem ich **Argumente** (Begründungen) anführe. **Überreden** kann ich zum Beispiel durch Versprechen, Schmeicheln, Drohen, Ansprechen der Freundlichkeit oder der Fairness des Gesprächspartners. ▶ S. 39/40

1.2 Auffordern und Appellieren

Auffordern bedeutet, jemanden nachdrücklich bitten etwas Bestimmtes zu tun oder zu lassen. Dies kann auf unterschiedliche Weise geschehen:
- durch sprachliche Äußerungen (z. B. Aufforderungssatz: „Komm her zu mir!“, aber auch Fragesatz: „Willst du nicht herkommen?“) oder ▶ S. 131-134
- durch indirekte Hinweise (Gesten oder Zeichen).

Will man jemanden besonders dringlich beeinflussen oder mahnen etwas zu tun, dann nennt man dies **Appellieren.** Appelliert wird zum Beispiel in Reden, Flugblättern, Plakaten oder in der Werbung. ▶ S. 141/14

1.3 Erzählen

▶ S. 49-51 Wenn man etwas **anschaulich erzählen** will, sollte man sich Ereignisse und Figuren genau vorstellen.
Man malt sich aus,
- wie etwas aussieht und wie es sich bewegt,
- welche Laute oder Geräusche zu hören sind,

- wie es riecht oder schmeckt,
- wie es sich anfühlt oder was auf der Haut zu spüren ist (z. B. ein Luftzug).

Beim Schreiben kann man
- treffende Verben, die die Fantasie beschäftigen,
- veranschaulichende Adjektive,
- Vergleiche

verwenden.

▶ S. 51 Neben der **äußeren Handlung** kann man auch das **innere Geschehen** wiedergeben. Dabei macht man klar, welche Gefühle und Gedanken das Geschehen bei jemandem auslöst. Das innere Geschehen kann man dem Erzähler oder einer der Figuren zuordnen.

▶ S. 206 Um **lustig zu erzählen** kann man
- eine Figur erfinden, die Situationen völlig falsch versteht,
- ungewöhnliche Ereignisse darstellen,
- etwas spöttisch ausdrücken,
- übertreiben,
- Wörter auf ungewöhnliche Weise verbinden („Hieroglyphenschwein"),
- Vergleiche verwenden, die Lachen auslösen („Sie trug das Ferkel wie eine Sofarolle unter dem Arm").

Aufbau einer Erzählung (Erzählplan): ▶ S. 48
Wenn du etwas erzählen willst, kannst du dir deine Ideen erst einmal ungeordnet ausmalen. Dann solltest du dir eine sinnvolle Reihenfolge überlegen, in der du deine Einfälle aufführst:
- Was gehört an den **Anfang** meiner Geschichte?
- Was soll im **Mittelpunkt** der Geschichte stehen?
- Womit **schließe** ich die Geschichte **ab**?

Achte darauf, dass du im Hauptteil den **Höhepunkt** möglichst spannend erzählst. Hilfreich sind dabei wörtliche Rede und der Übergang in die Gegenwartsform (Präsens).

Nacherzählen: Wenn man eine Geschichte nacherzählt, gibt man mit eigenen Worten die Ereignisse in der gleichen Reihenfolge wieder, wie der Autor oder die Autorin sie erzählt hat. Das Nacherzählen soll lebendig und möglichst genau sein. Die Zeitstufe der Textvorlage wird beibehalten; meist ist es das Präteritum. Beim mündlichen Nacherzählen kann man sich auf eine Gliederungsskizze stützen, die die einzelnen Erzählschritte in Stichpunkten oder Zwischenüberschriften festhält. Das Erzähltempus ist hier zumeist das Perfekt. ▶ S. 192

1.4 Beschreiben

Beschreibungen sind im Alltag der Menschen hilfreich und unverzichtbar:
- Eine **Wegbeschreibung** hilft uns einen bestimmten Ort oder eine Adresse zu finden.
- Ohne **Spielanleitung** würden wir ein neues Spiel nicht verstehen.
- Ohne **Bedienungsanleitung** könnten wir viele technische Geräte gar nicht benutzen.
- Ohne **Bastelanleitung** könnten schöne Geschenke nicht selbstständig hergestellt werden.
- Ein **Steckbrief** macht auf ein entlaufenes Haustier aufmerksam.
- In einem Brief an eine Schulfreundin beschreiben wir z. B. den Ferienort, in dem wir die Sommerferien verbringen.

Wir beschreiben einer Person etwas, was diese nicht kennt. Deshalb müssen wir genau sein.

▶ S. 76 Bei **Tieren** und **Personen** beschreibt man, was man alles sieht und wahrnimmt: Aussehen, Kopfform und Körperbau, Größe, vielleicht Farbe und besondere Merkmale; die Situation, in der sich das Tier oder die Person befindet, den Gesichtsausdruck oder das Verhalten ...
Beschreibt man den Verlauf eines **Geschehens,** so kommt es zusätzlich darauf an, die genaue Abfolge darzustellen. Bei **Gegenständen** sollte neben der äußeren Form, der Eigenschaften des Gegenstands oder Materials (z. B. ob etwas biegsam ist oder nicht, hart oder weich, bunt oder einfarbig ...) noch erwähnt werden, wozu sie dienen, aus welchen Teilen sie bestehen und wie sie vielleicht funktionieren.

▶ S. 59/60 Wir können etwas ausführlich, aber auch knapp beschreiben. Eine Verlustmeldung (Steckbrief) sollte kurz abgefasst sein und nur die wichtigsten Auffälligkeiten herausstellen.

Wenn wir Vorgänge beschreiben (z. B.: „Wie pflege ich meine Hauskatze?"), müssen wir sie für die, die nichts darüber wissen, ausführlicher darstellen und unseren Text gliedern (z. B.: füttern, den Schlafplatz einrichten, auf die Gesundheit achten ...).
Für **genaues** und **anschauliches** Beschreiben braucht man
- passende Adjektive (eine *geschmeidige* Katze, ein *stechender* Geruch, ein *lahmendes* Pferd),
- Vergleiche („...denn schon ein junger See-Elefant ist so groß *wie* ein ausgewachsener Mann ... Andererseits *gleicht* er in seinem Verhalten oft einem kleinen, tollpatschigen Kind ..."),
- häufig auch zusammengesetzte Nomen (Bärenfell, Pferdekoppel, Sommerwiese).

1.5 Informationen einholen und auswerten: Beispiel Bücherei

▶ S. 77-83 **Bücherei** (Bibliothek): Im Unterschied zu einer Buchhandlung kann man Bücher hier nicht kaufen, sondern nur lesen oder für eine bestimmte Zeit entleihen. Nach Ablauf der Leihfrist muss man sie zurückgeben.

▶ S. 78/79 In allen Büchereien gibt es **Kataloge,** damit man die Bücher, Spiele, Kassetten usw., die man sucht, leichter finden kann. Die Kataloge bestehen aus einzelnen Katalogkarten, auf denen wichtige Angaben zu einem Buch zusammengestellt sind. Man unterscheidet:
- **Alphabetischer** oder **Verfasserkatalog:** die Katalogkarten sind unter den Nachnamen des Verfassers oder der Verfasserin alphabetisch eingeordnet.
- **Titelkatalog:** Die Katalogkarten sind nach dem ersten sinntragenden Wort des Titels geordnet.
- **Schlagwortkatalog:** Hier findet man Hinweise auf Bücher zu bestimmten Themen und Sachgebieten unter einem Schlagwort. ▶ S. 80
- **Systematischer Katalog**: Die Katalogkarten sind nach Sachgebieten geordnet, so wie die Bücher im Regal stehen. ▶ S. 82

Signatur: Kennzeichnung eines Buches (meist durch eine Kombination von Buchstaben und Zahlen), aus der hervorgeht, wo das Buch in der Bibliothek zu finden ist. Die Bücher stehen in der Reihenfolge der Signaturen im Regal. ▶ S. 79

Autor/Autorin (Verfasser/Verfasserin): Bezeichnung für jemanden, der einen Text (einen Roman, ein Theaterstück, ein Sachbuch usw.) geschrieben hat.

2 Grammatik und Rechtschreibung

2.1 Wortarten

▶ S. 95-100 **Nomen** (Substantiv): Eigennamen, Personen, Lebewesen, Dinge, Begriffe usw. werden durch Nomen (Substantive/Hauptwörter) bezeichnet: „Jutta", „Kind", „Ameise", „Stuhl", „Schönheit".
Jedes Nomen hat ein grammatisches Geschlecht **(Genus),** das man an seinem Artikel (Begleiter) erkennen kann: Ein Nomen ist entweder **Maskulinum** (männlich), z. B. „*der* Löffel", oder **Femininum** (weiblich), z. B. „*die* Gabel", oder **Neutrum** (sächlich), z. B. „*das* Messer". Das grammatische Geschlecht muss mit dem natürlichen Geschlecht nicht übereinstimmen; so kann „*das* Kind" sowohl einen Jungen als auch ein Mädchen bezeichnen.
Nomen haben einen **Singular** (Einzahl): „das Kind"; häufig haben sie auch einen **Plural** (Mehrzahl): „die Kinder".
In Sätzen erscheinen Nomen immer in einem bestimmten **Kasus** (grammatischer Fall). Der Kasus ist meist am Artikel des Nomens zu erkennen und manchmal auch an der Endung des Nomens. Im Deutschen gibt es vier Kasus. Man kann den Kasus eines Nomens und seines Begleiters durch Fragen ermitteln:
Der **Nominativ** antwortet auf die Fragen „Wer ...?" oder „Was ...?": „*Wer* rettete den Jungen? – *Die Feuerwehrleute* retteten den Jungen." – „*Was* hat zuerst nicht funktioniert? – *Eine Drehleiter* ..."
Nach dem **Genitiv** fragt man mit „Wessen ...?": „*Wessen* Drehleiter funktionierte nicht? – Die Drehleiter *der Feuerwehrleute* ..."
Mit der Frage „Wem ...?" ermittelt man den **Dativ:** „*Wem* dankten die Eltern für die Rettung? – Die Eltern dankten *den Feuerwehrleuten* ...".
Den **Akkusativ** erhält man auf die Fragen „Wen ...?" oder „Was ...?": „*Wen* haben die Anwohner benachrichtigt? – *Die Feuerwehrleute* ..." – „*Was* haben die Feuerwehrleute repariert? – Die Feuerwehrleute haben *die Drehleiter* ..."
Wenn man ein Nomen und seinen Artikel in einen Kasus setzt, nennt man das **deklinieren** (beugen).

Artikel (Begleiter) stehen in demselben Kasus wie die Nomen, die sie begleiten. Man unterscheidet den **bestimmten** Artikel „der, die, das" und den **unbestimmten** Artikel „einer, eine, eines". ▶ S. 100/101

Adjektive (Eigenschaftswörter) dienen dazu, Personen, Dinge usw. genauer zu beschreiben. Man benutzt hierfür die Grundform des Adjektivs, den **Positiv,** z. B. „alt". Will man zwei Dinge oder Personen miteinander vergleichen, so braucht man den **Komparativ** des Adjektivs: „Melanie ist *älter* als Anne." Bei Vergleichen zwischen mehreren Dingen oder Personen kann man das Adjektiv noch weiter steigern und den **Superlativ** bilden: „Von den drei Schwestern ist Maria *am ältesten.*"
Man kann die meisten Adjektive steigern, aber es gibt Ausnahmen wie „einzig" oder „tot". ▶ S. 101/102

Pronomen (Stellvertreter) können an Stelle eines Nomens oder einer Wortgruppe mit Nomen gebraucht werden. Sie werden wie die Nomen dekliniert. ▶ S. 103-105
Wörter wie „ich, du, er/sie/es" sind **Personalpronomen.**
Wörter wie „meine, deine, seine" usw. heißen **Possessivpronomen** (besitzanzeigende Pronomen).
Bei der Verwendung von Pronomen muss man besonders darauf achten, dass immer

deutlich ist, worauf sich das Pronomen **bezieht.** Sonst kann es zu Missverständnissen kommen wie in den Sätzen: „Die Zoobesucher freuten sich über die Affen. *Sie* lausten sich gegenseitig."

▶ S. 105/106 **Präpositionen** sind Wörter wie „in", „auf", „nach", „vor". Sie drücken oft ein örtliches (*vor* dem Haus) oder zeitliches (*vor* einer Stunde) **Verhältnis** aus.

▶ S. 106-108 **Verben** (Tätigkeitswörter) geben an, was ist, was geschieht oder was jemand tut, z. B. „haben", „regnen", „gehen".
Wenn wir Verben in Sätzen verwenden, bilden wir aus dem **Infinitiv** (Grundform) des Verbs meistens die **Personalform,** z. B.: „gehen – er geht".
Setzt man Verben in die verschiedenen Personalformen, nennt man dies **konjugieren** (beugen).
Die Befehlsform des Verbs ist der **Imperativ.** Er kann an Einzelne oder an mehrere Personen gerichtet sein: „Geh(e)!" oder: „Geht!"
Verben sagen uns, *wann* das im Satz Mitgeteilte passiert. Sie lassen sich in verschiedene **Tempora** (Zeitformen) setzen: ▶ S. 108/10
Mit dem **Präsens** können wir ausdrücken, dass etwas in der Gegenwart geschieht: „Ich *lese* gerade." Im Präsens stehen auch solche Aussagen, die immer gelten, z. B.: „Ferien *machen* Spaß."
Mit dem **Futur** können wir auf Zukünftiges verweisen: „Ich *werde* ans Meer *fahren.*"
Häufig benutzen wir Zeitangaben um die Zukunft anzuzeigen, die Verbform kann dann im Präsens bleiben, z. B.: *„Morgen fahre* ich ans Meer."
Vergangenes wird in mündlichen Erzählungen meist im **Perfekt** ausgedrückt („ich *habe gesehen", „*ich *bin gegangen"),* bei schriftlichen Erzählungen und Berichten steht meist das **Präteritum** („ich *ging", „*ich *sah").*

2.2 Satzarten

Wir reden und schreiben in Sätzen. Je nachdem, ob wir etwas aussagen (mitteilen, behaupten), fragen oder jemanden auffordern wollen, verwenden wir einen
▶ S. 116 **Aussage-, Frage-** oder **Aufforderungssatz.**
In der gesprochenen Sprache erkennen wir die Satzart an der Stimmführung, in der geschriebenen Sprache an den **Satzschlusszeichen:** Punkt, Frage- und Ausrufezeichen.

▶ S. 127/128 In vielen Situationen verwenden wir aber zum Auffordern auch Frage- oder Aussagesätze, z. B.: „Gibst du mir mal das Buch?" oder „Du könntest endlich aus dem Weg gehen." Hinter einem Fragesatz verbirgt sich manchmal auch eine Aussage: „Machen wir nicht alle Fehler?"
Wie die Sätze gemeint sind, schließen wir aus dem Tonfall oder aus dem Zusammenhang.

2.3 Satzglieder

▶ S. 117/118 Ein Satz setzt sich aus verschiedenen **Satzgliedern** zusammen. Ob ein einzelnes Wort oder eine ganze Wortgruppe ein Satzglied bildet, erkennt man daran, dass man Satzglieder innerhalb eines Satzes umstellen kann ohne den Sinn des Satzes zu verändern. Wir nennen dieses Verfahren **Umstellprobe.** Beispiel: „ [Die Feuerwehrleute] [retteten] [den Jungen.] – [Den Jungen] [retteten] [die Feuerwehrleute.] " ▶ S. 117, 130

▶ S. 119/120 Der Kern des Satzes ist das **Prädikat.** Prädikate werden durch Verben gebildet. Es gibt einteilige Prädikate (z. B. „Sie *retteten* ihn.“) und zweiteilige Prädikate: „Sie *haben* ihn *gerettet.*“ Der Teil des Prädikats, der im Aussagesatz nach dem ersten Satzglied steht, ist die Personalform des Verbs: „Sie *haben* ihn gerettet.“
Um die weiteren Satzglieder im Aussagesatz zu bestimmen stellen wir vom Prädikat ausgehend Fragen. Die erste Frage lautet: „Wer …?“ oder „Was …?“, die
▶ S. 120-122 Antwort darauf ist das **Subjekt,** die wichtigste Ergänzung zum Prädikat: „*Wer* hat ihn gerettet? – *Sie* haben ihn gerettet.“ Subjekt und Prädikat sind eng miteinander verbunden. Sie stimmen in der Person (1., 2. oder 3. Person) und im Numerus (Singular oder Plural) überein.
Mit „Wen …?“ oder „Was …?“ erfragen wir ▶ S. 123-125
das **Akkusativobjekt:** „*Wen* haben sie gerettet? – Sie haben *ihn* gerettet.“
Mit „Wem …?“ fragen wir nach dem **Dativobjekt,** mit „Über was …?“, „Auf was …?“, „Für was …?“ usw. nach dem **Präpositionalobjekt.** Beispiel:

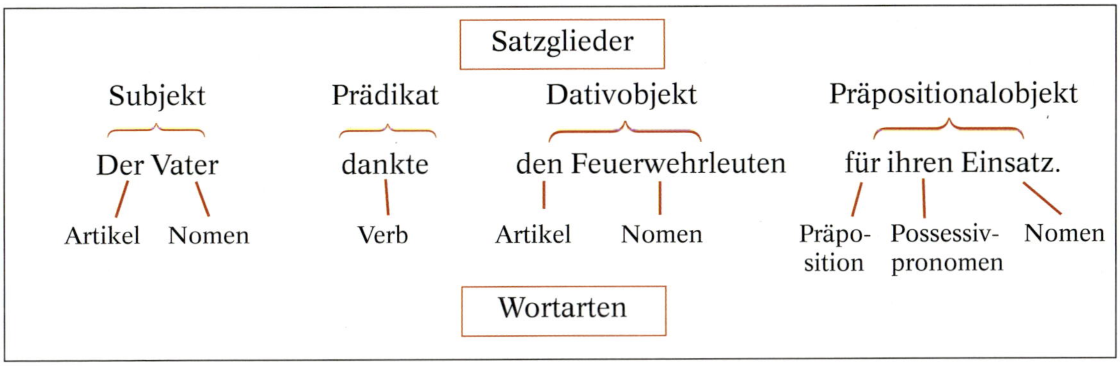

S. 125/126 Das **Genitivobjekt** wird nur noch selten gebraucht. Wir erfragen es mit „*Wessen* …?“: „Wessen erinnerte er sich? – Er erinnerte sich *des Vorfalls.*“
Wir können Satzglieder nicht nur umstellen, wir können sie auch durch andere Wörter oder Wortgruppen ersetzen. Dieses
▶ S. 129 Verfahren nennen wir **Ersatzprobe,** Beispiel:
„ [Der Vater] [dankte] [den Feuerwehrleuten.]
– [Die Mutter] [dankte] [ihnen.] “
▶ S. 124,130 Mit der **Weglassprobe** können wir prüfen, welche Satzglieder in einem vollständigen Satz unbedingt notwendig sind, umgekehrt
können wir mit der **Erweiterungsprobe** ▶ S. 129
ausprobieren, um welche Satzglieder sich ein Satz sinnvoll erweitern lässt.
Die Proben bieten gleichzeitig Hilfen Sätze wirkungsvoll auszugestalten, z. B. bestimmte Satzglieder hervorzuheben (Umstellprobe), Gleichförmigkeit zu vermeiden (Ersatzprobe) und Sätze zu straffen (Weglassprobe) oder auszuschmücken (Erweiterungsprobe).

2.4 Rechtschreibung

▶ S. 151-155 **Tipps zum Rechtschreiben**
Das **Wörterbuch** – dein starker Helfer: Man kann nicht alles wissen, man muss nur wissen, wo es steht. Das gilt auch bei der Rechtschreibung. Jeder kann Fehler vermeiden, wenn er bei Zweifeln über die richtige Schreibweise im Rechtschreib-Wörterbuch nachsieht.
Schreibweisen ausprobieren: Um zu durchschauen, wie Wörter geschrieben

werden, kannst du verschiedene Proben anwenden:

- das **Wort verlängern**, z. B.: „Glas – Gläser – des Glases – glasig", „heiß – heißer";
- ein **verwandtes Wort** suchen: „willst – wollen", „Baum – Bäume";
- ein zusammengesetztes Wort in seine **Bestandteile** zerlegen: „Sperrmüllplatz – Sperr + müll + platz".

Richtiges **Abschreiben:** So machst du beim Abschreiben von schwierigen Wörtern oder fremden Texten möglichst wenig Fehler:

1. Lies dir das ganze Wort genau durch.
2. Überlege, was dir daran schwierig erscheint.
3. Gliedere das Wort in Teile, die du schon kennst; präge dir besonders die Teile ein, die neu für dich sind.
4. Schreibe das Wort jetzt auswendig hin,
5. Kontrolliere deine Schreibung.

Die **Silbentrennung:** Mehrsilbige Wörter trennt man nach Sprechsilben, die man bei langsamem, betontem Sprechen hören kann, z. B.: „o - ben", „Dumm - heit", „dum - mer - wei - se", „lis - tig".
Das bedeutet auch: Einsilbige Wörter kann man nicht trennen.

▶ S. 159

Zwei Grundsätze der deutschen Rechtschreibung

Im Deutschen wird vieles so geschrieben, wie man es spricht. Das nennt man das **Lautprinzip** der Schreibung. Darum ist es so wichtig genau hinzuhören, wenn man etwas aufschreibt.
Wortstämme werden möglichst überall gleich geschrieben. Das nennt man das **Stammprinzip** in der Schreibung. Also schreibt man „We**g**" und „We**g**e", auch wenn das g unterschiedlich gesprochen wird; also schreibt man „R**äu**ber" mit „**äu**", weil es zu „rauben" gehört.

Groß oder klein?

▶ S. 160-16

Alle **Nomen** und **Satzanfänge** werden **großgeschrieben.**
Typische Nomenendungen sind *-heit / -keit / -nis / -ung / -tum / -schaft / -in.*
Im **Brief** schreibt man die Höflichkeitsanrede *Sie, Ihnen* usw. groß. ▶ S. 22

Kurze und lange Vokale

Ob ein Vokal (Selbstlaut) kurz oder lang gesprochen wird, bestimmt mit über die Schreibung der nachfolgenden Konsonanten. Nach **betonten kurzen Vokalen** folgen fast immer **zwei Konsonanten.** ▶ S. 163-16
In den meisten Fällen kann man sie beim Hören gut unterscheiden: „Hund, Topf, Karte, denken…"
Hört man nur einen Konsonanten, wird der beim Schreiben verdoppelt, z. B.: „kna**bb**ern, Ko**ff**er, Ba**ll**, schwi**mm**en, i**rr**en, verge**ss**en…"
Es gibt zwei Sonderfälle: Statt verdoppeltem **k** schreibt man **ck**, statt verdoppeltem **z** wird **tz** geschrieben.
Die meisten **betonten langen Vokale** (a, e, o, u) schreibt man mit einfachem Buchstaben. ▶ S. 167-16 Zu einem kleinen Teil werden sie mit nachfolgendem **h** geschrieben. Das **h** erscheint sehr oft – aber nicht immer! – in den Verbindungen **hl, hm, hn, hr** und bleibt auch in den verwandten Wörtern erhalten.
Die meisten Wörter mit **lang gesprochenem i** werden im Deutschen mit **ie** geschrieben. ▶ S. 171-17 Nur in den Pronomen ihm/ihn/ihr wird das lang gesprochene **i** als **ih** geschrieben.

Die Schreibung des s-Lautes

Die Unterscheidung zwischen **stimmhaftem s** (z. B. in „Wiese") und **stimmlosem s** (z. B. in „Fuß") ist bei der Rechtschreibung wichtig. Wer den s-Laut nicht unterschiedlich spricht, weil er z. B. aus Süddeutschland stammt, muss sich die Wortbilder einprägen.
Das **stimmhafte s** wird immer als **s** geschrieben. Steht im Infinitiv ein stimm- ▶ S. 177

Setzt du „dies" oder „welches" ein
steht am Schluss ein „s" allein → „das"

haftes **s**, bleibt die s-Schreibung in allen Verbformen erhalten: „rasen, rast…"

▶ S. 178 Nach **langem Vokal** und nach **Diphthong** (Doppellaut) kann **s** oder **ß** stehen.

- Mit Hilfe der Verlängerungsprobe kann man entscheiden, welche Schreibung **am Wortende** die richtige ist. Bleibt der s-Laut stimmlos, steht **ß**: „Fuß / Füße".
- Hört man **im Wortinnern** am Silbenanfang einen stimmlosen s-Laut, wird **ß** geschrieben: „au - ßen".

▶ S. 179 Wechselt bei Verbformen die Vokallänge, dann verändert sich die Schreibung: Nach kurzem Vokal steht **ss**, nach langem Vokal und Diphthong steht **ß**, z. B.:

„essen – Er isst den Apfel."
aber:
„Er aß allein."
„lassen – Sie lässt den Hund los."
aber:
„Er ließ den Tee stehen."
„reißen – Er reißt ein Blatt ab."
aber:
„Sie rissen das Tuch durch."

2.5 Zeichensetzung

▶ S. 34 Die **wörtliche Rede** in einer Geschichte steht in **Anführungszeichen.**

- Zwischen einem einleitenden Redebegleitsatz und der wörtlichen Rede steht ein **Doppelpunkt.**
  Beispiel:
  Momo sagte: „Ich bin in dieser Ruine seit vielen Jahren zu Hause."
- Der eingeschobene Redebegleitsatz wird durch **Kommas** abgetrennt:
  „Ich bin in dieser Ruine", sagte Momo, „seit vielen Jahren zu Hause."
- Der nachgestellte Begleitsatz wird durch ein **Komma** von der wörtlichen Rede abgetrennt. Dabei entfällt der Schlusspunkt in der wörtlichen Rede. Fragezeichen und Ausrufezeichen bleiben aber erhalten:
  „Ich bin in dieser Ruine seit vielen Jahren zu Hause", sagte Momo.
  „Wer hat dir den hübschen Namen gegeben?", fragte der Nachbar.

3 Umgang mit Literatur

3.1 Erzählende Literatur

▶ S. 193 **Der Erzähler / Die Erzählerin**

Bei epischen Texten (Erzählungen, Romanen) muss man darauf achten, *wer* erzählt: einer der Beteiligten oder ein außenstehender Berichterstatter.
Der **„Erzähler"** oder die **„Erzählerin"** kann die Personen, von denen die Geschichte handelt, auch wörtlich reden lassen. Der Erzähler ist nicht einfach der **Autor** einer Geschichte. Ein männlicher Erzähler kann z. B. eine Frau erzählen lassen und umgekehrt.
Erzählungen sind vom Autor oder der Autorin mit Fantasie aus wirklichen Erfahrungen heraus **erfunden.**
Ich-Erzählung: In einer Ich-Erzählung ist der Erzähler oder die Erzählerin selbst in das Geschehen verwickelt; der Erzähler

fehlt
Kannst du statt „das" auch „welches" schreiben, so muss das „s" allein bleiben

schildert Ereignisse aus seiner persönlichen Sichtweise (Perspektive). Was andere Figuren in der Geschichte denken und fühlen, kann er nur vermuten.

Er-/Sie-Erzählung: In einer Er-/Sie-Erzählung vermittelt der Erzähler dem Leser die Geschichte oft so, als sei er allwissend; manchmal weiß er sogar mehr als die handelnden Figuren in einer Geschichte. Er kann sich in das Innere aller Figuren hineinversetzen und schildern, was sie denken und fühlen. In das Geschehen der Er-/Sie-Erzählung ist der Erzähler in der Regel nicht selbst verwickelt. Er ist ein Beobachter, der überall dabei sein kann, sogar gleichzeitig an verschiedenen Orten.

Textarten

▶ S. 249-257 **Heldenepos:** Am Anfang der europäischen Literatur entwickeln sich aus mündlichen Erzählungen und Liedern die ersten großen Erzählwerke über Helden und Götter und deren rühmenswerte Taten. Sie werden mit dem griechischen Wort „Epos" bezeichnet. Zumeist sind die Epen in Versen geschrieben.
Die europäische Literaturgeschichte beginnt mit den beiden großen Epen des griechischen Dichters Homer: „Ilias" und „Odyssee".

▶ S. 258-262 **Höfischer Roman** und Heldenepos des Mittelalters sind Literatur der ritterlichen Gesellschaft. Fahrende Sänger trugen sie auf den Burgen vor. Die Geschichten waren in ganz Europa verbreitet (wie das Rittertum).
In der höfischen Literatur des Mittelalters geht es häufig um die Taten und die vorbildliche Haltung der ritterlichen Helden. Einer von ihnen ist Tristan in Gottfried von Straßburgs Roman „Tristan und Isolde". Im „höfischen Roman" ist ein wichtiges Thema das ritterliche Verhalten gegenüber den Frauen.

Märchen: Im Volk wurden andere Geschichten erzählt als in den höfischen Romanen. Hier kommen die Helden und Heldinnen meist aus den Familien der Bauern, Knechte und Kaufleute. Die Märchenhelden müssen oft unlösbare Aufgaben bewältigen. Aber die Zuhörer wissen, dass sie durch wunderbare Hilfe alle Proben bestehen und belohnt werden. ▶ S. 262/26

Fabel: In der Fabel handeln und sprechen zumeist Tiere. Viele dieser Tierfiguren verkörpern feststehende menschliche Charaktereigenschaften: Der Fuchs gilt als schlau, der Esel als dumm, der Löwe als mächtig, der Wolf als gierig. ▶ S. 129/13
Die Tiere sind häufig Gegner (Fuchs und Rabe, Wolf und Lamm, Löwe und Esel). Sie führen z. B. Streitgespräche, an deren Ende der Stärkere oder der Listigere siegt. Aus den Fabeln soll man Lehren für das eigene Verhalten gegenüber anderen Menschen ziehen.

3.2 Gedichte

In Gedichten können wir oft eine Menge sprachlicher Besonderheiten entdecken; einige davon sind hier zusammengestellt. Die Zeilen eines Gedichts nennt man **Verse,** die Abschnitte heißen **Strophen.**

▶ S. 218-221 **Reim:** Zwei Wörter reimen sich, wenn der letzte betonte Vokal und alles, was ihm folgt, gleich klingt, z. B.: „Butter – Mutter", „Hase – Nase".

Paarreim: Von Paarreim sprechen wir, wenn sich zwei Verse, die aufeinander folgen, am Ende reimen:

„Auf leichten Schwingen frei und flink
zum Lindenwipfel flog der Fink.“

Verse, die sich reimen, kann man mit demselben Kleinbuchstaben bezeichnen, sodass man für ein Gedicht mit Paarreimen das Reimschema *aa bb cc*... erhält.

Umarmender Reim: Ein Paarreim wird von zwei Versen, die sich ebenfalls reimen, umschlossen. Reimschema: *abba cddc*...

Kreuzreim: Beim Kreuzreim reimen sich jeweils der 1. und 3. sowie der 2. und 4. Vers.
Die Reime stehen also über Kreuz. Reimschema: *abab cdcd*...

Binnenreim: Von Binnenreim sprechen wir, wenn sich zwei Wörter innerhalb eines Verses reimen:

„Wenn vorm *Spiegel Igel* stehn ...“

▶ S. 224/225

Metrum, auch Versmaß genannt: regelmäßige Abfolge von betonten und unbetonten Silben:

„Régĕn régnĕt, régnĕt Régĕn
régnĕt Régĕn íns Gĕsícht.“

▶ S. 233

Refrain: Wenn ein oder mehrere Verse eines Gedichts regelmäßig wiederholt werden, sprechen wir von Refrain oder auch von Kehrreim. Der Refrain tritt häufig in Liedern auf.

3.3 Theater

▶ S. 238

Konflikt: Auseinandersetzung oder Streit, der den Kern einer Handlung auf der Bühne bildet.

▶ S. 239-241

Pantomime: Theater ohne Worte. Die Darstellung von Gefühlen und Situationen auf der Bühne geschieht allein durch die **Körpersprache,** also durch **Gestik** und **Mimik** (Gesichtsausdruck).

▶ S. 242-244

Rolle: Gestalt oder Figur, die ein Schauspieler auf der Bühne verkörpert.

▶ S. 244/245

Dialog: Gespräch zwischen den Personen auf der Bühne. Ein Selbstgespräch auf der Bühne nennt man **Monolog.**

▶ S. 245/246

Szene: Kurzer abgeschlossener Teil eines Theaterstücks. Eine Szene endet, wenn Schauspieler auf- oder abtreten oder wenn das Licht ausgeht.

▶ S. 245

Regieanweisung: Anweisung an Regisseure und Schauspieler, wie eine bestimmte Szene gespielt werden soll. Regieanweisungen helfen außerdem dem Leser sich die Personen und das Geschehen vorzustellen.

ALCOCK, VIVIEN
184 Nur bei Vollmond
Aus: Nur bei Vollmond ... und andere Spukgeschichten. Hg. von A. Chambers. Übersetzt von U. Nechauer. Arena Verlag, Würzburg 1989, S. 7–22

ARP, HANS (1887 – 1966)
224 Sekundenzeiger
aus: Gesammelte Werke. Hg. von M. Arp-Hagenbach und P. Schifferli. P. Schifferli Verlag, Zürich und Limes Verlag, Wiesbaden 1963, S. 98

BAUMANN, HANS (1914 – 1988)
254 Die Durchfahrt zwischen Skylla und Charybdis
aus: Heldensagen aus aller Welt. dtv junior, München 1979

BRECHT, BERTOLT (1898 – 1956)
175 Drachenlied (1)
44 Märchen (2)
aus: Gesammelte Werke, Bd. 10. Suhrkamp, Frankfurt/Main 1967, S. 970 f. (1); Bd.11, S. 7 (2)

BRENDER, IRMELA (*1935)
235 Wir
aus: Gedichte für Anfänger. Hg. von J. Fuhrmann. Rowohlt, Reinbek 1980

BRÖGER, ACHIM (*1944)
137 Bruno als Ausreden-Erfinder
aus: Der Ausreden-Erfinder und andere Bruno-Geschichten. Thienemanns, Stuttgart 1973, S. 3 ff.

DE BRUYN, GÜNTER (*1926)
258 Die Königin hilft Tristan
aus: Tristan und Isolde. Neues Leben, Berlin 1975

BUSCH, WILHELM (1832 – 1908)
219 Fink und Frosch
aus: Gesamtausgabe. Hg. von F. Bohne. Vollmer, Wiesbaden o. J.

CHAMISSO, ADELBERT VON (1781 – 1838)
233 Tragische Geschichte
aus: Sämtliche Werke. Bd 1. Hg. von W. Feudel und C. Laufer. Winkler, München 1982

CHAPMAN, A. H.
37 Tauziehen
aus: Kinder sind doch die besseren Psychologen. Scherz, Bern/München 1971

DAHL, ROALD (1916 – 1990)
84 Matilda
aus: Matilda. Übersetzt von S. Gräfin Schönfeldt. Wunderlich, Reinbek 1989, S. 14–22

DÖHL, REINHARD (*1934)
227 Apfel
aus: An anthology of concret poetry. Hg. v. E. Williams. Something Else Press, New York, Villefranche und Frankfurt/Main 1967

DROSTE-HÜLSHOFF, ANNETTE VON (1797 – 1848)
234 Der Weiher
aus: Sämtliche Werke. Hg. von C. Heselhaus. Hanser, München 1952, S. 89

ENDE, MICHAEL (1929 – 1995)
45 Die unendliche Geschichte (1)
19 Momo geht nicht in die Schule (2)
aus: Die unendliche Geschichte. Thienemanns, Stuttgart 1979, S. 54–56 (1), Momo. Thienemanns, Stuttgart 1973, S. 9–13 (2)

ENDRIKAT, FRED (1890 – 1942)
223 Die Wühlmaus
232 Löwe hat Zahnschmerzen
aus: Sündenfallobst. Blanvalet, Berlin 1953

FALLADA, HANS (1893 – 1947)
265 Die Kristallkugel mit dem Eisbären
aus: Damals bei uns daheim. Rowohlt, Reinbek 1955, S. 51

FINE, ANNE
87 Der Neue
aus: Der Neue. Übersetzt von U. Kästers-Roth. Diogenes, Zürich 1992, S. 67–70

FISCHER, WOLFGANG F. / HUDEMANN-SCHWARTZ, CHRISTEL
63 Delphine zum Anfassen
aus: Wale und Delphine. Franz Schneider, München 1983, S. 63/65

FRANK, KARLHANS, (*1937)
227 Das Haus des Schreibers
aus: Die Stadt der Kinder. Hg. von H.-J. Gelberg. Bitter, Recklinghausen 1969

FRÖHLICH, ROSWITHA (*1924)
229 Meine Tante ist verrückt
aus: Na, hör mal! Ravensburger Buchverlag, Ravensburg 1980; © R. Fröhlich, S. 34

FUCHS, GÜNTER BRUNO (1928 – 1977)
39 Ansprache des autowaschenden Vaters an sein Kind das Drachensteigen möchte
aus: Handbuch für Einwohner. Prosagedichte. Hanser, München 1969

FÜHMANN, FRANZ (1922 – 1984)
169 Am Schneesee
162 Speisen und Gedränge
aus: Die dampfenden Hälse der Pferde im Turm zu Babel. Der Kinderbuchverlag, Berlin 1978, S. 13–16, 35

GÖBEL, GABRIELE M. (*1945)
14 Schtefanie oder S-tefanie
aus: Menschengeschichten. Drittes Jahrbuch der Kinderliteratur. Hg. von H.-J. Gelberg. Beltz und Gelberg, Weinheim und Basel 1975, S. 61–62

GOMRINGER, EUGEN (*1925)
226 wind
aus: Worte sind Schatten. Rowohlt, Reinbek 1969; © Gomringer, S. 58

GORI, HELEN (*1949)
247 Ein Mensch vor dem Gericht der Tiere
aus: Theaterwerkstatt für Kinder Bd. 2. Hg. von R. Schneider und P. Schorno. Lenos, Basel 1985

GOTTFRIED VON STRASSBURG (UM 1200)
261 Tristans Kampf mit dem Drachen
aus: Tristan und Isolde. Hg. von F. Ranke. Weidmannsche Verlagsbuchhandlung, Berlin 1961

GRIMM, JACOB (1785 – 1863) UND WILHELM (1786 – 1859)
262 Die zwei Brüder
aus: Kinder- und Hausmärchen. Ausgabe letzter Hand. Hg. von H. Rölleke. Reclam, Stuttgart 1993, S. 98 –100

HACKS, PETER (*1928)
222 Das Pflaumenhuhn
aus: Das Pflaumenhuhn. Ballade vom schweren Leben des Ritters Tanz vom Rabensee. In: Das Windloch. dtv, München 1975

HAUGEN, TORMOD (*1945)
47 Die Nachtvögel
aus: Die Nachtvögel. Übersetzt von G. Neumann. Oetinger, Hamburg 1991, S. 35–37

TEXTARTENVERZEICHNIS

Jugendbuchauszüge:

Kurzprosa:

Märchen:

Sachtexte (s. auch Zeitungsberichte):

Sagen:

Schelmengeschichten:

Spielvorlagen und szenische Texte:

Sprachspiele und Rätsel:

BILDQUELLENVERZEICHNIS

S. 9, 11, 25, 27, 28, 58, 74 unten, 75, 79, 81, 124, 133, 134, 212, 217, 239, 240, 241, 265, 269, 271: Thomas Schulz, Berlin
S. 10: Angelika Wagener, Berlin
S. 16, 17: Roswitha Quadflieg, aus: Walter Kempowski, Unser Herr Böckelmann © 1979 Albrecht Knaus Verlag GmbH, München
S. 28: © Edit Lankor
S. 41: Philip Brandts, Sebastian Lütgert, Berlin
S. 42 oben: Artothek Peissenberg
S. 42 unten: Güldane Karabektaogglu, Foto-AG der Hermann-Claudius-Schule, Marl
S. 45, 230: dpa, Frankfurt/Main
S. 57, 60, 74: Okapia, Frankfurt/Main
S. 63, 64: Dr. Wolfgang Fischer, Wedel
S. 74 oben, 102 unten, 237: Helga Lade Fotoagentur, Berlin
S. 77: Christian Richter, Münster
S. 90, 211 oben links: © Verlag Friedrich Oetinger, Hamburg
S. 91: Alexa Gelberg, Weinheim
S. 102 oben: Peter Kunz, Berlin
S. 142: Malteser Hilfsdienst e. V., Köln
S. 196: aus: e. o. plauen, „Vater und Sohn". © Südverlag GmbH Konstanz 1982 (ren.). Mit Genehmigung der Gesellschaft für Verlagswerte GmbH, Kreuzlingen/Schweiz
S. 198 Jeanette Brenner, Sven Hergett, Volker Kaufmann, Nina Tholuck
S. 199: Senator Film Verleih GmbH, Berlin
S. 211 oben rechts: © 1972 Beltz Verlag, Weinheim u. Basel, Programm Beltz & Gelberg, Weinheim
S. 211 links unten: © 1983, Verlag Jungbrunnen, Wien, München
S. 211 unten Mitte: © Rowohlt Taschenbuch Verlag, Reinbek
S. 211 rechts unten: © Arena Verlag, Würzburg
S. 219: Wilhelm-Busch-Gesellschaft, Hannover
S. 222: Roger Melis, Berlin
S. 223, S. 249 unten: Bildarchiv Preußischer Kulturbesitz, Berlin
S. 228 Sonja Wendel
S. 249 oben: Scala, Florenz
S. 255: Frieda Bünzli, © Artemis Verlag, Zürich
S. 264 links: Ludwig Richter, aus: Sämtliche Märchen, Winkler Verlag München, 1972
S. 264 Mitte unten: aus: Hart. Schedel's Chronik, Augsburg, Johann Schönsperger, 1497
S. 264 Mitte oben: Universitätsbibliothek Heidelberg
S. 264 unten rechts: Georg Baselitz, Derneburg

SACHREGISTER

Wertvolle Hinweise verdankt das Werk Gudrun Kaden (Hannover), Harald Kargus (Neustadt/Weinstr.), Annette Kubis (Hannover), Herbert Lauer (Hochheim/Main), Wolfgang Meißner (Lingenfeld), Sabine Menzel (Fulda), Sabine Mohrmann (Hannover), Heinz Schilz (Trier) und Ingrid von Tippelskirch (Saarbrücken).

Deutschbuch 5

Redaktion: Matthias Grupp
Illustrationen: Wolfgang Mond, Klaus Müller, Barbara Schumann
Handschriften: Katharina Wolff
Umschlaggestaltung: Katharina Wolff (Foto: Thomas Schulz, Illustration: Barbara Schumann)
Lay-out und technische Umsetzung: Katharina Wolff

Dieses Werk berücksichtigt die Regeln der reformierten Rechtschreibung und Zeichensetzung. Bei den mit R gekennzeichneten Texten haben die Rechteinhaber einer Anpassung widersprochen.

1. Auflage ✔ Druck 8 7 6 5 Jahr 03 02 01 2000

Alle Drucke dieser Auflage können im Unterricht nebeneinander verwendet werden.

Druck: CS-Druck Cornelsen Stürtz, Berlin

ISBN 3-464-60300-8

Bestellnummer 603008

gedruckt auf säurefreiem Papier, umweltschonend hergestellt aus chlorfrei gebleichten Faserstoffen

VB